中國學術思想 研究輯刊

十九編

林 慶 彰 主編

第 10 冊

修身與治國
——從先秦諸子到西漢前期身體政治論的嬗變

劉芝慶 著

花木蘭文化出版社

國家圖書館出版品預行編目資料

修身與治國──從先秦諸子到西漢前期身體政治論的嬗變／劉
芝慶 著 -- 初版 -- 新北市：花木蘭文化出版社，2014〔民103〕

目 2+238 面；19×26 公分

（中國學術思想研究輯刊 十九編：第 10 冊）

ISBN 978-986-322-967-4（精裝）

1.秦漢哲學　2.政治思想

030.8　　　　　　　　　　　　　　　　　　　103015515

ISBN-978-986-322-967-4

中國學術思想研究輯刊

十九編　第十冊　　　　　　　ISBN：978-986-322-967-4

修身與治國變
──從先秦諸子到西漢前期身體政治論的嬗變

作　　　者	劉芝慶
主　　　編	林慶彰
總 編 輯	杜潔祥
副總編輯	楊嘉樂
編　　　輯	許郁翎
出　　　版	花木蘭文化出版社
社　　　長	高小娟
聯絡地址	235 新北市中和區中安街七二號十三樓
	電話：02-2923-1455 ／傳眞：02-2923-1452
網　　　址	http://www.huamulan.tw 信箱 hml 810518@gmail.com
印　　　刷	普羅文化出版廣告事業
封面設計	劉開工作室
初　　　版	2014 年 9 月
定　　　價	十九編 25 冊（精裝）新台幣 42,000 元

修身與治國
——從先秦諸子到西漢前期身體政治論的嬗變

劉芝慶　著

作者簡介

劉芝慶，男，1980 年生。輔仁大學進修部歷史系學士、臺灣大學歷史所碩士、政治大學中文所博士，閱讀與研究興趣為中國學術思想史。博士論文為：《自適與修持——公安三袁的死生情切》、亦曾於各期刊發表〈心學經世陸象山〉〈食之有情，味之飄零——逯耀東的飲饌書寫〉〈北宋理學「天人之道」溯源——以唐中葉「氣、天、易」為線索〉〈陳亮經學述義〉〈「文章要有本領」——方東樹論漢宋之爭〉〈論康有為與廖平二人學術思想的關係——從《廣藝舟雙楫》談起〉〈廖平的經學與道教〉〈從《中國——理性之國》來看梁漱溟的內心世界〉〈白話文學與文學革命——重探胡適《白話文學史》〉〈李贄的生死之學〉等數十篇論文。

提　要

　　修身與治國的連續性關係，一向是中國傳統的政治立場。而在這樣的關係中，身體則是其中關鍵。一方面，身體是修身的必要基礎，不管是德充於身、又或是忘身貴身，心、氣、形都構成修身的重要內容；另外一方面，也因為身體作為一種政治場域，身修則國治，而在這種層次裡，以心喻君、君為首，又或是以股肱、耳目手足為臣，於是君臣關係又往往以君王身體作比喻。因此君王不但要以身作則、以上化下，身體同時也成了國家的象徵，代表整個國家機器，身體與政體、君國同體，再到身國共治，建構了身體政治論的骨架。

　　在這種思考模式之中，先秦諸子中各有不同的傾向。第三章討論了其中一種身體政治論：修身磨練、道德實踐、身在政先，然後勤政愛民，本文將其概稱是「為政以德」，先秦儒墨兩家的政治理論便是秉持此說。第四章則是分析另外一種，這種理論講清靜無為、因循自然，其後更發展了形名、任勢、君無為臣有為等說，這就是「君佚臣勞」的身體政治論。其中老子、莊子講體道無為，順著這個講法，從無為到無不為，君是無為，臣卻必須有為，「君佚臣勞」終於在黃老、莊子後學與法家韓非等學說裡產生，風生水起，成為足以與「為政以德」抗衡的政治理論。第五章則是以史實與思想交會的方式，就事言理、以理即事，從理事合一的角度來看兩種身體政治論的持續發展，說明身體政治論如何在具體人事裡實現，並指出其思想的時代意義。

　　兩種身體政治論的觀念，在思想上究竟如何開展？在政治行為上又如何落實？本文即是藉由政治思想史的角度，從歷史與思想、理論與實際、政治行為與傳統文化的觀察，瞭解其間的複雜關係。

　　在學術與政治之間、在權力與哲學之中，身體政治論透露了思想家的關懷與理想，也折射出他們的遺憾與失望。本文即是希望經由這樣的研究，藉述史而知世情，能因此對先秦到秦漢政治思想作出一些貢獻。

誌　謝

　　不知走了多久，好像到了一個新地方。少年十五二十時，悠悠晃晃，青春歲月，年少輕狂，已不堪憂。隱隱覺得，人的一生，總在不斷地摸索、尋找自己。

　　對的，就是自己，我為什麼活在世上？活著與死亡，有什麼差別？我在別人眼中，又是什麼模樣？我看別人，又如何看出了自己？在人世與人際的網路關係裡，我又是什麼位置？如此種種，皆可歸於一，那就是我們總在不斷反思──我是誰？

　　藉由反省而思考，我觀而我思，我思故我在，幻現大千世界，一幕幕人生，一場場的戲，臺上臺下，是燭照未來的渺茫，又或是馬不停蹄的滄桑。入紅塵，走江湖，經了一點過往，歷了一些憂傷，才發現，過化而存神，原來，「人生如逆旅，我亦是行人」，這就是生命，這就是歷史，我們曾在人生驛站中停留、前進，也曾是別人生命的一段風景，欲走還休。

　　時間何其遙遠，空間又何其古老，歷史，總在不同的時間，流動著，改變著，我們理解它，也是理解自己，卻也愈加哀愁，哀愁是體認到自身渺小、體悟到知識無窮，浩瀚歷史，無窮天命，即是立志通古今之變，要通要專，終究只能是一家之言。以有涯逐無涯，憑弔空牢騷，以人生換取學術，亦不知伊于胡底。只是人生於世，總要有所舍取，物依識存，色由心生，喜怒哀樂美醜善惡，見於物相，而在收放之時，我們確立了存有，也發現了價值──我們的學問，存在生命之間。

　　學問是美麗的，美麗並不錯誤，只是哀愁，因哀而起感，因愁而生情，終在物色間、在執障處，迴圈不已。有時歎天，天數茫茫，不知何所歸；有

時感人，紛紛世事，亦不知何所往，於是述跡明變、存誠乾乾，而書寫歷史，同時也是書寫著自己，也就理所當然地成了自身心緒的宣洩。

由此觀我生，以之親行自證，獨來獨往，獨出獨入，我總會想起《酒店關門之後》，史卡德（Matthew Scudder）唱著藍克的「最後的召喚」，那首海海人生徬徨無助的歌：

> 於是，我們又過了一夜，
> 吟誦表演什麼都來，
> 每個人都知道他終會孤寂，
> 當酒店關門之後。
>
> 於是我們乾掉這最後一杯，
> 敬每個人的歡喜與哀愁，
> 但願這杯酒的勁道，
> 能撐到明天酒店開門。
>
> 我們跟蹌走出酒館，
> 像一群麻木不仁的舞者，
> 每個人都知道他必須問些什麼，
> 每個人也都知道答案是什麼。
>
> 所以我們乾掉這最後一杯，
> 酒如利刃，腦子碎成片片，
> 反正答案一點也不重要，
> 問題也就無人提及。
>
> 我那天心碎不已，
> 但明天自然又能修補完好，
> 如果我帶著醉意出生，
> 我或許會忘掉所有的悲傷。
>
> 所以我們乾掉這最後的一杯，
> 有一句話我們永遠不說出來，
> 誰有一顆玲瓏剔透的心，
> 他就會曉得何時心碎。

或許吧！正是這難以自持的孤寂，多情卻是總無情，該還而未還，傷口未癒，

只好隱隱作痛。可是，每個人都知道他必須問些什麼，每個人也都知道答案是什麼，但又如何？我依舊在這裡，在燈火闌珊處，在酒店關門之後，恨我不見古人，相逢恨晚，恨東恨西的，終於還是鑽入書堆，上下古今，心有所寄，乾掉最後的一杯，有點醉意，有點踉蹌，走出回憶，回到現在，然後靈根自植，安身立命。

　　完成這本論文習作，首先要感謝的當然是黃俊傑老師，老師識見博洽，亦狂亦俠亦溫文，學問出乎性情，對於學術的使命感，既深且大。而平時除了知識上的教導之外，對於學生經濟狀況、日常生活亦多所照顧，也承蒙老師的信任，讓我在兩年的碩士時間可以參與許多諸如訪談、校稿、助理的工作，使我瞭解一些學界的運作與應對進退，古人說經師易遇，人師難求，很開心也很榮幸地遇到了這位人師經師兼具的長輩。此外，也感謝張廣達老師鼓勵與關心，廣達師待人親切，和藹可親，晚年任教台大、政大，認識了一批熱心而又好學的學友，老師每談及於此，總是眉開眼笑，我有此機緣得聆老師授學，隨分契會，實屬幸運。

　　另外在碩士班求學時期，劉述先老師、吳展良老師、閻鴻中老師、王曉波老師、陳昭瑛老師、林啓屏老師、洪燕梅老師對我亦多有指導。對於述先師是先讀其書再識其人，在文哲所與老師的幾次會面，老師或侃侃而談，或微笑以對，而說話時英姿颯爽、神采煥發，其間亦不時穿插警語，語妙天下，眞讓人有「爲者當如是」之感。展良師風度翩翩，言行間盡是儒者風範，而望之儼然，卻即之也溫，上課有時談及生命不可承受之重之憂，亦不免情溢感物、傷懷物類。鴻中師則是平易謙沖，虛懷若谷，恂恂然而有謙讓君子之風，其修養學識讓人可望不可及；曉波師治學精於法家、黃老，且及於近現代史，而在學術之外，早年投身黨外運動，對政治社會亦多有關懷。我有幸選修「管子研究」，特別在期末的幾堂討論課中，與其他同學對文獻問題多有爭論、乃至於爭鋒相對，至今想來仍覺過癮。對於這些論辯，老師總能很快地指出問題所在，這種透徹的眼力，正是我待學習之處；而昭瑛師則是在訪談中談到許多儒學與文學的相關議題，讓我有了更深一層的思考，對於論文觀點的修改啓發甚大。

　　啓屏師既是文獻回顧審查、也是論文口試委員，老師對論文的建議與指正，也讓我瞭解自己的粗疏與不足。燕梅老師則在博班口試與信中談及的文字學問題，我雖未在碩論中詳細討論，但老師確實指出文字學與文化人類學

相遇之後，可能產生的一些問題，老師的憂慮與先見，正為我日後治學所該留心之點。此外，亦感謝輔大的雷俊玲老師、克思明老師、陳進金老師對我學業的關心，俊玲師每次見面，必特別叮嚀上課出席的問題，也幸好，我沒有太讓她失望，不但順利完成學業，相較於大學時期，出席率已大有進步。而與思明師、阿金老師雖偶爾遇見，但總能感受到他們的心意。

最後，我也很感謝平時與鍾友全、劉哲宇的胡說八道，當然胡說八道中總能帶點道理與學問，還頗可取，我也總算沒太浪費他們的時間。其中友全更是性情中人，是一理想與夢想、天真與世故兼具的熱血青年，有時雖難免頹喪，但總是能反省自身，找出問題所在。哲宇則是一個聰明又帶點固執的同學，希望他可在剩下的學生生涯中有個美好的回憶與戀情。同時也感謝杜偉新、施淳益、許妝莊、吳孟謙、鄭鈞瑋、潘建尊、廖千瑤、黃慧萍、曾令毅學長、袁永祥學長、羅志仲學長對論文指教與鼓勵，能與你們論學辯難，相當開心。孟謙與傳統文化甚為相得，生命與學問之相激相發，足可證古人「為己之學」當非欺人；鈞瑋學識與修養俱佳，對事物總能有自己的獨到見解，為人又無驕氣。承他不棄，願意擔任我論文的評論人；建尊則是認真求學、勤奮用功的研究生，平時與其所談，皆頗相契，特別他準備要當爸爸了，希望他的寶寶跟他媽媽一樣可愛、乖巧，這方面我想還是像母親比較好（一笑）。

而與千瑤雖未見過面，但在幾次閒聊之中，他熱心地把很多資料論文傳給我，省去我許多時間，實在非常感謝；令毅學長大我一歲，高我數班，是我輔進歷史的學長，目前就讀師大博班，他耕耘臺灣史多年，以發掘新議題、新史料見長。而一路走來，或有艱辛，但多是積極樂觀、努力不懈，與他談論學界種種現象，總是有會於心，雖偶爾亦不免感慨。

下學期開始，我即將轉換陣地，從台大到政大，從歷史到中文，在那裡，或許又是一個新的風景。我想，如果生命是一條長河，奔流不息，而在生命的推湧中，風景不停轉換，因此我總是嚮往著、期待著，那流動在時間裡、閃爍在人生轉角處，幽闇而神秘、不拘常矩的游移。而我們一身如寄，游動四方，偶然地邂逅相遇，真誠地、真實地。雖然已是青春夢遠，但在時間不斷流轉的當下，朝曦翠靄、青春紅顏，剎那芳華，年輕或許不返，但沒有遺失——當我們帶著擁有，不管游向何方，游去何處。

目

次

第一章 緒 論 …………………………………………… 1

第一節 研究動機與問題意識 …………………… 1

身、心、氣 ……………………………… 5

修身——治國 …………………………… 8

兩種理想類型的身體政治論 ………… 10

第二節 文獻回顧與章節安排 ………………… 13

第二章 身體：中國古代思維方式的特徵 ……… 35

第一節 作爲「具體性思維」與「聯繫性思維」的
身體 ……………………………………… 35

以類度類：「具體性思維」的身體 ……… 35

引譬連類：「聯繫性思維」的身體 ……… 41

第二節 政體與身體——身國共治 …………… 43

國君以國爲體 …………………………… 43

國君一體下的君臣關係 ………………… 46

第三節 周代人文意識的興起 ………………… 47

殷周天命觀 ……………………………… 47

春秋威儀觀 ……………………………… 51

第三章 踐形與德治——爲政以德的身體政治論 … 55

第一節 修齊治平之路 ………………………… 55

一個關鍵的人物：孔子 ………………… 55

後繼者：孟子 …………………………… 62

　　　　另個後繼者：荀子 …………………………………… 65
　　第二節　修身、治國、《墨子》…………………………… 73
　　第三節　身國共治：從出土文獻來看 …………………… 79
　　　　郭店楚簡的修身與治國 ……………………………… 79
　　　　上博簡〈民之父母〉的五至與三無 ………………… 84
　　第四節　小結 ……………………………………………… 90
第四章　無爲而無不爲
　　　　──君佚臣勞的身體政治論 ……………………… 93
　　第一節　從《老子》談起 ………………………………… 93
　　第二節　無身與齊物 ……………………………………… 97
　　　　《老子》的身體政治論 ……………………………… 97
　　　　支離、齊物、逍遙遊 ……………………………… 103
　　第三節　黃老與法家 …………………………………… 111
　　　　黃老思想與《黃老帛書》 ………………………… 113
　　　　黃老思想與《管子》四篇 ………………………… 120
　　　　法家：另種類型的君佚臣勞 …………………… 127
　　第四節　小結 …………………………………………… 135
第五章　秦代到西漢前期政治思想析論
　　　　──兩種身體政治論的發展 ………………… 137
　　第一節　君佚臣勞：從《呂氏春秋》到《淮南子》
　　　　……………………………………………………… 137
　　　　《呂氏春秋》的身體政治論 …………………… 137
　　　　秦朝與法家 ……………………………………… 149
　　　　西漢前期與黃老 ………………………………… 151
　　　　治國如治身：《淮南子》 ……………………… 158
　　第二節　爲政以德：從《新語》到《春秋繁露》· 170
　　　　「文武並用，長久之術也」：陸賈與《新語》 173
　　　　講無爲的儒者：韓嬰與《韓詩外傳》 ……… 177
　　　　《天人三策》與《春秋繁露》：兩種身體政治
　　　　論的融合與結束 ………………………………… 187
　　第三節　小結 …………………………………………… 210
第六章　結　論 …………………………………………… 213
參考書目 …………………………………………………… 219

第一章　緒　論

第一節　研究動機與問題意識

　　在中國學術思想史的研究裡，以人物與時代為基礎，進而論述其政治主張或是時代思潮，此可稱為「第一序」（first order）的研究方法，例如何謂經世、經世與時代關係等等。〔註1〕由外緣來看，可以解析解史實與思想的互動；從內部而論，亦可觀察思想史本身的演變脈絡。此外尚有「第二序」（second order）的層次，即思維方法的探索。思維方法是指思想家採用某些思維模式論述其說，並將原本散亂的經驗原素，整理而成為統系條貫的理路。〔註2〕

　　其中，這樣的思考層次，以思想家與思維物所產生的聯繫而言，中國思想家在論證其觀點時，往往是以具體事實作為論述基礎，〔註3〕具體事實可以是歷史事件、〔註4〕寓言，〔註5〕也可以是天地自然萬物。但此時所謂思維方

〔註1〕　余英時指出儒學的最終目的是「措之天下，潤澤斯民」，此即所謂「經世」或「經世致用」，而此觀念或隱或顯，事實上與時代因素與儒學內部發展息息相關。可參余英時，〈清代學術思想史重要觀念通釋〉「經世致用」條，收入氏著，《中國思想傳統的現代詮釋》（臺北：聯經，1987），頁419～430。

〔註2〕　吳展良，《中國現代學人的學術性格與思維方式論集》（臺北：五南，2000），〈序言〉。

〔註3〕　（日）中村元著，徐復觀譯，《中國人之思維方法》（臺北：學生，1991），頁64～65。另外要說明的，此處所謂的「具體事實」，是指「以思想家與思維物所產生的聯繫而言」，並不代表中國就沒有抽象的哲理。

〔註4〕　以歷史事例表義，不獨哲理如此，乃至文學亦如是，此正見中國傳統思維的廣泛處。可參羅志仲，《《文選》詩收錄尺度探微》（臺北：國立清華大學中國文學研究所博士論文，2008），頁11～13。

法並不止於所思物的客觀面而已,而是思想家藉由此物企圖展現某種哲理。這種思維方式,是因寄所託、是取象立意,而或比或興,呈現的思維方式卻也有異有同,正因爲有這種異同,「第二序」也才有了研究的可能。〔註6〕這話的意思是說,同是思維方式,或以飲饌爲例,又或是以天地水風爲喻,但不代表各種思維模式所解釋的哲理與效果都是一樣的,以「水」爲喻的哲理不一定就同於以「身體」爲說的思維。〔註7〕

更進一步來講,寓意的事物往往也已內化爲論述的重要部分,不止是單純的類比或是隱喻而已,換言之,本是以象寓物的哲理,往往也能反過來,以意索象,同時也經由思想對於事物的不斷探索,更加深了思想與思維方式的結合。以「第一序」的角度來說,「第二序」是一種思維方式;從「第二序」的眼光來看,「第一序」則是哲學思想。同時「第二序」與「第一序」也非互不相關,因爲「第一序」往往需藉由「第二序」的論述,更能顯出理論的豐富,而「第二序」的研究,更是必須依託「第一序」而存在。

其中近數十年來廣獲學者注意的「身體性思維」便屬「第二序」。把身體視爲思考的基點,基本上普遍存在於中國思想史。要特別說明的,此處所用的「身體觀」,只是作爲學術上名詞使用的普及與方便,本文無意以西方術語硬套中國歷史,然後穿鑿附會、人云亦云。畢竟就字源來講,「身」的卜辭爲 $\hat{\imath}$,金文作 $\bar{\imath}$,李孝定釋爲「契文從人而隆其腹,象人有身之形,當是身之象形初字,許君謂『象人之形』,其說是也。」〔註8〕卜辭與金文都突出了人

〔註5〕 柯慶明認爲寓言正是一種「情理交融的具體性思維的絕佳的表達方式」。柯慶明,《中國文學的美感》(臺北:麥田,2006),頁27。

〔註6〕 可參楊儒賓、黃俊傑編,《中國古代思維方式探索》(臺北:正中,1996),〈引言〉。黃俊傑,《東亞儒學史的新視野》(臺北:臺灣大學出版中心,2006),頁341~342。具體性思維,其實不止是思想史而已,中國文學引類譬喻的詠物或是抒情傳統亦有類似的特質,可參楊宿珍,〈觀物思想的具現——詠物詞〉,收於蔡英俊主編,《中國文化新論:意象的流變》(臺北:聯經,1989),頁375~379。鄭毓瑜,〈詩大序的詮釋界域——「抒情傳統」與類應世界觀〉,收於氏著,《文本風景——自我與空間的相互定義》(臺北:麥田,2005),頁263~279。

〔註7〕 以「水」爲喻的思維,可參胡楚生,〈老子以水喻道的方式與義蘊〉,收於氏著,《老莊研究》(臺北:學生,1992),頁25~33。黃俊傑,《東亞儒學史的新視野》,頁328、402。(英)葛瑞漢(Angus Charles *Graham*)著,張海晏譯,《論道者》(北京:中國社會科學出版社,2003),頁407~410。

〔註8〕 李孝定,《甲骨文集釋》(臺北:中央研究院歷史語言研究所,1991),頁2719。

的腹部，也有可能是象婦女有孕之形，〔註9〕但皆屬指人體。《說文》視身爲象形字，「身，躬也。象人之身。从人厂聲。凡身之屬皆从身」，〔註10〕身最早是指人的身體，故曰「象人之身」，其後又從身體引申爲生命的涵義，但更多的是指兩者的結合：如《左傳・成公十三年》「禮，身之幹也。敬，身之基也」，〔註11〕成公十五年：「信以守禮，禮以庇身」，〔註12〕此處的身都同時具有身體與生命的意思，或者可以這麼說，人的生命必須依賴身體而存在，故二者不可分離。人死後，生命既逝，就不再以「身」爲名，而是稱爲「尸」，〔註13〕卜辭作𠤎，金文作𠤎，〔註14〕是祭祀時代表死者之人，象徵死去而已無生命的人，《小雅・楚茨》：「皇尸載起，鼓鍾送尸」，〔註15〕即是指此。因此就人與身的關係來看，「身」就不是單純地指身體，而是可以與生命、自我、自己相結合，而且在不同的脈絡中亦有不同的意涵，《管子・入國》：「疾甚者以告，上身問之」，〔註16〕身在動詞的「問」之前，加強了「問」的動作性，有親自、親身的意思，《墨子・號令》：「若能身捕罪人，若告之吏，皆構之」，〔註17〕亦是此意。「身」也可以直接當動詞，有身體力行、親身經歷的意思，《孟子》：「堯舜，性之也；湯武，身之也；五霸，假之也」〔註18〕，「身之」就是親身爲之、力行之，朱子注爲「湯武修身體道，以復其性」，雖然加進了許多理學的內涵，但就修身的親身力行的層面而言，也指出了「身」的意指，《淮南子・謬稱》：「身君子之言，信也；中君子之意，忠也」，高誘訓注：「體行君子之言也」，〔註19〕體行就是力行，這同時也指出了「體」的一層字義，

〔註9〕　李樂毅，《漢字演變五百例》（修訂版）（北京：北京語言大學出版社，2005），頁295。李孝定指出小篆「孕」作𠤎，卜辭爲𠤎、𠤎，與「身」可能是異體字。李孝定，《甲骨文集釋》，頁2719～2720。許進雄，《簡明中國文字學》（臺北：學海，2002），頁213～214。

〔註10〕　（漢）許慎著，（清）段玉裁注，《說文解字注》，收於《漢小學四種》（成都：巴蜀書社，2001），頁397。

〔註11〕　楊伯峻，《春秋左傳注》（北京：中華書局，2000），頁860。

〔註12〕　楊伯峻，《春秋左傳注》，頁873。

〔註13〕　陳佩君，《先秦道家的心術與主術——以《老子》、《莊子》、《管子》四篇爲核心》（國立臺灣大學哲學研究所博士論文，2005），頁21。

〔註14〕　李樂毅，《漢字演變五百例》（修訂版），頁300。

〔註15〕　屈萬里，《詩經詮釋》（臺北：聯經，1983），頁403。

〔註16〕　黎翔鳳，《管子校注》（北京：中華書局，2006），頁1034。

〔註17〕　吳毓江，《墨子校注》（北京：中華書局，2006），頁899～900。

〔註18〕　（宋）朱熹，《四書章句集注》（北京：中華書局，2003），頁358。

〔註19〕　劉文典，《淮南鴻烈集解》（北京：中華書局，1997），頁324。

關於體，容後再說。由以上說明可知，身最初是以身體爲義，延伸出自我、生命、力行、親自……之意，不管是做爲人的存在，又或是實踐的行爲舉止、親身的經驗等等，身體都是這些語義的基礎與出發點。

「體」，《說文》說「總十二屬也」，〔註20〕段玉裁分成首、身、手、足四大部分，其中又各有三種，所以總數是十二，都是就人的身體部分來講。體則是十二屬的總名，若是要分類區別，則是「軀」：「軀，體也」，段玉裁注：「體者，十二屬之總名也，可區而別之，故曰軀」。〔註21〕與人體無關之處，「體」當然也可來表示體裁、字體、體制的意思，但就人身與體的關聯來看，「體」有時與「身」一樣，是指身體生命，或是親自、力行，有時又是指「身」的一部分，《國語‧鄭語》：「故先王以土與金木水火雜……，剛四支以衛體，和六律以聰耳，正七體以役心，平八索以成人，建九紀以立純德，合十數以訓百體。」〔註22〕第一個體是整體，就是身的意思，其後「七體」、「百體」都是身體部分之意，其它諸如五官、七竅、四支等說法，也都可以稱作是「體」。另外體亦可用作心術、心體之意，《楚辭‧天問》：「舜服厥弟，終然爲害，何肆犬體，而厥身不爲敗？」〔註23〕何肆犬體，王逸注：「言象無道，肆其犬豕之心」，〔註24〕就王逸看來，體就是指象的心體，可是心又不能空無著落，不是一個單獨而絕對的存在，因此《楚辭‧天問》後來又以質疑的口吻說出「而厥身不爲敗？」心體仍必須落實在「身」，此處的身不一定就是指身體，也有身敗名裂的意思，這也是從「身」衍生的涵意。如果不以王逸注爲準，而是以整句文意來看，何肆犬體，指的就是像狗犬一樣放肆、放縱自己的外在行爲，外在行爲之於體，亦可視爲是身體的衍義。

由以上的討論可知，身與體固然有各自的意思，但兩者亦彼此交會，涵義多有重覆，而且都是把身體視爲活動的依據基礎，以此延續引述。

從這種發展來說，身體就不止是一個客觀的存在而已，不但可以指生命、自我，也可以是舉止進退、舉動儀表。反過來看，這些外在的行爲或是內在的自我也往往藉由身體模式而展現，經由這樣的身體實踐，自然也可能成爲

〔註20〕　（漢）許慎著，（清）段玉裁注，《說文解字注》，收於《漢小學四種》，頁 173。
〔註21〕　（漢）許慎著，（清）段玉裁注，《說文解字注》，收於《漢小學四種》，頁 397。
〔註22〕　徐元誥撰，《國語集解》（北京：中華書局，2006），頁 470～471。
〔註23〕　金開誠等校注，《屈原集校注》（北京：中華書局，1999），頁 368。
〔註24〕　金開誠等校注，《屈原集校注》，頁 370。

生活方式、文化儀式、階級權力的場域，〔註25〕這就構成了修身的可能。換言之，修身就是內在自我與身體外形的結合，因此修身不但是內在的提升，也可以是外在的改變，此皆促使個人生命產生轉化意義，所以「修身」也可以是「修己」。不止如此，身體在哲學上更是一個「觀念叢」（ideas-complex），這也正是中國身體觀的獨特之處。而在這樣的「觀念叢」裡，身體更是與心、氣、天道、自然等觀念互倚而立，構成了修身的內涵，其中最關鍵的一點就是身（體）、心、氣的問題。

身、心、氣

　　在先秦諸子、特別是儒家的研究中，許多學者相當注重「心性」的面向，〔註26〕循此而下，陸續深入關於「得證天命」或是「天人合一」的相關課題。在此脈絡中，或著重於生命體驗、或是道德主體性之挺立〔註27〕

〔註25〕鄭毓瑜就指出，在傳統思想中，身體「威儀」或「容禮」早就受到重視，同時身體也是自我的一種展現方式，承載著許多社會文化意涵，也影響了日後魏晉人倫品鑑與身體形象的展現。鄭毓瑜，〈身體表演與魏晉人倫品鑑——一個自我體現的角度〉，《漢學研究》，24 卷 2 期（2006 年 12 月），頁 73、191～192。

〔註26〕安樂哲與江文思合編的《孟子心性之學》，其中收錄了許多關於孟子的心性研究。葛瑞漢（A.C.Graham）〈孟子人性論的背景〉分析孟子以前關於「性」的字源概念與歷史背景；安樂哲〈孟子的人性概念：它意味著人的本性嗎？〉則是就「性」是否等同於「本性」作分析；華靄人（Irene Bloom）〈孟子的人性論〉同樣也是就孟子的心、性、命，特別是性與本性的關係作了探討。華靄人另有一文〈在《孟子》中人的本性與生物學的本性〉，則是以生物學本性與孟子的性作比較；劉述先〈孟子心性論的再反思〉則對孟子心性論的淵源，性善論的性質、實踐、影響與相關爭辯而發；信廣來〈孟子論人性〉是以安樂哲、葛瑞漢為對話對象，引經據典，討論性是否等於本性的爭議；斯卡帕里（Maurizio Scarprai）〈在早期中國文獻中有關人的本性之爭〉與劉易斯（Mark Edward Lewuis）〈早期中國習俗與人的本性〉二文同樣都探討了早期中國本性的歷史知識與淵源。
值得注意的是安樂哲在討論唐君毅的研究時就指出：「就孟子而言，成人並不是達到某種內在的心理意向，而是已成人的全部結果——心理的和肉體的」、「『即心言性』時，這意味著作為被反映在一個人的面貌和行為舉止上，『性』是對已被修養之心的滿足」。這幾句話其實已指出孟子身體觀的內涵。〔美〕安樂哲（Roger T. Ames）、〔美〕江文思（James Behuniak Jr.）編，梁溪譯，《孟子心性之學》（北京：社會科學文獻出版社，2005），頁 100～101。

〔註27〕例如牟宗三就認為中國思想中心在於「心」的道德主體性，因此中國學術思想可概約稱為「心性之學」。牟宗三，《中國哲學的特質》（臺北：學生書局，1965），頁 66～67。

等等,各有特色,其中有些論述更是已隱涵了「身體」的潛在命題。〔註28〕

即使有了潛浮的暗流,卻又隱而不顯,未見學者繼續開發此命題。根據研究者的觀察,可能原因可能有二:一、現代人往往將身與心的對立代入古代思想,是以只見心而未見身;〔註29〕二、又或是直接把身同等於軀體,以致於將身體視為客觀的單獨存在,與心、氣、神、靈魂等無涉。〔註30〕

這樣的現象已引起許多現代學者的反省,他們認為前人研究固有其豐碩成果,但過於強調心性,則又未免忽略先秦思想中「身心」的本質。首先,心的思考活動必有賴於身體作為基礎。再者,心身實為一體,密不可分,更有著互相滲透的特性。因此當先秦諸子對「身」作論述時,同時也隱含對「心」的預設,反之亦然。值得注意的是,說身心一體、或是互相滲透,但不代表是對等的,事實上兩者往往有主從之分,而且心亦有其內向超越的路數,不必全受具體的身軀所制。但不管如何,「心」的鍛鍊與擴充,必定得落實在「形體」之中,或成儒家所說的「君子」、或成道家的「真人」,也就是以「心」攝「身」,方能見其理論的真實性。〔註31〕用儒家的話來講,這就是「踐形」,用道家的話來講,就是「坐忘」或是「心齋」。畢竟先秦諸子皆重人世之學,他們的論述即便有著意境高遠的形上思想,但若要驗證其觀點為真,而非空談虛構,就得將心之體驗與感通落實,有心就有體,因此就必定會呈現在具體的身軀之中。徐復觀就認為心的作用是由工夫而見,是由工夫所發出的內在經驗,因此心的作用是實踐的、體驗的。〔註32〕湯淺泰雄研究東方身體觀,也得出類似的看法,他認為透過修行而能使身心關係發生轉化,這是一個不

〔註28〕徐復觀與唐君毅的一些言論其實已觸及心的身體基礎。可參黃俊傑,《東亞儒學:經典與詮釋的辯證》(臺北:臺灣大學出版中心,2007),頁 188~189;黃俊傑,《孟學思想史論》(卷二)(臺北:中研院文哲所,2006),頁 26~27。彭國翔,〈作為身心修煉的禮儀實踐——以《論語‧鄉黨》篇為例的考察〉,《「東亞儒學中的身體論述」研討會》。

〔註29〕周與沉,《身體:思想與修行》(北京:中華社會科學出版社,2005),頁 14~17。

〔註30〕蔡璧名,《身體與自然——以《黃帝內經素問》為中心論古代思想傳統中的身體觀》(臺北:臺大文學院,1997),頁 45。亦可參郭梨華,〈曾子與郭店儒簡的身體哲學探究〉,收於李學勤、林慶彰等,《新出土文獻與先秦思想重構》(臺北:臺北書房,2007),頁 236。

〔註31〕黃俊傑,《東亞儒學史的新視野》,頁 413~418。心的內向超越可參余英時,《知識人與中國文化價值》(臺北:時報文化,2007),頁 186~197。

〔註32〕徐復觀,《中國思想史論集》(臺北:學生,1959),頁 248~249。

證自明的預設立場，只有肯定這一假說，然後提問身心問題才有意義。由此而觀，所以身心問題也是一種實踐的、體驗的、涉及完整生命的問題，並非只是生存的一種反映而已。〔註33〕在此氛圍之下，或以德性仁義充滿全身、或是齊物逍遙不爲形體所拘，事實上都不能抽離身心這個命題而獨存。

　　若再考慮「氣」在其中的作用，則更能清楚說明身心問題。畢竟前述所謂的體驗或是感通，往往也是由氣類說。氣，既在身體之內，又在天地自然之間；氣，既是「其細無內」，是構成萬物的細微之處，又是「其大無外」，整個宇宙都充滿了氣。〔註34〕氣同時也是古代醫學的重要理論，人體之氣可通乎天，〔註35〕《黃帝內經素問·六節藏象論篇》就說：「夫自古通天者，生之本，本於陰陽，天地之間，六合之內，其氣九州九竅五臟十二節，皆通乎天氣」。〔註36〕換句話說，人的存在與自然世界的關聯往往透過「氣」而產生，是同聲相應、或同感相求，是成浩然之氣、或通天下一氣，此皆有賴於氣之流行。〔註37〕由此而觀，則身／氣／心結構不但可與齊家／治國聯繫並立，亦與天／人作了共感共生的互通，如此一來就更能完整定義中國身體觀。

　　這種「形」（身）──「氣」──「心」的結構固然可用來解釋先秦身體觀，但並非先秦諸子人人皆重三者，有的人如孟子、莊子自是三者並重、缺一不可，但也有人只注重身而未詳述氣、心，例如墨子便是。此中論述，各有異同，我們不可一概而論，更不能用這種公式硬套進先秦諸子的思想中，認爲他們必定具備三種因素。但大體而言，先秦諸子談修身，或以心氣言身，

〔註33〕（日）湯淺泰雄著，馬超等編譯，《靈肉探微──東方身心觀》（北京：友誼出版社，1990），頁2。

〔註34〕王曉波，〈氣與古代自然哲學〉，收於氏著，《哲學與思想》（臺北：東大，1988），頁1～23。宗白華亦曾指出，中國的宇宙觀與西方頗有不同，我們的宇宙基本上是一陰一陽一實一虛的生命節奏，是虛靈的時空合體，同時也是流蕩的氣韻生動。宗白華，《美學的散步Ⅰ》（臺北：洪範，1981），頁57～64。

〔註35〕（日）加納喜光，〈醫書に見える氣論──中國傳統醫學における病氣觀〉，收入小野澤精一等著，《氣の思想──中國における自然觀と人間觀の展開》（東京：東京大學出版會，1978）。

〔註36〕（清）張志聰集注，《黃帝內經集注》（杭州：浙江古籍出版社，2002），頁70。

〔註37〕龔鵬程就認爲中國思想不以心體爲二元對立，因此中國講體時，常常也就以心的活動而論，如體察、體認、體會等詞，皆就心與體合觀，並未分爲兩橛。除此之外，中國人講體驗或是感通，往往又是由氣類說。可參龔鵬程，《中國傳統文化十五講》（北京：北京大學出版社，2006），頁8～17。此說學界往往以「形」（身）──「氣」──「心」表述之，可見楊儒賓，《儒家身體觀》（臺北：中研院文哲所，1996），頁9～15。

又或是偏於某方,所重不一。不管如何,基本上這仍是先秦諸子的共同模式。

修身——治國

根據學者們研究,儒家由「身體」折射出的意涵大致上可分爲數種,楊儒賓提出先秦儒家身體觀的「四體一體」與「二源三派」,前者指出儒家身體觀綜攝了意識的主體、形氣的主體、自然的主體與文化的主體;二源三派,二源:《周禮》爲中心的威儀身體觀、醫學爲中心的血氣觀。三派:踐形觀、自然氣化說、禮儀觀。〔註 38〕黃俊傑則以更廣泛的角度提出東亞儒學的四種身體觀,分別是一、作爲政治權力展現場域的身體。二、作爲社會規範展現場域的身體。三、作爲精神修養展現場域的身體。四、作爲隱喻的身體。〔註 39〕兩位學者對儒家身體觀的研究,極具貢獻,黃俊傑又指出其中「身體——政治」的面相較少爲人注意,是極待開發的部分。然而若觀察先秦諸子的各種言論,會發現「身體——政治」模式並非儒家所獨有,而是普遍存在先秦諸子之中。換句話說,若能從此思維方式切入先秦思想,以「第二序」的角度將「第一序」層次深化、強化,藉此說明諸子身體政治論的內涵與影響,或可對中國古代政治思想史有更進一步的理解與詮釋。

在中國思想中,將統治者身體視爲「國」,由此論證其政權正當性或可追溯至西周晚期,〔註 40〕這種「身體——政治」的思考模式,包含向度實屬多樣,例如金仕起從醫療的角度談起,認爲傳統中國醫療知識與社會、政治是雙向互動的,其中關鍵處在於身體所牽涉到的種種關係,〔註 41〕這是處理「身體——政治」的其中一種模式。當然此外仍有許多面向值得開發,本文採取的則是另種角度,那就是「修身與治國」,黃俊傑說:〔註 42〕

> 所謂「身體政治論」,是指以人的身體作爲「隱喻」(metaphor),所展開的針對諸如國家等政治組織之原理及其運作之論述。在這種「身

〔註 38〕 楊儒賓,《儒家身體觀》,頁 9~25、27~83。

〔註 39〕 黃俊傑,《東亞儒學:經典與詮釋的辯證》(臺北:國立臺灣大學出版中心,2007),頁 190~210。

〔註 40〕 杜正勝,〈從眉壽到長生——中國古代生命觀的轉變〉,《中央研究院歷史語言研究所集刊》66:2(1995),頁 423。

〔註 41〕 金仕起,《論病以及國:周秦漢方技與國政關係的一個分析》(臺北:國立臺灣大學歷史學研究所博士論文,2003),頁 1~17。

〔註 42〕 黃俊傑,《東亞儒學史的新視野》,頁 341。

體政治論」的論述中，「身體」常常不僅是政治思想家用來乘載意義
的隱喻，而且更常是一個抽象的符號。思想家藉由作爲「符號」的
身體而注入大量的意義與價值。

這種「身體──政治」的思考模式，黃師已在短短數語中將其精義道盡，要言
不煩，並以「身體政治論」概括之，本文即採用這樣的用法。更進一步來講，
「身體政治論」的核心問題，在於「修身如何影響治國」。〔註43〕唯有修身才
能治國，爲政者在道德領域上的修身，亦能適用於政治上的事務，這也正是「身
體政治論」的顯著內涵，同時也是本文要處理的課題。而修身與治國，在先秦
諸子的說法上又各有不同，如修齊治平、內聖外王、心術主術、修己安人、南
面之術等等，爲了避免名詞上的重覆與敘述上的方便，因此本文則一概以統一
名詞稱呼，這也是本文選擇使用「身體政治論」的另個原因。〔註44〕

傳統中國極重修身，不管是養生、修行、忘身、服氣、踐形等等，均屬
廣義的修身，這與中國思想重視「生」（生命、生存、生與死等等）的因素有
關。〔註45〕然而此間又有一面向，就是中國思想家注重修身的同時，往往是
與政治並論的，用什麼方式修身，就用什麼方式治國。又或反過來說，治國
的主張，源諸於修身的原則，因此修身就不只是個人的事，同時更是治國的
重要基礎。

眾所皆知，先秦諸子流派思想各有不同，但皆重人世之學，例如儒者以
道德關懷爲出發點，墨家重修身刻苦、兼愛非攻，道家行坐忘心齋而無爲，
法家強調威權與法術勢，黃老則主守一虛靜，然後以刑名參合。上述諸家皆
可稱爲治世之法，〔註46〕司馬談〈論六家要旨〉說「夫陰陽儒、墨、名、法、
道德，此務爲治者也」，〔註47〕正是此意。從這個方向來看，各家論述或有

〔註43〕黃俊傑，《東亞儒學史的新視野》，頁363～364。
〔註44〕另外要說明的，也因爲中國古代思想家深信修身與治國有著密切而連續的關
係，本文即是在這樣的立場中探討其政治理論的建構。如果我們跳出這種預
設，反思：「修身眞的就可以治國嗎？」
則治國必須牽涉到的種種權力規範、行政實行等原則，未必與修身有著等價
性的關係，而且一個人的私己倫理行爲不一定就等同於其政治行爲，可參陳
弱水，〈「內聖外王」觀念的原始糾結與儒家政治思想的根本疑難〉，收於氏著，
《公共意識與中國文化》（北京：新星出版社，2006），頁267～302。
〔註45〕余英時，《東漢生死觀》（上海：上海古籍出版社，2005），頁17～19。
〔註46〕余英時，《中國知識階層史論》（古代篇）（臺北：聯經，1980），頁56～57。
〔註47〕（日）瀧川龜太郎，《史記會注考證》（臺北：萬卷樓，1993），頁1366。

所重，內涵亦有異同，但都不出一個根本脈絡，那就是「修身——治國」：身修則國可治，國治則有賴修身。這種身國共治的思考基點其實已透露出一個重要訊息：先秦諸子皆重「人」，可是有人必有身，不論完整與否，身體是人生在世必定會擁有的一個客觀存在，堯舜與凡人皆同，因此「身體」就變成了一個修身思考的基礎，循此而發，修齊治平，發展出先秦諸子獨特的政治觀。

前已言之，先秦諸子以身體為思考時，並不將其視為一個單獨而絕對客觀之物，而是與「心」、「志」、「氣」、「神」、「家」、「國」等觀念並論，〔註48〕內外必須合一，不可單獨抽離，這就是中國身體觀的特殊意義。這樣的特殊意義在政治上又可分為兩個端點，從個人這端來看，就是修身，從群體那端看來，就是治國。從這段到那端之間，又包含了家族、社會於其間，兩端之輕重，或有先後之分，但基本上是一體的，如車之兩輪，缺一不可。因此先秦諸子往往將身體視為一個政治的場域，若身可治，則身與身接觸而產生的家族、社會與國家都會因此而起變化，換言之，政治行為就是一種由內向外的覺醒與推展過程。可是先秦諸子對修身的涵義與作法都不一致，也連帶影響了治國的原則與標準，這種「修身——治國」的解讀，就是「身體政治論」。本文便是以「修身——治國」為主要問題意識，然後以此切入先秦諸子到秦代、漢代前期的歷史，企圖整理先秦諸子到漢初的身體政治論觀念的嬗變。

兩種理想類型的身體政治論

先秦諸子形成的身體政治論，影響極為深遠，秦漢時期更成為不同的政治立場所本，彼此互有衝突競爭。關於這點我們可以從漢武帝身上看出一些線索，武帝即位初期，曾下過一份詔書：「詔丞相、御史、列侯、中二千石、二千石、諸侯相舉賢良方正直言極諫之士」。其中最著名的回應便是董仲舒的《天人三策》。董仲舒的第一策，主要是說君王應致力修身，順承天意，然後勤務愛民，以身作則而行教化，如此則王道可致。董仲舒的意見顯然引起武帝很大的興趣，「天子覽其對而異焉」，武帝的回應是：〔註49〕

〔註48〕 蔡璧名，《身體與自然——以《黃帝內經素問》為中心論古代思想傳統中的身體觀》，頁45～55。黃俊傑，《東亞儒學史的新視野》，頁348～351。
〔註49〕 （漢）班固撰，（唐）顏師古注，《漢書》（臺北：宏業，1996），頁2506。

> 蓋聞虞舜之時，游於巖郎之上，垂拱無為，而天下太平。周文王至
> 於日昃不暇食，而宇內亦治。夫帝王之道，豈不同條共貫與？何逸
> 勞之殊也？

「何逸勞之殊」確實說中自先秦以來政治思想的某些糾結。就漢武帝的回覆
來看，基本上可區分為兩類：垂拱無為——佚／日昃不暇食——勞。兩種政
治行為卻都造成同樣的結果：國治。若與董仲舒的第一策合觀，這段史料是
對政治型態氛圍的描述，可是這種描述正是建立在「修身／治國」預設立場。
前者輕鬆愉悅，可謂體逸；後者則孜孜不倦，勤勉勵政，前後風格對比極為
強烈。因此，漢武帝認為就古代的經驗來看，君王身體浸潤在國家政務之中，
無為或是辛勞，形成了兩種不同的政治行為，但卻有著同樣的效果。

　　所謂的「勞／佚」之分、及其背後所代表蘊涵，並非武帝個人意見而已，
而是逐漸在歷史中累積的形象與共識，相關的論述我們將在第五章說明。形
象共識的源頭當然不是在秦漢之間，因為我們如果把武帝的疑惑放到先秦時
期觀察，會發現原來早在先秦諸子間已形成了兩種理想類型的身體政治論，
各有其獨特的特徵。董仲舒所言，強調德治、勤政，事實上就是屬於其中一
種，在漢武帝的說法中則稱之為「勞」，「勞」確實也點出了此類型的重要特
徵，但更重要的是「勞」字背後所代表的理想類型與思想史意義，而追本溯
源，可上溯至孔子。由孔子開展出的身體政治論，我們不妨就用《論語》的
「為政以德」概括之，其內涵與演變脈絡為何，我們將在三章分析解釋。另
外一種則是相對於「勞」的「佚」，當然，「佚」也不是一個單獨的概念，背
後同樣也代表了獨特的政治理想，簡略而言，此一類型的身體政治論注重君
佚臣勞，這個主張又出於《老子》無為之說，後來也成為黃老、法家的重要
理論，甚為後世所重。不止如此，後者（君佚臣勞）同時也是前者（無為）
的潛議題，當前者一被提出，則立刻將無為涵納於內，成為一種更寬闊的理
想類型，因此我們可將此種身體政治論稱為「君佚臣勞」。第四章的主題就是
分析這種觀點的形成與開展，並解釋無為與君佚臣勞的關係。

　　要特別說明的，「佚」與「勞」是一個相對的概念，「佚」不是什麼事都
不做，而是掌握重要原則，然後延伸到整個政治，將君主權力確實落實，這
些原則也是身國共治的基礎、也是「君佚臣勞」的重心所在。相對於「佚」
的則是「勞」，同樣也是以治國必先治身的基本思路出發，強調以身率民、身
在政先，勤政、勞事，這是「為政以德」的最大特色。這兩種身體政治論在

先秦諸子時期漸漸形成，彼此的關係亦競爭亦共存，並持續出現於秦漢時期，最後則由董仲舒企圖融合貫通，展現在他的政治理論之內。

兩種身體政治論的特徵是：

一、「爲政以德」式的身體政治論。自孔子將修身與道德兩者並提之後，許多類似言論皆主張爲政者須有仁義道德之心，此即修身，修身又非任虛守靜，而是主張在具體的政治或生活中磨練，坐而言亦起而行。因此爲政者往往能與民同在，施仁政、行教化、用賢良，可謂一種道德政治。

二、「君佚臣勞」式的身體政治論。強調若執政者好自爲事，則智困而身勞，因此要修身、也要任用人材，因爲人材可以分擔君主事務，才能君佚臣勞。前提是君主必須完全掌握主導一切，於是修身就著重於虛靜、主術與任勢，如此一來才不會被臣下所蔽、才能「君無爲而臣有爲」。

總結以上兩點，基本上爲政以德式的身體政治論並不避言「勞」，他們甚至認爲「勞」是必要的，因爲唯有經過了「勞」才能行教化、治國家。「君佚臣勞」則反之，「勞」是臣下的事，君主是不必也不能「勞」的，「勞」是他們批判的重點，因爲「佚」才是王道，「佚」就是無爲，無爲才能循名責實、形名相參。

關於兩種身體政治論，我們固然可用學派區分，但此不免流於形式，因此本文在論述這兩種政治論時，基本上是以孔老爲基準點，孔老孰先孰後的問題，學界一直存有爭議，可是這樣的爭議對本文影響不大，因爲不管孔老先後，這兩種觀點仍然都還是依循著二人發展而成。對於孔子的「爲政以德」面相繼續拓寬延伸的，儘管其間論述又有異同，但萬變不離其宗，此可視爲「爲政以德」式的身體政治論。反之，受《老子》啓發，而且與孔子及其後繼者相異甚大、乃至於對立的言論，這種漸漸建立的「君佚臣勞」，則是另一種修身治國觀。當然兩者絕非獨自存在、毫不相干，事實上彼此亦多有牽扯，例如「無爲」是「君佚臣勞」式身體政治論的重要概念，可是孔子也講「無爲」、上博簡〈民之父母〉也有「三無」、荀子也說「身佚而國治」，可是這些講法顯然與君佚臣勞式的類型大不相同。反過來看，「君佚臣勞」也講有爲，但這種有爲與「爲政以德」式的有爲也不會一樣。換句話說，兩種類型間即便有互相襲用的辭彙，但如果把這些共同辭彙放在各自的脈絡中分析，都會出現不同的意義，我們將在三、四章解說分析這些不同。因此就身國共治的主張來說，兩者可謂涇渭分明、重點各異，這也正是本文分作兩種理想類型

的重要原因。那麼，兩種類型究竟是如何產生的？演變脈絡為何？又如何影響了秦代漢初政治思潮？這都是本文要處理的地方。

第二節　文獻回顧與章節安排

無可迴避地，「身體觀」的問題意識既源起西方，在使用上就必須先對其形成作概要瞭解。透納（Bryan S. Turner）《身體與社會》就曾舉出笛卡兒（René Descartes, 1596～1650）、費爾巴哈（Ludwig Andreas Feuerbach, 1804～1872）、尼采（Friedrich Wilhelm Nietzsche, 1844～1900）、傅柯（Michael Foucault, 1926～1984）等人為例，以身體對理性抗拒所作的層層論述，勾勒出從古代希臘至今的身體觀發展。〔註50〕而身體作為一種論述的符號，是在歷史、社會、文化、政治的積累中逐漸建立，〔註51〕因此身體就不止是單純的生存意義而已，更牽涉到了豐富而多元的內涵，其中自法國梅洛龐蒂（Merleau-Ponty, 1908～1961）以後，身體作為一個研究議題，持續受到學界關注。梅洛龐蒂受到胡賽爾（Edmund Gustav Albrecht Husserl, 1859～1938）現象學與索緒爾（Ferdinand de Saussure, 1857～1913）語言學的影響，關心諸如身體意識等意向性概念與肉身的複雜關係。〔註52〕

而自笛卡兒以來身心二元論的結構，〔註53〕經歷康德（Kant）與黑格爾（Hegel）純粹意識或是精神哲學的發展，特別是在黑爾格之後，在二元結構

〔註50〕 （英）透納（Bryan S. Turner）著，馬海良、趙國新譯，《身體與社會》（瀋陽：春風文藝出版社，2000），頁26～29、104～105、115～119。

〔註51〕 周與沉，《身體：思想與修行》，頁9～12。亦可參萬紅兵、宋耕，《身體政治》（上海：上海三聯書店，2005），第二章〈政治的身體：古代希臘及現代西方世界〉。

〔註52〕 梅洛龐蒂與胡賽爾、索緒爾的哲學關係，可參詹姆斯‧施密特（James Schmidt）著，尚建新、杜麗燕譯，《梅洛龐蒂——現象學與結構主義之間》（臺北：桂冠，1992），第三、四、五章。關於梅洛龐蒂身體哲學的研究，楊大春曾有專章討論，可參楊大春，《梅洛龐蒂》（臺北：生智，2003）第三章〈超越物性與靈性：心靈——身體之維〉。鄭金川則是以身體與超越性、身體與空間性、身體與表現性、體現與物我合一來說明梅洛龐蒂的特徵，鄭金川，《梅洛——龐蒂的美學》（臺北：遠流，1993）第二、三、四、五章。

〔註53〕 馬爾賽就指出，笛卡兒本是要證明「主體」的真實存在，但經過其懷疑方法的驗證之後，主體反而與「世界」「自己的身體」脫離了，此時，主體就變成抽象的概念符號而已，身體與此亦毫不相干。（法）馬爾賽（Gabriel Marcel），陸達誠譯，《是與有》（臺北：臺灣商務，1983），頁214。

中處於受輕視一方的身體漸爲人所重，不管是尼采、叔本華（Schopenhauer）或是柏格森（Henri Bergson）都對身體作了不同程度的表述，這種身心的二元模式，到了梅洛龐蒂手上，則因其強調身體意向性與身體主體，漸漸克服這種二元對立。就梅洛龐蒂看來，身體不止是物質肉身的身體，更是人存有的根基，也唯有透過身體，才能開展出充滿價值生命的生活世界。就此點來說，梅洛龐蒂建立了眞正意義的身體現象學。〔註 54〕自此而後，在身體議題的推衍與開展之下，又發展出身體與權力、身體與美學、身體與語言、身體與性別、身體與文化批判等相關論述。這種對於知識、權力、性別與身體網絡關係的研究，風潮始終不衰。〔註 55〕

　　或許正是因爲這樣的原因，當許多學者開始探討「中國身體觀」的時候，他們必須自問：中國身體觀是否存在？若無，原因爲何？若有，其與西方又有何不同？這種反思，一方面是對西方學術的回應，另方面，也是藉由這樣的問題意識再度清理自身。而作爲中西文化比較視野下的議題，也有許多學者試圖做出回答。在上個世紀八十年代，湯淺泰雄《身體：東洋的身體論の試み》一書，〔註 56〕他就以身心角度看待中西的身體觀，湯淺泰雄認爲東方身心觀基本上是一種實踐的、體驗的、涉及完整生命的問題，且已對身心合一作了不證自明的預設，而不是像西方哲學所問「身心之間的關係爲何？」〔註 57〕兩者顯然大有差異。湯淺泰雄的看法極富啓發性，也揭示了中西身體觀的根本不同，因爲若就身心關係而言，一方是問「本當如此」，另一方卻認爲「應該如何」。可是這樣的觀點仍會引起一些質疑：就算中國身體觀本身有著特殊理解，不與西方類同，但身體觀並非中國本有名詞，而是產生於自西方語境，有其特定脈絡與意指。試問，我們又要如何在術語使用上避免穿鑿附會？這類的質問並非無據，事實上這也是現今中西文化比較中必須面臨的問題，黃俊傑〈中國思想史中「身體觀」研究的新視野〉則對此疑問作出試答，他認爲不必因爲身體觀出於西方就遽以排斥，畢竟任何議題與知識的源起都有其地域性與時代性，中西皆同。如果問題具有普世意義，自然也就可以放在不

〔註 54〕　楊大春，《梅洛龐蒂》，頁 93～102。鄭金川，《梅洛——龐蒂的美學》，頁 13
　　　　　～26。
〔註 55〕　（英）透納（Bryan S. Turner）著，馬海良、趙國新譯，《身體與社會》，頁 1
　　　　　～8。龔卓軍，《身體部署——梅洛龐蒂與現象學之後》（臺北：心靈工坊，
　　　　　2006），頁 15～16。
〔註 56〕　此書今已有中譯本，爲馬超等人編譯：《靈肉探微——東方身心觀》。
〔註 57〕　湯淺泰雄著，馬超等編譯，《靈肉探微——東方身心觀》，頁 177。

同的文化脈絡中思考。〔註 58〕張再林《作爲身體哲學的中國古代哲學》則以哲學立場出發，認爲中國哲學畢竟不能脫離時代精神，獨自獨行，爲了體現時代發展的趨勢與需要，當人類哲學開始回歸「生活世界」的時候，中國哲學不能排除在外、自顧自地談論形上思辨，必須適宜而適時地與世界對話，因此對於中國古代身體哲學的研究不但是探索中國哲學的本來面目，同時也是順應人類哲學發展潮流的一種呼應。〔註59〕

　　也因爲要體現出中國身體觀的特色，許多學者開始致力於中國身體觀的直接或間接的研究，如楊儒賓《儒家身體觀》以儒家爲研究主體，提出四體一體與二源三派的說法，研究新意與深度俱佳，對學界影響亦大。楊儒賓另外又編有《中國古代思想史的氣論與身體觀》（1993）、《天體、身體與國體：迴向世界的漢學》（2005。與祝平次合編）、《身體與社會》。特別是楊儒賓在第一本書序言中以「氣」爲切入點，貫穿西周到春秋戰國整段歷史，描述先秦身體觀的發展，極富參考價值；第二本則是 2004 年第二屆國際青年學者漢學會議「思想、身體與文化：探索漢學的新疆域」會議論文的集結成書；〔註60〕至於《身體與社會》一書，則是採座談會的形式，邀集許多學者專家就六個與身體有關的領域作探討。〔註61〕

　　除此之外，吳光明〈莊子的身體思維〉則以莊子爲例，說明身體思維的重要性，吳光明認爲莊子的虛己、忘身不眞、感官合一、以身體展開的寓言故事都不能脫離身體的脈絡，因此就某種程而言，探索眞理即是致力於身體思維，身體是我們思索眞理的起點與要素。〔註62〕1997 年吳光明又出版了英

〔註58〕黃俊傑，〈中國思想史「身體觀」研究的新視野〉，收於氏著，《東亞儒學：經典與詮釋的辯證》，頁 247～248。

〔註59〕張再林，《作爲身體哲學的中國古代哲學》（北京：中國社會科學出版社，2008），頁 249～255。其實這種中西文化的互相援用，也正是中國思想史必須要面對的「解釋」問題，意即：解釋能不能有效？精神上是否能相應？解釋方法上是否有自覺……等等，都是必須考慮的問題。可見韋政通，《傳統的更新》（臺北：水牛，1989），頁 136、155～159。

〔註60〕楊儒賓、祝平次編，《天體、身體與國體：迴向世界的漢學》（臺北：國立臺灣大學出版中心，2004）

〔註61〕本書共分爲六部分，分別是「踐形與氣氛——儒家的身體觀」、「氣功、ESP 與科學」、「身體、文化與認同」、「古琴——身心之探微」、「身體與權力」、「女性與身體」。楊儒賓、何乏筆主編的《身體與社會》（臺北：唐山，2004）。

〔註62〕吳光明著，蔡麗玲譯，〈莊子的身體思維〉，收於楊儒賓編，《中國古代思想史中的氣論及身體觀》，頁 393～414。

文專著 *On Chinese Body Thinking: A Cultural Hermeneutics*，此書分為兩部分，第一部分主要是說明中國身體思維的特質，第二部分則著力於中國思維的文化特徵與脈絡。〔註63〕

由與本文並非身體觀的專門研究，所以並不打算羅列全部身體觀的研究文獻，因此上述介紹只能視為對於論文背景脈絡的一些補充。〔註64〕畢竟與本文題旨文最直接相關的，還是黃俊傑提出的「身體政治論」，意即修身與治國的關係。至於身體政治論的內涵與使用原因，在上一節中已明言，此處不再贅言。

本文既已選定身體政治論作為論述主軸，並且將其分為兩種理想類型：分別是「為政以德」與「君佚臣勞」。寫作策略上則是分為六章，第一章主要是說明問題意識與相關文獻回顧。第二章第一、二節則就概念原則說明，第一節分析身體在中國思維模式中佔有的重要性，特別著重在身體的「具體性思維」與「聯繫性思維」特質，關於中國思維方式的論述，黃俊傑在〈中國古代儒家歷史思維的方法及其運用〉就提出研究中國思維方式（第二序）的可能性，其中又以「類比思維」（analogical thinking）、「聯繫性思維」（co-relative thinking）與「具體性思維」（concrete thinking）最具發展潛力。〔註65〕身體既然作為具體性思維的展現，亦可類比於政治、社會、文學等等脈絡，同時又與外在發生「聯繫性思維」的可能，葛兆光《道教與中國文化》則是以「同

〔註63〕 Kuang-ming Wu, "*On Chinese Body Thinking: A Cultural Hermeneutics*", Leiden: E. J. Brill, 1997.
　　　　黃俊傑曾有書評介紹，可參黃俊傑，《東亞儒學：經典與詮釋的辯證》，頁225～231。
〔註64〕 至於從其它角度闡微身體觀的著作，如蔡璧名《身體與自然——以《黃帝內經素問》為中心論古代思想傳統中的身體觀》（1997）、杜正勝《從眉壽到長生——醫療文化與中國古代生命觀》（2005）、李建民《生命史學——從醫療看中國史》（2005）《發現古脈——中國古典醫學與數術身體觀》（2007）、金仕起的博士論文《論病以及國：周秦漢方技與國政關係的一個分析》（2003）等等，或以醫療與身體的角度切入，又或是在此基礎上再添加政治的視野……等等，不一而足，論古脈、講氣論、說祝禱、述身心……，論點亦各自紛陳、互相輝映，而有些學者如杜正勝、金仕起等人，雖未明言是針對「身體觀」的研究，但就其書內涵來看，實亦可視為相關著作（杜正勝則是使用「生命觀」一詞）。
〔註65〕 黃俊傑，〈中國古代儒家歷史思維的方法及其運用〉，收於楊儒賓、黃俊傑編，《中國古代思維方式探索》，頁16～23。亦可參黃俊傑，《東亞儒學：經典與詮釋的辯證》，頁225～226。

源同構互感」稱之，〔註66〕因此本文亦不時使用此說法與「聯繫性思維」互證說明。而將身體視爲一種思維模式，此在《周易》已可見端倪，本節即是以易卦取象爲主軸，說明身體的具體性與聯繫性，進而探索身體政治論的形成原因。第二節則是就政治與身體爲論，前已言之，統治者將身體視爲國，已在中國傳統思想中屢屢可見。這又牽涉到「國君一體」的觀念，國君一體，最早出現於《春秋公羊傳》，其中反映了文化涵義與歷史知識，王健文在〈國君一體──中國古代國家概念的一個面相〉中已有清楚闡發，〔註67〕本文亦多加以引用。而在國君一體下建構而成的君臣關係，在爬梳《尚書》、《左傳》、《黃帝內經素問》、《孟子》、《荀子》、《管子》四篇、《韓詩外傳》……等史料之後，主要分爲兩種模式，用意都是要理解以君臣關係類比身體的情況，這種類比同時也建構了身體政治論之下的君臣關係。本章最後一節則是以天命觀與威儀觀的角度探討孔子以前的修身觀念，王國維〈殷周制度論〉對於殷周變革作了一個突破性的研究，〔註68〕徐復觀《中國人性論史（先秦篇）》第二章〈周初宗教中人文精神的躍動〉則提出周初的「憂患意識」說，擴展了後世對於中國早期人文精神的研究深度。在類似的研究之中，陳夢家、郭沫若、何炳棣、董作賓、白川靜、陳來等人又相繼對「帝」與「天」的源起與關係作考證，陳來在《古代宗教與倫理：儒家思想的根源》更進一步指出，殷商之異，倒不全在於「帝」或「天」的觀念異同與出現早晚，而在於他們理解的層次不同，〔註69〕殷人對於天帝鬼神的宗教信仰濃厚，相較之下，周人則較突出了人文意識，因此周代開展出來的天命觀就與殷商不同。但是以德作爲天命移轉的依據，此雖可視爲人文精神的萌發，可是根據高田眞治〈道德的天命思想に就いて〉〔註70〕與黃俊傑〈日本儒者對《論語》「五十而知天

〔註66〕 葛兆光，《道教與中國文化》（臺北：東華，1989），頁42。

〔註67〕 王健文，〈國君一體──中國古代國家概念的一個面相〉，收於氏著，《奉天承運──古代中國的「國家」概念及其正當性基礎》（臺北：東大，1995），頁97～133。

〔註68〕 王國維，〈殷周制度論〉，收於氏著，《觀堂集林（外兩種）》（石家庄：河北教育出版社，2001），頁231～244。

〔註69〕 陳來，《古代宗教與倫理：儒家思想的根源》（臺北：允晨文化，2005），頁170～177。

〔註70〕 （日）高田眞治，〈道德的天命思想に就いて〉，《支那學研究》第4編（1935年2月），頁131～207。

命」的詮釋〉〔註71〕的研究，孔子以前的天命觀並未深就人性根源而論，亦無深入內省的超越性可能，因此作為工夫歷程的天命說，要到孔子以後才算完成。至於在威儀觀方面，《尚書》、《左傳》、《詩經》皆可見威儀的相關記載，由於威儀觀直接牽涉到禮的發展，楊儒賓〈儒家身體觀的原型〉將威儀觀與血氣觀視為先秦儒家身體觀的二源，〔註72〕杜正勝《從眉壽到長生——醫療文化與中國古代生命觀》的〈威儀篇——禮制威儀到節適全身〉同樣也以西周逐漸脫離神權時代談起，然後論證天命所依賴的「敬」與「德」，這兩種觀念的具體表現皆依託於威儀觀。〔註73〕另外，甘懷眞〈先秦禮觀念的再探〉則是以禮的變革說明威儀所具有的「敬德而有天命」，然後接至孔子的禮論，說明孔子禮說的背景與脈絡。〔註74〕上述這些論著基本上都說明了孔子以前雖也有身體政治論的雛型，但皆並未深究內心精神，亦缺乏由內而外的覺醒意義，因此身體政治論的眞正開始，還是要從孔子講起。〔註75〕

　　第三章則是以儒墨的身體政治論為分析主體，企圖為「為政以德」的理想類型探原抉微，說明其特徵與內涵。第一節則是以儒家最受重視的人物孔子為例，孔子作為身體政治論的開展人物，在於他的學說開始具備了「內向超越」與「工夫」的特質。其中關於「內向超越」有必多加說明，余英時早年使用「內在超越」，其後改成「內向超越」，他認為「內在」是西方神學上的觀念，「內向」則較為中性，並無西方語義。〔註76〕吳展良〈朱子的世界秩序觀之構成方式〉一文研究朱子的世界觀，提出「世界一元觀」的說法，其源頭又可上溯至先秦兩漢，吳展良認為這種世界觀所強調的道，只內化於一切事物之中，此外並無他處可尋一超越至高之道，此說無以名之，只好暫時稱之為「內化的超越」。吳展良研究的對象雖是朱子，但也指出這種世界觀源

〔註71〕黃俊傑，〈日本儒者對《論語》「五十而知天命」的詮釋〉，收於氏著，《德川日本《論語》詮釋史論》（臺北：國立臺灣大學出版中心，2007），頁249～335。
〔註72〕楊儒賓，〈儒家身體觀的原型〉，收於氏著，《儒家身體觀》，頁27～43。
〔註73〕杜正勝，《從眉壽到長生——醫療文化與中國古代生命觀》（臺北：三民，2005），頁205～218。
〔註74〕甘懷眞，〈先秦禮觀念的再探〉，收於氏著，《皇權、禮儀與經典詮釋：中國古代政治史研究》（臺北：國立臺灣大學出版中心，2008），頁1～33。
〔註75〕另外要說明的，由於第三章以後牽涉先秦諸子思想，這一向是中文學界研究的熱門領域，相關研究甚多，本文不可能窮盡所有書目並一一列出，因此只能就與題旨有關，舉其大者，並概略簡介引用的研究成果。
〔註76〕余英時，《知識人與中國文化的價值》，頁75。

自於先秦，其間涉及的變化與面相，雖尚待進一步疏理，但他對「內化的超越」的解釋與理由，實可與余英時所言相發明。〔註 77〕吳展良的論述替學界在不自覺使用「超越」時，提出了強有力的呼籲反省，可是與「身體觀」的用法類似，（西方）術語不是不能使用，而是應該要妥善謹慎地運用，因此本文使用「超越」一詞，是有其獨特意涵，非西方二元論的意義。關於「超越」的運用與解釋，在李長遠的碩士論文《北宋理學「性與天道」思想的淵源初探》裡，先是探討牟宗三、余英時等人使用「內在超越」時的文化背景與脈絡，繼而提出「超越」一詞並非西方「Transcendence」的原始定義，而是藉由一種有機體式的宇宙觀來肯定個體走向完美的理想性，〔註 78〕李長遠此說實與前述黃俊傑提出的「聯繫性思考」，以及楊儒賓〈支離與踐形〉認為孟子、莊子的身體觀特色都是藉由身心而一、心氣體驗，從不完整走向實踐的完整，〔註 79〕三者可互相合觀，這也是本文使用「超越」一詞的理由。

黃俊傑在〈儒學傳統中道德政治觀念的形成與發展〉中早已指出，就孔子與其後繼者而言，都主張以道德修為來提升政治層次，這種道德政治由孔子提出，孟子、荀子擴大而充實之，對後世影響極為巨大。〔註 80〕墨子所論雖儒家多有不同，但就這個大原則而言，則是一致的。因此在這種大同小異的趨向之上，我們不妨以始祖孔子的話：「為政以德」來概括諸人的身體政治論。

對於孔子來說，「君子」就是修身的理想與境界，而修身又是由內而外，經由內心的認同理解而踐行之、實踐之，這表現在孔子禮、仁……的面向之中，錢穆《中國思想史》一書篇幅雖不大，但論孔子一章立論精闢，言簡卻涵蘊深遠，闡述孔子學問大經大脈，鉤沉闡微，非常值得參考。〔註 81〕而在具體行為方面，彭國翔〈作為身心修煉的禮儀實踐──以《論語‧鄉黨》篇

〔註77〕 吳展良，〈朱子的世界秩序觀之構成方式〉，收於吳展良編，《東亞近世世界觀的形成》（臺北：臺灣大學出版中心，2007），頁 292～293。亦可參吳展良，〈朱子世界觀體系的基本特質〉，《臺大文史哲學報》第六十八期（2008 年 5 月），頁 143～144。

〔註78〕 李長遠，《北宋理學「性與天道」思想的淵源初探》（臺北：國立臺灣大學歷史學研究所碩士論文，2005）頁 9～15。

〔註79〕 楊儒賓，〈支離與踐形〉，可參楊儒賓編，《中國古代思想中的氣論及身體觀》，頁 445～446。

〔註80〕 黃俊傑，〈儒學傳統中道德政治觀念的形成與發展〉，收於氏著，《儒學傳統與文化創新》（臺北：東大，1986），頁 1～38。

〔註81〕 錢穆，《中國思想史》（臺北：蘭臺，2001），頁 6～15。

爲例的考察〉則是以《論語‧鄉黨》爲例，分析孔子的禮論與實踐的情況。〔註82〕前引甘懷眞〈先秦禮觀念的再探〉，論文後半部亦專就孔子禮說，說明孔子將禮的原由與淵源，並說明其歷史意義與內涵。上述所言皆可納入孔子修身範疇，但是孔子修身並不止於自身，而是可以延伸到安人、安百姓的高度，因此修身治國往往是一種連續性的關係，而在此關係中就逼出了身體政治論的可能。此皆與身體政治論關係甚深。除此之外，上博簡〈魯邦大旱〉亦相當值得參考。〈魯邦大旱〉的釋文與分析，已有許多學者研究，其中特別是林義正〈孔子的天人感應觀──以《魯邦大旱》爲中心的考察〉〔註83〕與林志鵬〈《魯邦大旱》詮解〉〔註84〕二文對本文幫助最大。二人試圖分析〈魯邦大旱〉展露的天人合一究竟源自何處？而孔子將魯國旱災歸咎於國君，又是基於哪些原由？特別是簡文裡有「刑與德」的語句，許多學者諸如范麗梅、淺野裕一等人多解釋爲「刑罰」，但林義正與林志鵬並不同意這樣的意見。同時，根據本文的分析，原來〈魯邦大旱〉的內涵與身體政治論息息相關，這也牽涉到前述孔子對於修身的看法，然後又可以擴大到孔子對於刑罰與德治的態度，究竟孰先孰後？其淵源又是如何？因此本文在將《論語》文本與其它資料（如《左傳》、〈魯邦大旱〉）互證之後，得出孔子德主刑輔的看法其實是源自於其身體政治論的結論。

　　再來則是孟子。在孔子的理說中，「心」雖已有了道德意涵，但眞正賦與其主導力量、以心攝身的還是孟子，黃俊傑《孟學思想史論（卷一）》曾就孟子心學的定位作了相當詳細的說明，〔註85〕其後更進一步，在《孟學思想史論（卷二）》更是以孟子學爲縱軸，探索後代學者對於孟子心學與知言養氣說的回響，同時又順勢而上，以此探討中國詮釋學的特殊面相。〔註86〕同書中

〔註82〕 彭國翔，〈作爲身心修煉的禮儀實踐──以《論語‧鄉黨》篇爲例的考察〉，《「東亞儒學中的身體論述」研討會》（臺大人文社會高等研究院、「東亞經典與文化」研究計畫主辦，2007）。

〔註83〕 林義正，〈孔子的天人感應觀──以〈魯邦大旱〉爲中心的考察〉，收於李學勤、林慶彰等，《新出土文獻與先秦思想重構》，頁11～35。

〔註84〕 林志鵬，〈《魯邦大旱》詮解〉，收於上海大學古代文明研究中心、清華大學思想文化研究所編，《上博館藏戰國楚竹書研究續編》（上海：上海書店，2004），頁147～161。

〔註85〕 黃俊傑，〈第二章：孟子思想中的生命觀〉，收於氏著，《孟學思想史論》（卷一）（臺北：東大，1991），頁29～68。

〔註86〕 黃俊傑，《孟學思想史論》（卷二）（臺北：中研院文哲所，2006）。

黃俊傑也特別指出孟學「哲學／觀念史」、「歷史／思想史」的兩種進路，在案例分析上大量收納中、日、英學界對於孟學的研究，基本上他認為前者的研究方法是將《孟子》視為與社會政治經濟變遷無關的哲學文獻，並且假定孟子思想體系內各個概念具有自主性；後者則是將孟子及其思想放在歷史或文化史脈絡中加以解讀。當然黃俊傑同時也指出這兩類研究雖然取徑各有不同、方法互異，實則也未必全然壁壘分明、互不相關，其間交光互影之處亦甚多。〔註87〕

　　最後則是荀子。依循儒學脈絡，荀子也肯定修身的重要，也同樣認為心對於身具有主導性，但是荀子「心」、「道」的性質，仍以社會政治為主要特徵，這與孟子便有相當差異。黃俊傑〈荀子對孟子的批判——「思孟五行說」新解〉〔註88〕與林啟屏〈儒學史爭論的起點：孟荀心性論再議〉、〈歧出的孤獨者：《荀子‧正論》與儒學意識〉，〔註89〕二人都引用了牟宗三、唐君毅、勞思光等人的說法，然後證諸己意、印證史料，說明孟荀之間的比較與差異。也因為如此，荀子的「禮」就涵有多種面相，唐君毅〈荀子言「心」與「道」之關係辨義〉與牟宗三〈荀學大略〉〔註90〕已說明荀子的「禮儀之道」充滿了社會政治色彩。〔註91〕陳弱水〈立法之道——荀、墨、韓三家法律思想要論〉則認為「法」是荀子「禮」的一個構成原素。〔註92〕龔鵬程則另以「風俗美」來概括荀子的禮樂觀。〔註93〕綜合這些說法，更可確認余英時在〈漢代循吏與文化傳播〉一文中將荀子「禮」稱為「禮治秩序」，並歸結於養民、

〔註87〕黃俊傑，《孟學思想史論》（卷二），頁9～55。

〔註88〕此文雖是以「思孟五行說」為主要分析對象，對關於孟荀之異亦不時散見於文章中。黃俊傑，〈荀子對孟子的批判——「思孟五行說」新解〉，收於氏著，《孟學思想史論》（卷二），頁105～127。

〔註89〕林啟屏，〈儒學史爭論的起點：孟荀心性論再議〉、〈歧出的孤德者：《荀子‧正論》與儒學意識〉，收於氏著，《從古典到正典：中國古代儒學意識之形成》（臺北：國立臺灣大學出版中心，2007），頁181～219、221～253。

〔註90〕牟宗三，〈荀學大略〉，收於氏著，《名家與荀子》（臺北：學生書局，1979），頁195～277。

〔註91〕唐君毅，〈荀子言「心」與「道」之關係辨義〉，收於氏著，《中國哲學原論：原道篇》（卷二）（香港：新亞研究所，1976），頁442～453。

〔註92〕陳弱水，〈立法之道——荀、墨、韓三家法律思想要論〉，收於氏著，《公共意識與中國文化》，頁303～323。

〔註93〕龔鵬程，《飲食男女生活美學》（臺北：立緒，1998），頁47、63。龔鵬程，《龔鵬程1998年度學思報告》（嘉義：南華管理學院，1999），頁44～45。

富民之說的準確性。〔註94〕可是前述諸說或就荀子心性而論修身體道、或以禮論而講治國養民，皆未針對身體政治論的連續性作一完整說明。再者，即便是身國共治，荀子的君臣關係是否又與孔、孟一致？另外頗為重要的一點，根據第一章第一節的提示，「無為」之說實為「君佚臣勞」的重要概念，但孔、孟、荀，乃至於墨子，卻都有類似無為的說法，這究竟是怎麼回事？他們講的無為，與道家、法家、黃老又有何不同？更有甚者，我們睽諸史料，發現孔孟等人一邊講無為，一邊卻又主張勞心勤政，兩者否有矛盾？他們又如何面對這樣的情況？這也正是本節準備處理的重要問題之一。

　　第三章第二節則是以墨子為主體，墨子的思想特色，王冬珍《墨學新探》〔註95〕與薛柏成《墨家思想新探》〔註96〕則對墨子其人其事與思想淵源、性質作了通論。而墨子學說雖與儒家有異，但就大方向來，他們卻有著一致的身體政治論，依據勞思光《新編中國哲學史》〔註97〕與周富美〈論「天志」與墨子其他學說的關係〉〔註98〕的說法，「天志」作為墨子理論的最高規範、或是人生行為的最高法儀，尚同、兼愛、明鬼等都納入此一範疇之中。〔註99〕前已言之，墨子與孔子的身體政治論是類似的，都可歸於「為政以德」的理想類型，這個看法也可適用於刑德主次的問題，美國學者顧史考（Scott Cook）在〈從禮教與刑罰之辯看先秦諸子的詮釋傳統〉一文中指出墨子較重視刑罰、威嚴，此正為孔墨之異。〔註100〕本文並不認同這樣的看法，因此希望經由文本的重新分析，來看待刑罰在墨子整體理論中究竟佔有何種地位，而為了要完成這樣的分析，本節必須詳加論述墨子修身的內涵。

　　最後一節則是新出土文獻來探討「為政以德」式的身體政治論，主要使用的材料是郭店楚簡與上博簡。眾所皆知，郭店楚簡每篇文獻的時代、思想、

〔註94〕余英時，〈漢代循吏與文化傳播〉，《中國思想傳統的現代詮釋》（臺北：聯經，1987），頁187～188。

〔註95〕王冬珍，《墨學新探》（臺北：世界書局，1989）。

〔註96〕薛柏成，《墨家思想新探》（哈爾濱：黑龍江出版社，2006）。

〔註97〕勞思光，《新編中國哲學史》（一）（臺北：三民，2001），頁281～285。

〔註98〕周富美，〈論「天志」與墨子其他學說的關係〉，收於氏著，《墨子、韓非子論集》（臺北：國家，2008），頁300～302。

〔註99〕劉文清，〈墨家思想之嬗變──從『兼』字涵義談起〉，《「墨學現代化」國際學術研討會》（東吳大學哲學系、雲林科技大學人文科學學辦主辦，2005）。

〔註100〕（美）顧史考（Scott Cook），〈從禮教與刑罰之辯看先秦諸子的詮釋傳統〉，收於氏著，《郭店楚簡先秦儒書宏微觀》（臺北：學生書局，2006），頁8～12。

流派均不盡相同，可是異中仍可求同，丁四新就分別以「天命與天道」、「人性與人心」、「治道與倫理」，企圖以通論方式綜攝郭店楚簡。〔註101〕朱心怡則從「君子之道」、「尊德明倫之治道」，以內外交輝的方式合論郭店文獻。〔註102〕郭梨華〈曾子與郭店儒簡的身體哲學探究〉則以身體哲學來分析郭店簡。〔註103〕本節繼承這種模式，然後則是以身體政治論的角度切入郭店簡。而在上博簡〈民之父母〉部分，首先要面對的就是文字校讀的問題，關於「五至」的說法，濮茅左與季旭昇、陳麗桂、林啓屏等人有不同的看法，前者依據今本《禮記》改爲「志、詩、禮、樂、哀」，後者則主張簡本原文「物、志、禮、樂、哀」較佳，本文同意後者的看法，但在義理詮釋上，則是試圖以詩教的原則論證兩種讀法其實可以是同樣的涵義。至於在「三無」部分，則是呼應前一節談到的無爲問題作論述。

　　第四章的主體則是「君佚臣勞」的身體政治論，分別就《老子》、《莊子》、《黃老帛書》、《管子》四篇、《韓非子》等書作討論。主是藉由經典的分析，說明「君佚臣勞」類型的特色與性質，同時舉出其對「爲政以德」身體政治論的批判。本章第一節主要是就郭店楚簡《老子》甲乙丙本、馬王堆《老子》帛書甲乙本與今本作互照，介紹三者義理與字體的差別，並且藉由三者探討老子與《老子》的關係。以郭店楚簡來說，丁四新、朱心怡與王博〈郭店竹簡所見儒道關係〉、〈關於郭店楚墓竹簡《老子》的結構與性質〉，〔註104〕以及裘錫圭〈郭店《老子》簡初探〉〔註105〕的看法，他們認爲郭店《老子》甲、乙、丙三本本就不成於同時、主題也不完全相同。而在馬王堆帛書方面，高明的〈帛書老子校注序〉對帛書與今本《老子》異同作了大量說明。〔註106〕至於現今出土文獻與今本《老子》的關係，丁原植《郭店竹簡老子釋析與研究》則提出了頗爲合理的說明，他基本上是分爲老子、《老子》與老子思潮三

〔註101〕丁四新，《郭店楚墓竹簡思想研究》（北京：東方出版社，2000），頁 242～387。

〔註102〕朱心怡，《天之道與人之道：郭店楚簡儒道思想研究》，頁141～230。

〔註103〕郭梨華，〈曾子與郭店儒簡的身體哲學探究〉，收於李學勤、林慶彰等，《新出土文獻與先秦思想重構》，頁235～265。

〔註104〕王博，〈郭店竹簡所見儒道關係〉、〈關於郭店楚墓竹簡《老子》的結構與性質〉，收於氏著，《簡帛思想文獻論集》（臺北：臺灣古籍，2001），頁 185～207、231～245。

〔註105〕裘錫圭，〈關於郭店簡中的道家著作〉，收於氏著，《中國出土文獻十講》（上海：復旦大學出版社，2004），頁 188～229。

〔註106〕高明，《帛書老子校注》（北京：中華書局，1996），〈帛書老子校注序〉。

個不同的層次，三者雖互有影響，但亦不妨就觀念上分別而論。〔註107〕

第四章第二節的前半段則是從《老子》的身體政治論談起，在論證中不時穿插三個版本的異同。關於《老子》的修身觀與政治思想，陳鼓應〈老子哲學系統的形成和開展〉對老子哲學的理論內涵與系統作了充份的梳理，特別是他指出老子學說不止於形上哲學，而是針對社會人世而展開，對於本文論述幫助甚大。〔註108〕由於研究《老子》思想理論的著作極多，因此本節不擬一一列舉，而是舉其大者。諸如蕭公權《中國政治思想史》論《老子》一章提出《老子》的五種全生之術、〔註109〕劉笑敢《老子》對於《老子》政治立場的分析、〔註110〕何澤恆〈老子「寵辱若驚」章舊義新解〉對於《老子》「寵辱若驚」的解釋，〔註111〕依照本文的理解，「寵辱若驚」實可作為《老子》身體觀的重要內涵、郭梨華〈《老子》中的「損——益」觀〉，〔註112〕則是以損益的觀念，重新詮釋《老子》「為學日益，為道日損」的說法，「學」與「道」的辯證也代表了《老子》無為說的某些解釋。另外，袁保新《老子哲學之詮釋與重建》（1997）〔註113〕與葛兆光《古代中國文化講義》〔註114〕也都指出《老子》「道」的著眼點在於人生與政治，皆可與上述陳鼓應所言相發明。丁亮〈《老子》文本中的身體觀〉則是以身體觀的角度切入，說明老子「無身」的境界與層次、〔註115〕鄭志明〈《老子》的醫療觀〉亦是由老子的身體哲學出發，探討《老子》對生命、心靈的看法〔註116〕……如此等等，辨版本、論道體、講自然、說無身，也因為對於《老子》的研究已有豐富的成果，為免論述過於博雜無際，因此本節的參考引證主要是取用與身體觀有直接或間接的研究為主。

〔註107〕丁原植，《郭店竹簡老子釋析與研究》（臺北：萬卷樓，1998），〈序言〉。

〔註108〕陳鼓應，〈老子哲學系統的形成和開展〉，收於氏著，《老子今註今釋及評介》（臺北：臺灣商務，2000），頁1～45。

〔註109〕蕭公權，《中國政治思想史》（上冊）（臺北：聯經，1982），頁177～180。

〔註110〕劉笑敢，《老子》（修訂二版）（臺北：東大，2007），頁70。

〔註111〕何澤恆，《先秦儒道舊義新知錄》（臺北：大安，2004），頁349～402。

〔註112〕郭梨華，〈《老子》中的「損——益」觀〉，收於氏著，《出土文獻與先秦儒道哲學》（臺北：萬卷樓，2008），頁67～83。

〔註113〕袁保新，《老子哲學之詮釋與重建》（臺北：文津，1997）。

〔註114〕葛兆光，《古代中國文化講義》（臺北：三民，2005）。

〔註115〕丁亮，〈《老子》文本中的身體觀〉，《思與言》44：1（2006年3月），頁197～245。

〔註116〕鄭志明，〈《老子》的醫療觀〉，收於氏著，《道教生死學》（臺北：文津，2006），頁10～30。

　　第二節後半部則是討論莊子的身體政治論，關於莊子內外雜篇的考證與思想淵源，劉笑敢《莊子哲學及其演變》〔註117〕與日本學者池田知久的《《莊子》──「道」的思想及其演變》〔註118〕二書都已有詳細而紮實的考證。後世將莊子與老子同列為道家，就體道自然的模式上，兩人確實極為類似，但也有不同，基本上莊子修身重於心氣合流，講求心齋坐忘，然後以此提升心靈境域，超越身體的客觀限制。莊子諸如心、氣、形、道、德等概念，徐復觀《中國人性論史（先秦篇）》第十二章〈老子思想的發展與落實──莊子的「心」〉與唐君毅《中國哲學原論：原道篇》（卷二）已有大量的探討。〔註119〕眾所皆知，《莊子》書中常出現一些支體不全的人物，事實上這也與莊子的身體觀有關，楊儒賓〈支離與踐形〉一文則是以「心──氣──形」的結構說明莊子的身體觀特色，並且說明莊子與孟子的異同。〔註120〕而勞思光，《新編中國哲學史》則是以「形軀我」的角度出發，說明莊子對於外在的看法。〔註121〕也因為出生的外在完整或是殘缺，並非主觀可以決定，只能是無可奈何而安之若命，所以莊子也特別就「人」與「氣」的角度來講，企圖塑造超越外在形體的可能。而秉持著這樣的修身模式，身修而國治，倒是也因此產了一些問題：莊子如何以修身原則運用到政治？其間關係為何？莊子對於「為政以德」的身體政治論又有何批評？又是以什麼樣的立場來說？就大方向而言，莊子的身體政治論也與《老子》有類似，他們都強調無為自然、泯滅階級，也正是在這種傾向身體政治論之中，產生了「君佚臣勞」的可能。那麼，從「無為」到「君佚臣勞」的演變過程，其間又牽涉到哪些概念的轉化？這也正是第四章要處理的重要課題之一。

　　第三節則是以黃老與法家思想為主體，探討「君佚臣勞」的身體政治論，主要分為三個部分。第一部分則是討論黃老思潮與《黃老帛書》，分析其身體政治論的特色，說明究竟在什麼樣的理論之下才建構了「君佚臣勞」的類型。

〔註117〕劉笑敢，《莊子哲學及其演變》（北京：中國社會科學出版社，1988）。

〔註118〕（日）池田知久著，黃華珍譯，《《莊子》──「道」的思想及其演變》（臺北：國立編譯館，2001）。

〔註119〕徐復觀，《中國人性論史》（先秦篇）（上海：上海三聯，2001），頁317～368。

〔註120〕楊儒賓，〈支離與踐形〉，收於楊儒賓編，《中國古代思想中的氣論及身體觀》，頁415～449。

〔註121〕勞思光，《新編中國哲學史》（一），頁246。

關於《黃老帛書》的理論與概念,閻鴻中〈試論《黃老帛書》的理論體系〉、
〔註 122〕陳鼓應《黃帝四經今註今譯》的〈先秦道家研究的新方向〉、〔註 123〕
金春峰《兩漢思想史》、〔註 124〕陳麗桂《戰國時期的黃老思想》的第二章〈黃
老帛書裏的道法思想〉、〔註 125〕王曉波〈「道生法」:《黃帝四經》的道法思想
和哲學〉〔註 126〕、黃漢光《黃老之學析論》、〔註 127〕張增田,《黃老治道及其
實踐》〔註 128〕……等,都已有許多出色的研究,可是我們也在眾學者論述中
發現了彼此間的差異:《黃老帛書》與《黃帝四經》究竟以何者名稱較為適當?
《黃老帛書》刑德主次為何?學者多注重《黃老帛書》的治國理論,那麼修
身內容又是什麼?修身與天道是否有關?這些都是值得再進一步探討的問
題,而這些問題俱皆歸屬於本章討論的題旨:「君佚臣勞」的身體政治論究竟
是建構出來的?本文即是以上述研究為基礎,證諸史料、再加進自己的一些
意見,試圖替一些問題提出解答,希望能在身體政治論的取徑上替《黃老帛
書》的研究再作出一些貢獻。

再來則是《管子》四篇。《管子》四篇的思想傾向與稷下學宮〔註 129〕的
淵源與特徵,已有很多學者作出研究,諸如郭沫若、羅根澤、裘錫圭、孫開
泰、張岱年、劉節、吳光等人都曾對《管子》四篇作者作過考證。至於《管
子》四篇的基礎思想,根據張舜徽《周秦道論發微》〔註 130〕與楊儒賓〈《管子》
〈心術下〉、〈內業〉兩篇的精氣說與全心論〉的分析,可以概分為心術與主
術。除此之外,陳鼓應除了論及《管子》四篇的道論,亦就〈形勢〉、〈宙合〉、
〈樞言〉、〈水地〉等篇與黃老思潮淵源探究,指出黃老的影響層面,並非四

〔註 122〕閻鴻中〈試論《黃老帛書》的理論體系〉,《臺灣大學歷史學報》15 期(1990
年),頁 1~20。

〔註 123〕陳鼓應,《黃帝四經今註今譯》(臺北:臺灣商務,1995),頁 1~28。

〔註 124〕金春峰,《兩漢思想史》(增補第三版)(北京:中國社會科學出版社,2006)。

〔註 125〕陳麗桂,《戰國時期的黃老思想》(臺北:聯經,1991),頁 39~108。

〔註 126〕王曉波,〈「道生法」:《黃帝四經》的道法思想和哲學〉,收於氏著,《道與法:
法家思想和黃老哲學解析》(臺北:國立臺灣大學出版中心,2007),頁 139
~195。

〔註 127〕黃漢光,《黃老之學析論》(臺北:鵝湖,2000)。

〔註 128〕張增田,《黃老治道及其實踐》(廣州:中山大學出版社,2005)。

〔註 129〕關於稷下學宮的歷史源流,可參白奚,《稷下學研究──中國古代的思想自由
與百家爭鳴》(北京:三聯,1998)。

〔註 130〕張舜徽,《周秦道論發微》(臺北:木鐸,1983)。

篇而已。〔註131〕王曉波〈齊法家的哲學和思想：以《管子》爲中心的研究〉
則更是以〈水地〉、〈宙合〉等篇與《管子》四篇參證，論證齊法家管子學派
的思想。〔註132〕另外，胡家聰《管子新探》〔註133〕與張固也《管子研究》〔註
134〕都分別對《管子》各篇章作了思想內容與傾向的分析。在上述書目的基礎
上，本節是以《管子》四篇爲主要分析文獻，再參酌其它相關篇章與著作，
以作互相參照，用意還是要說明《管子》相關篇章的身體政治論仍是依循「君
佚臣勞」類型，這也是道家、黃老、法家的相似之處。

　　「君佚臣勞」的身體政治論，到了韓非又有不同的發展，這種發展與《黃
老帛書》、《管子》四篇有何不同？韓非以法、術、勢建立的「君佚臣勞」又
是什麼樣的風貌？這都是本節要處理的議題。關於韓非其人其書的研究，目
前學界已有相當多的成果可供參考，本文當然無法窮盡這些文獻，因此只好
選擇有關的重要著作來作討論。其中王曉波研治法家哲學歷有年所，1991 年
出版的《先秦法家思想史論》煌煌巨著近五百頁，〔註135〕此前亦曾於張純合
著《韓非思想的歷史研究》，〔註136〕近年又出版《道與法：法家思想與黃老
哲學解析》，專門探究法家與黃老思潮的關係、與某些特定思想家的內涵。上
述回顧文字已對此書論文略有簡介，此外尚有一文：〈論「歸本於黃老」：韓
非子論「道」〉則是對司馬遷說韓非「歸本於黃老」提出考察，論證司馬遷之
言確實有所本。陳麗桂《戰國時期的黃老思想》第四章〈申、慎、韓的黃老
思想——兼論田駢〉也從黃老的角度切入申不害、慎到、韓非、田駢的思想
內涵，特別是她對韓非的分析，從虛靜無爲與君冠臣履的角度，相當值得參
考。〔註137〕除此之外，本節另參考了王邦雄《韓非子的哲學》、〔註138〕林緯
毅《法儒兼容：韓非子的歷史考察》、〔註139〕鄭良樹《韓非之著述及其思想》、

〔註131〕陳鼓應，〈《管子》四篇的道論〉、〈《管子》四篇的心學和氣論〉、〈《管子》〈形
　　　　勢〉諸篇的黃老思想〉，收於氏著，《管子四篇詮釋——稷下道家代表作》（臺
　　　　北：三民，2007），頁 40～53、27～39、54～83。
〔註132〕王曉波，〈齊法家的哲學和思想：以《管子》爲中心的研究〉，收於氏著，《道
　　　　與法：法家思想和黃老哲學解析》，頁 197～312。
〔註133〕胡家聰，《管子新探》（北京：中國社會科學出版社，1995）。
〔註134〕張固也，《管子研究》（濟南：齊魯書社，2006）。
〔註135〕王曉波，《先秦法家思想史論》（臺北：聯經，1991）。
〔註136〕張純、王曉波，《韓非思想的歷史研究》（臺北：聯經，1983）。
〔註137〕陳麗桂，《戰國時期的黃老思想》，頁 149～236。
〔註138〕王邦雄，《韓非子的哲學》（臺北：東大，1993）。
〔註139〕林緯毅，《法儒兼容：韓非子的歷史考察》（臺北：文津，2004）。

〔註140〕周富美《墨子、韓非子論集》中關於韓非的論文〔註141〕等等。

　　分析完「爲政以德」（第三章）與「君佚臣勞」（第四章）兩種身體政治論的形成之後，第五章則是以史實與思想交錯的方式探討秦漢之間的發展與變化。第五章共分三節，第一節前段主要是處理「君佚臣勞」類型。前已言之，《韓非子》曾對此身體政治論作了不同的詮釋。類似的情況亦產生於戰國末期開始成書的《呂氏春秋》。關於《呂氏春秋》的思想分析，徐復觀《兩漢思想史》卷一與卷二都有討論，徐復觀基本上是以《十二紀》爲主軸，進而探討《呂氏春秋》的政治、天人思想等等，而《十二紀》則受陰陽五行頗深。〔註142〕王范之《呂氏春秋研究》則是就諸子百家言的角度分析《呂氏春秋》廣取諸家的特色。〔註143〕除此之外，吳光〈論《呂氏春秋》爲道家黃老學之著作〉、〔註144〕熊鐵基〈《呂氏春秋》的中心思想〉、〔註145〕陳鼓應〈從《呂氏春秋》到《淮南子》論道家在秦漢哲學史上的地位〉、〔註146〕陳麗桂《秦漢時期的黃老思想》第二章〈《呂氏春秋》裡的黃老思想〉、〔註147〕葛兆光《七世紀前中國的知識、思想與信仰世界》〔註148〕等人亦就就黃老思想與《呂氏春秋》的關係作研究。吳光以道論與無爲兩個角度探討《呂氏春秋》的黃老學宗旨。熊鐵基指出秦漢新道家的特色。陳鼓應以「兩書歸本黃老」、「寫作宗旨相同」、「中心論題都是君道」、「俱以道家爲主體而兼採各家之長」爲基礎，探討兩書各自的特色與相同點。陳麗桂則舉出了《呂氏春秋》修節養性的養生論、正名審分的刑名術、虛靜因任的無爲術都是來自於黃老之學。葛

〔註140〕鄭良樹，《韓非之著述及其思想》（臺北：學生，1993）。

〔註141〕周富美，〈論《韓非子》以刑去刑〉、〈論《韓非子》對墨家的批判〉、〈韓非思想與墨家的關係〉，收於氏著，周富美，《墨子、韓非子論集》，頁 512～549、581～621、622～663。

〔註142〕徐復觀，〈《呂氏春秋》及其對漢代學術與政治的影響〉，收於氏著，《兩漢思想史》（卷二）（上海：華東師範大學，2001），頁 1～52。

〔註143〕王范之，《呂氏春秋研究》（內蒙古大學出版社，1993）。

〔註144〕吳光，〈論《呂氏春秋》爲道家黃老學之著作〉，收入氏著，《儒道論述》（臺北：東大，1994），頁 61～78。

〔註145〕熊鐵基，〈《呂氏春秋》的中心思想〉，收入陳鼓應編，《道家文化研究》（第十四輯）（北京：三聯書店，1998），頁 315～337。

〔註146〕陳鼓應，〈從《呂氏春秋》到《淮南子》論道家在秦漢哲學史上的地位〉，《臺大文史哲學報》第五十二期，頁 5～91。

〔註147〕陳麗桂，《秦漢時期的黃老思想》（臺北：文津，1997），頁 1～60。

〔註148〕葛兆光，《七世紀前中國的知識、思想與信仰世界》（中國思想史第一卷）（上海：復旦大學出版社，1998），頁 348～350。

兆光《七世紀前中國的知識、思想與信仰世界》一書的特色是不完全針對經
典、或是精英思想家，而是基於一般知識、社會與信仰構成的思想史而作，〔註
149〕在這種寫作策略視野下的《呂氏春秋》，葛兆光基本上是放到當時整合綜
攝的趨向中來看，但在合併的過程中，《呂氏春秋》亦不失其以黃老之學爲主
體的特色。上述諸人各有其研究角度，但並未從身體政治論的新視野出發，
因此本節將刻意著墨「君佚臣勞」類型在《呂氏春秋》中究竟佔有何種思想
地位。反過來看，《呂氏春秋》也替此類型的身體政治論導進了另一種趨勢，
此趨勢影響漢代前期思潮甚爲深遠，而且這樣的趨勢與《韓非子》傾向是不
同的。

　　第一節中段則是就法家與秦代、黃老與西漢前期的政治思想作分析，希
望藉由史實與思潮的互相滲透，可以更完整地說明「君佚臣勞」的發展。由
於這牽涉到秦漢政策的史實，因此對於一些有關論述的研究成果就更必須重
視，其中王健文〈學術與政治之間：試論秦皇漢武思想政策的歷史意義〉一
文討論了秦始皇與漢武帝在文化政策上看似不同，卻殊途同歸的現象。〔註150〕
邢義田〈秦漢律令學——兼論曹魏律博士的出現〉則分別就秦、漢代的律令
學興起與背景作討論，說明兩代律令學的特色與性質。〔註151〕賀凌虛〈西漢
政治思想與現實政治的交互作用〉的第一節〔註152〕與司修武《黃老學說與漢
初政治平議》〔註153〕都分別討論了黃老對於漢初政策的影響。而傅樂成〈漢
法與漢儒〉對漢前期政治思想的觀點，如漢武帝與儒法關係、法家的復興等
等，其分析觀點相當值得參考。〔註154〕余英時《歷史與思想》的〈反智論與
中國政治傳統——論儒、道、法三家政治思想的分野與匯流〉、〈「君尊臣卑」
下的君權與相權——「反智論與中國政治傳統」餘論〉、〔註155〕〈漢代循吏與

〔註149〕葛兆光，《思想史的寫法——中國思想史導論》（上海：復旦大學出版社，
　　　　2004），頁10～26。
〔註150〕王健文，〈學術與政治之間：試論秦皇漢武思想政策的歷史意義〉，收於王健
　　　　文編，《政治與權力》（北京：中國大百科全書出版社，2005），頁112～156。
〔註151〕邢義田，〈秦漢律令學——兼論曹魏律博士的出現〉，收於氏著，《秦漢史論稿》
　　　　（臺北：東大，1987），頁247～316。
〔註152〕賀凌虛，〈西漢政治思想與現實政治的交互作用〉，收於氏著，《西漢政治思想
　　　　論集》（臺北：五南，1988），頁1～59。
〔註153〕司修武，《黃老學說與漢初政治平議》（臺北：學生，1992）。
〔註154〕傅樂成，〈漢法與漢儒〉，收於氏著，《漢唐史論集》（臺北：聯經，1977），頁
　　　　37～63。
〔註155〕余英時，《歷史與思想》（臺北：聯經，1976），頁1～46、47～86。

文化傳播〉〔註156〕三文也分從不同的角度討論君權思想與政治文化的問題。至於漢初黃老思潮的流派特色，日人金谷治〈漢初道家的派別〉分論甚詳，〔註157〕他認爲漢初所謂的「道家」思潮，實包涵多種向度，並非鐵板一塊，本節亦在引用之餘亦多加討論。除此之外，本節亦需稍涉及西漢前期刑罰的問題，因此在正史之外，對於出土史料亦須留意，朱紅林《張家山漢簡《二年律令》集釋》的釋文對本文提供莫大的幫助。〔註158〕而南玉泉〈張家山漢簡《二年律令》所見刑罰原則〉〔註159〕、曾加《張家山漢簡法律思想研究》〔註160〕則探究了《二年律令》的法律思想，其中一個面相就是「嚴刑繁法」。乍看之下，這與漢初無爲而治的主張似乎有矛盾，實則不然，黃老學的特色本就是涵括兩者，這也是本節要探討的重點之一。可是儘管有上述可靠紮實的研究，本節仍必須要回下述問題：身體政治論究竟在秦漢思想史展現？在理論與史實之間，又有何差異？原因爲何？結果如何？這都是本節準備要處理的。

第一節後段則是分析《淮南子》的身體政論。根據本節的研究，《淮南子》承繼了《呂氏春秋》以來的整合趨向，而且又作了更進一步的合併。至於此處參考的文獻，則有徐復觀〈《淮南子》與劉安的時代〉、〔註161〕李澤厚《中國古代思想史論》、〔註162〕牟鐘鑒〈《淮南子》對《呂氏春秋》的繼承和發揮〉、〔註163〕林聰舜〈西漢前期思想與法家的關係〉、〔註164〕胡奐湘〈《淮南子》的人體觀與養生思想〉〔註165〕……等。這些論著或討論《淮南子》的思想地位、或是《呂氏春秋》與《淮南子》的思想傳承、或是《淮南子》的治道理論、

〔註156〕余英時，《中國思想傳統的現代詮釋》，頁 167～258。

〔註157〕（日）金谷治，〈漢初道家的派別〉，收於劉俊文主編，《日本學者研究中國史論著選譯》（第七卷）（北京：中華書局，1993），頁 28～50。

〔註158〕朱紅林，《張家山漢簡《二年律令》集釋》（北京：社會科學文獻出版社，2005）。

〔註159〕南玉泉，〈張家山漢簡《二年律令》所見刑罰原則〉，收於中國社會科學院簡帛研究中心編，《張家山漢簡《二年律令》研究文集》（廣西：廣西師範大學出版社，2004）。

〔註160〕曾加，《張家山漢簡法律思想研究》（北京：商務，2008）。

〔註161〕徐復觀，〈《淮南子》與劉安的時代〉，收於氏著，《兩漢思想史》（卷二），頁 108～181。

〔註162〕李澤厚，《中國古代思想史論》（臺北：三民，2000）。

〔註163〕牟鐘鑒，〈《淮南子》對《呂氏春秋》的繼承和發揮〉，收入陳鼓應編，《道家文化研究》（第十四輯），頁 338～352。

〔註164〕林聰舜，《西漢前期思想與法家的關係》（臺北：大安，1991）。

〔註165〕胡奐湘，〈《淮南子》的人體觀與養生思想〉，收於楊儒賓編，《中國古代思想中的氣論及身體觀》，頁 497～513。

又或是《淮南子》的養生說等等。前已言之,《淮南子》雖與《呂氏春秋》有著相同的傾向,但是否仍有差異?依據本文的研究,《淮南子》展現了更強烈的整合企圖,在天人萬物的系統上比《呂氏春秋》更完整、更圓融,可是卻在兩種身體政治的整併之中,仍不免顯出矛盾,究竟期間過程變化與原因為何?本節即是嘗試提出分析與回答。

　　第五章第二節是關於「為政以德」類型的發展。與「君佚臣勞」類似,「為政以德」在漢代前期也朝著整合的趨向而行,這表現在《新語》與《韓詩外傳》兩部儒書之中,最後到了董仲舒《春秋繁露》則替這樣的傾向畫下句點。當然其間變化又不全是思想史本身內在理路使然,更受到了當時政情左右,於是在政治與思想之間形成了一種張力,思想企圖改變政治,政治卻又常常影響思想,反之亦然。這也是政治思想史一個饒富趣味的問題,本節即企圖是對此間轉變作出解釋。

　　本章開頭先討論了儒墨兩家在秦代的地位與流傳狀況,儒墨在秦代是否衰落?墨家到了漢代前期又是如何?是否真是一蹶不振?蒙文通《經學抉原》〔註166〕與陳啓雲《中國古代思想文化的歷史論析》〔註167〕對此皆有論述,只是本文並不完全同意這些論斷,因此有必要再作進一步申論。

　　進入漢代以後,則是以《新語》、《韓詩外傳》與董仲舒(《春秋繁露》、《天人三策》)為討論主體。除了金春峰《兩漢思想史》是研究漢代思想史的代表性著作之一,賀凌虛〈陸賈的政治思想〉〔註168〕與徐復觀〈漢初的啓蒙思想家——陸賈〉〔註169〕二文也都對陸賈的政治思想與學術流派作了探討,二人基本上都肯定陸賈為一儒者,且頗為注重無為之說,錢穆〈讀《陸賈新語》〉〔註170〕則是對《新語》各篇章作了札記式的感想。徐復觀〈《韓詩外傳》的研究〉〔註171〕與龔鵬程〈學聖人的儒家:韓嬰〉,〔註172〕也討論了韓嬰解詩的

〔註166〕蒙文通,《經學抉原》(上海:上海人民出版社,2006)。
〔註167〕陳啓雲,《中國古代思想文化的歷史論析》(北京:北京大學出版社,2001)。
〔註168〕賀凌虛,〈陸賈的政治思想〉,收於氏著,《西漢政治思想論集》,頁61~76。
〔註169〕徐復觀,〈漢初的啓蒙思想家——陸賈〉,收於氏著,《兩漢思想史》(卷二),頁53~67。
〔註170〕徐復觀,〈《韓詩外傳》的研究〉,收於氏著,《兩漢思想史》(卷三)(上海:華東師範大學出版社,2001),頁1~30。
〔註171〕錢穆,〈讀《陸賈新語》〉,收於氏著,《中國學術思想史論叢》(卷三)(合肥:安徽教育出版社,2004),頁1~4。
〔註172〕龔鵬程,〈學聖人的儒家:韓嬰〉,收於氏著,《漢代思潮》(北京:商務,2005),頁169~196。

學術立場，這種立場亦牽涉到韓嬰的政治觀，值得注意的徐龔二人許多論點往往針鋒相對。在這些基礎研究之下，其實仍有再進一步論述的空間：陸韓兩人都講無爲？這與黃老無爲有何不同？兩人修身主張原則爲何？他們理想的政治藍圖又是什麼？受時代背景的影響又有多大？

　　本節最後部份則是董仲舒——〈《天人三策》與《春秋繁露》：兩種身體政治論的融合與結束〉。武帝時代，政治上的黃老思潮逐漸褪去，儒術漸盛，這也牽涉到武帝初年田蚡等人與竇太后政爭，逯耀東〈武帝封禪與《封禪書》〉除了指出思想上的儒黃老對立，也指出武帝緣飾儒術的另外一面：愛好神仙黃老之說。〔註173〕不管如何，政治上的尊儒飾儒、排斥黃老，一向爲武帝政策所重，董仲舒的《天人三策》與《春秋繁露》即在此情勢中而發。也因爲董仲舒身體政治論的內涵必須牽涉到關於陰陽、五行、人性、天道……，乃至於公羊學的解說原則，這些解說又勢必得再度顧及身體政治論的整體立場，因此要如何大小兼俱，就成爲本節的首要注意之處。所以在論述董仲舒的思想時，也有必要穿插公羊學解經、三代改制、以及前述提及的陰陽五行、天道論等等，輔以論證，這樣就更能體現董仲舒的時代立場。在研究文獻方面，徐復觀〈先秦儒家思想的轉折及天的哲學的完成——董仲舒《春秋繁露》的研究〉、〔註174〕韋政通《董仲舒》、〔註175〕鄧紅《董仲舒思想研究》、〔註176〕黃朴民《董仲舒與新儒學》〔註177〕皆就董仲舒思想作了基礎的整理與分析，特別是徐復觀與鄧紅二人，針對戴君仁〈董仲舒不說五行考〉，以及日本學者慶松光雄、田中麻紗已、近藤則之等人將《春秋繁露》某些篇章視爲僞作的說法提出辯駁。除此之外，因爲本節必須處理董仲舒以公羊學解《春秋》的問題，所以論證時必須以何休的論點相互比較，用以說明董仲舒的獨特性。此處參考了阮芝生《從公羊學論春秋的性質》，〔註178〕此書對公羊學的特色作了概要簡介。林義正《春秋公羊傳倫理思維與特質》第三章〈倫理思維的特

〔註173〕逯耀東，〈武帝封禪與《封禪書》〉，收於氏著，《抑鬱與超越：司馬遷與漢武帝的時代》（臺北，東大，2007），頁185～218。

〔註174〕徐復觀，〈先秦儒家思想的轉折及天的哲學的完成——董仲舒《春秋繁露》的研究〉，收於氏著，《兩漢思想史》（卷二），頁182～269。

〔註175〕韋政通，《董仲舒》（臺北：東大，1996）。

〔註176〕鄧紅，《董仲舒思想研究》（臺北：文津，2008）。

〔註177〕黃朴民，《董仲舒與新儒學》（臺北：文津，1992）。

〔註178〕阮芝生，《從公羊學論春秋的性質》（臺北：國立台灣大學文學院，1969）。

質〉也考證「新周」與「親周」的關係。〔註179〕而張端穗〈董仲舒《春秋繁露》中經權觀念之內涵意義〉與楊濟襄《董仲舒春秋學義法思想研究》〔註180〕、李妍承《董仲舒春秋學研究》〔註181〕都對董仲舒春秋學作了研究。錢穆〈兩漢博士家法考〉〔註182〕更是將兩漢經學博士的學術淵源與歷程作了詳細考證，特別是關於武帝時代的經學背景的描述，本文對此亦有取捨引用。

〔註179〕林義正，《春秋公羊傳倫理思維與特質》（臺北：國立臺灣大學出版中心，2003），頁187～216。

〔註180〕楊濟襄，《董仲舒春秋學義法思想研究》（臺北：國立台灣師範大學國文研究所博士論文，2001）。

〔註181〕李妍承，《董仲舒春秋學研究》（臺北：臺北：國立臺灣大學哲學研究所博士論文，1998）。

〔註182〕錢穆，〈兩漢博士家法考〉，收於氏著，《兩漢經學今古文評議》，（北京：商務，2001），頁183～261。

第二章　身體：中國古代思維方式的特徵

第一節　作為「具體性思維」與「聯繫性思維」的身體

以類度類：「具體性思維」的身體

在本章節中，特別是第一、二節，主要是論述關於身體政治論的建構脈絡，且多是就原則性的概念而言，諸如身體觀具有的兩種思維模式、在這種模式之下形成的君臣關係等等。由於這章多是概念性的討論，用意在於說明論文問題意識的脈絡架構，因此敘述方面則以簡明為主，史料舉證就只是舉其大者，並不刻意徵引排纂。畢竟第三章以後才是專就具體人物史事來談，因此本文的處理方式還是把主要的史料論證多放在第三、四、五章，然後搭配史實，即事以言理，用意是希望能更完整地呈現題意與演變脈絡，不致於支離破碎。本章第三節則是分析孔子以前關於修身的種種言論，至於孔子為何成為修身觀的關鍵人物，其中原由，則留待第三章。

第一章曾提過「第一序」與「第二序」的問題，所謂的「思維方法」即屬後者，而在中國思想史裡，「具體性思維」與「聯繫性思維」更屬其中關鍵。以思想家與思維物所產生的聯繫而言，所謂的「具體性思維」是指古人在論證理念的時候，往往使用某些行為、事物作為證明依據。[註1] 古人藉事言理，

〔註 1〕柯慶明，《中國文學的美感》，頁 27～29。

或是巧妙借喻、以物寓意，又或是直接訴諸形象、移情體物，都是具體性思維的特徵，〔註2〕亦有學者稱之爲「以類度類」，〔註3〕當然所謂的具體其實也具備了一定的抽象概念，也因爲有此抽象，不同的具體事物才可以紬繹出可供類比的性質，〔註4〕《淮南子‧要略》說作〈說山〉〈說林〉的旨意即是：「假譬取象，異類殊形，以領理人之意」、〈謬稱〉是：「假象取耦，以相譬喻」，〔註5〕都指出了具體性思維的特性。也就是說，這種思維傳統，是觀象於天，又或是取法於物，舉凡天地間許多事物、乃至於歷史事件，都不只是單獨的客觀存在而已，而是可以被人所引用。〔註6〕古人更是擅用這些事物的特性，將事物視爲一種滿載意願的「符號」（sign），取譬說理、比興聯想，成爲一種「隱喻」（metaphor）。〔註7〕

　　錢鍾書就指出，取譬者用心或別，著眼亦異，故一事物之象可以子立多方。而一物之體，意相或殊，立喻者各取所需，寄物取意，橫出旁申，此正可見比喻之奇效。〔註8〕亞里斯多德《詩學》就曾爲物的特性與轉化作了生動的說明，如果「杯」（B）與「酒神」（A）有關，而「盾」（D）與「戰神」（C）有關，酒神加上盾，則「杯」（B）可聯想爲「酒神之盾」（A＋D），杯就有了隱喻的意涵；若是戰神加上杯，則「盾」（D）可被隱喻爲「戰神之杯」（C＋B），盾也因此轉化了性質，杯與盾之間的聯想與類比，又可與酒神與戰神產生隱喻的符號關係。〔註9〕對於這種方法，劉勰更是指出比興的特性，分別是「附理者，切類以指事」、「起情者，依微以擬義」，更說：「詩人比興，觸物

〔註2〕黃俊傑，《孟學思想史論》（卷一）（臺北：東大，1991），頁9。

〔註3〕鄧啓耀，《中國神話的思維結構》（重慶：重慶出版社，2004），頁152～157。

〔註4〕鄧啓耀，《中國神話的思維結構》，頁152。

〔註5〕劉文典，《淮南鴻烈集解》，頁705、703。

〔註6〕袁行霈，《中國文學史》（上冊）（臺北：五南，2003），頁117。

〔註7〕黃俊傑，《東亞儒學史的新視野》，頁239。此處使用「符號」，難免會讓人聯想到由皮爾斯（C. S. Perirce）與索緒爾（F. de Saussure）分別從哲學與語言學角度開創，再由摩立斯（C. W. Morris）發展的符號學，或也可稱爲記號學、指號學，是一種關於符號或符號功能的理論研究。當然，無可否認的，「符號」一詞卻是由西方而來，但名詞可以假借，意涵卻不必一致，本文所使用的「符號」，語義皆是指中國具體性思維的一環，爲中國本有的學術傳統。關於中西文化視野下的符號學援引與轉換，可參周慶華，《中國符號學》（臺北：楊智文化，2000），頁1～8。

〔註8〕錢鍾書，《管錐編》（第一冊）（北京：中華書局，1999），頁19～21。

〔註9〕亞里斯多德著，姚一葦譯，《詩學箋註》（臺北：國立編譯館，1978），頁169。

圓覽，物雖胡越，合則肝膽」，〔註10〕從藉物言理到以意說物，理與物的結合，由此可見。更進一步來講，本是以象寓物的哲理，往往也能以意索象，〔註11〕更可能廣被當時人或後人援引，在歷史洪流中繼承、發揚，成爲一種學術思想史的傳統思維，其中「身體」更是思維方式的一個代表，因此身體不但是一個客觀的存在，也是一個滿載意義的符號，同時更是一種常見的引喻思維。

　　春秋以前談及人體的文獻雖不算多，但經過學者們的爬梳整理，大致可以看出幾種脈絡：其中一種爲身體與疾病的關係，由表及裡的人體知識，諸如五臟觀念的建立；〔註12〕又或者是文字使用與身體有關的符號構字造字，〔註13〕例如甲骨文的「劓」：⿰自刀，就以鼻子爲形，象徵割鼻之刑、或是割下鼻子懸在樹上示眾之意；〔註14〕又或是「眉」，⿱眉目，是以眼睛爲形，

〔註10〕　（南朝梁）劉勰，《文心雕龍》（臺北：金楓，1986），頁 295、297。關於「比興」的修辭手法可參王國瓔，《中國文學史新講》（上冊）（臺北：聯經，2006），頁 76～77。

〔註11〕　思維物的使用，事實上與此物的性質或是文化脈絡息息相關，思想家則是藉由事物的特性來發揮，並引導其建構本身的哲理思想，然後予以解說、予以描述，最後兩者融合爲一，以物說理、又或是以理明物，相輔相成。用孟子的話來講，就是：「故凡同類者，舉相似也。」那麼所謂的「同類」，究竟又是如何認定與結合？試舉一例，《荀子‧宥坐》：
　　　孔子觀於東流之水。子貢問於孔子曰：『君子之所以見大水必觀焉者，是何？』孔子曰：『夫水，大遍與諸生而無爲也，似德。其流也埤下，裾拘必循其理，似義。其洸洸乎不淈盡，似道。若有決行之，其應佚若聲響，其赴百仞之谷不懼，似勇。主量必平，似法。盈不求概，似正。淖約微達，似察。以出以入以就鮮絜，似善化。其萬折也必東，似志。是故見大水必觀焉』。
　　以常理言之，水與德目並無必然關係，但藉由思維物與哲理的融合建構，自然也能變成一種思維文化。文中子貢問孔子觀水之意爲何？孔子以水的特質說明其原由：水流遍四處而生生不息，彷彿無爲，孔子認爲「似德」；水又是無窮無盡；似無半刻停止，這就像道；水穿越溪谷，無懼山勢險郡，這又像勇……。如此種種，孔子分別以水的不同特性來說明德、義、道、勇、法、正……等德性。水固然是一種譬喻、或是隱喻，用以闡釋關於道德的義理內涵，但反過來看，不同德性的意義，也符合水的各種性質，此時在孔子的論述裡，水與道德是密不可分的，水表現了道德哲理，道德哲理也藉由水的性質而發，是故孔子不但是以水爲喻，同時也是以水爲理，這就是一個思想家藉由思維物以建構哲理、拓展思維豐富性的最好例子。

〔註12〕　杜正勝，《從眉壽到長生從眉壽到長生——醫療文化與中國古代生命觀》，頁 83～94。

〔註13〕　周與沉，《身體：思想與修行：以中國經典爲中心的跨文化觀照》，頁 99～102。

〔註14〕　許進雄，《中國古代社會：文字與人類學的透視》（臺北：臺灣商務，1995），頁 554。

象徵眼睛上方的眉毛……；〔註15〕《說文解字》也收有非常多與身體有關的字，如「問，訊也，从口」、「聞，知聲也，从耳」……。〔註16〕前者就人體作直接論述，以言病理，或是建構醫學知識；後者則是根據人身造字，就字說義，〔註17〕或象形或會意……，如此等等，都可以看出身體在中國知識層面中的重要性。而將身體視爲一種思維方式，以類萬物、言近旨遠，也是先秦時期對於身體的論述脈絡之一，這種思維特徵，我們在取象立卦、最初作爲卜筮用途的《周易》中也可以很清楚地看到。〈繫辭傳〉就說這是：〔註18〕

> 古者包犧氏之王天下也，仰則觀象於天。俯則觀法於地。觀鳥獸之文與地之宜，近取諸身，遠取諸物。於是始作八卦，以通神明之德，以類萬物之情。

「近取諸身，遠取諸物」便是具體性思維的最佳說明，其中「近取諸身」者更是不乏以身體器官取象立卦之例。例如履卦，兌下乾上，☰☱，履，即是以腳踏物之象，朱熹注曰：「履，有所躡而進之義也」，〔註19〕卦辭：「履虎尾，不咥人，亨」，腳踩到老虎的尾巴，卻沒有因此被吃掉，這種結果當然是好的。頤卦，震下艮上，☶☳，頤就是面頰，此處《周易》則是以面頰爲卦象；與面頰有關的還有噬嗑卦，震下離上，☲☳，噬是齧，嗑是合，噬嗑就是咀嚼、就是咬合，所以〈象傳〉才說：「頤中有物，曰噬嗑」，都是頤口之象。〔註20〕而咸卦與艮卦更是多就身體來說：〔註21〕

〔註15〕 李樂毅，《漢字演變五百例》（修訂版），頁212。

〔註16〕 （漢）許慎著，（清）段玉裁注，《說文解字注》，收於《漢小學四種》，頁62、603。

〔註17〕 文字體系的原則與形式，在某種程度上也反映當時的社會情況或是政治制度、乃至於文化傳統之類的意義，例如「劓」，就以鼻子爲形，象徵割鼻之刑、或是割下鼻子懸在樹上示眾之意。在「意義層面」來看，就有其思想性的社會內涵；又或是由釋字來見義，某字爲某義，對於字義的發掘、闡釋，亦表現了文字性的哲學思考，所謂的「就字說義」，正可以此而觀。可參許進雄，《中國古代社會：文字與人類學的透視》，頁 1～6。龔鵬程，《文化符號學》（臺北：學生書局，2001），頁137～150。

〔註18〕 （宋）朱熹，《周易本義》（臺北：大安，1999），頁253。《易傳》與《易經》雖非相同，可是即便《易傳》作者是有所爲而作，但也不能完全脫離《易經》脈絡。可參林啓屏，《儒家思想中的具體性思維》，頁31～32。

〔註19〕 （宋）朱熹，《周易本義》，頁69。

〔註20〕 （宋）朱熹，《周易本義》，頁101。

〔註21〕 （宋）朱熹，《周易本義》，頁133～134。

　　初六：咸其拇。

　　六二：咸其腓，兇，居吉。

　　九三：咸其股，執其隨，往吝。

　　九四：貞吉，悔亡。憧憧往來，朋從爾思。

　　九五：咸其脢，无悔。

　　上六：咸其輔頰、舌。

咸卦，艮下兌上，䷞，咸卦基本上是指感通交感，〈彖傳〉：「咸，感也」、「二氣感應以相與」、「天地感而萬物生，聖人感人心而天下和平。觀其所感，而天地萬物之情可見矣」，〔註22〕但相感不止是物與物之間，也可以是身體之內互通感應，所以爻辭取象便以身體爲喻：拇，足大趾；腓，腳腨，或稱腿肚；股，大腿；脢，夾脊肉；輔頰即是面頰，〔註23〕取象從拇指到腿肚，再到大腿、背脊、面頰等等，從個人身體內的感應感通，由內而外，再與外物聯繫，進而感知體會，以此而見萬物之情。

　　另外尙有艮卦：〔註24〕

　　初六：艮其趾，无咎，利永貞。

　　六二：艮其腓，不拯其隨，其心不快。

　　九三：艮其限，列其夤，厲薰心。

　　六四：艮其身，无咎。

　　六五：艮其輔，言有序，悔亡。

　　上九：敦艮，吉。

艮卦，艮上艮下，䷳。限，腰部；夤，馬融解爲脊背肉，屈萬里認爲應爲「要」（腰）之誤，列其夤者，列其腰也。〔註25〕艮就是止的意思，即是指行動應對應時機，且須謹愼小心，該止則止，止於所當止，因此〈彖傳〉就說：「艮者，止也。時止則止，時行則行，動靜不失其時，其道光明。艮其止，止其所也。」〔註26〕所以爻辭取象便以身體爲喻，取象從拇指到腿肚，再到腰（或是背脊）、面頰等等，說明進退合宜之意。艮就是止，止其所，但又不可終於

〔註22〕（宋）朱熹，《周易本義》，頁131。
〔註23〕（唐）李鼎祚，《周易集解》（北京：九州出版社，2006），頁290～292。
〔註24〕（宋）朱熹，《周易本義》，頁195～196。
〔註25〕屈萬里，《讀易三種》（臺北：聯經，1983），頁320、561。
〔註26〕（宋）朱熹，《周易本義》，頁194。

其所，動止必須適宜，動而不止，止而不動，乃人之桓情，所以接下來才又講漸卦，〈序卦傳〉：「艮，止也。物不可以終止，故受之以漸。」〔註27〕結合艮漸兩卦，即是進止之意，其中艮卦則又以身體爲喻，以象說明，以卦言理。

除此之外，《周易》的一些爻辭亦提及身體，〈賁卦〉初九：「賁其趾」；〔註28〕〈大壯卦〉初九：「壯于趾」；〔註29〕〈明夷卦〉六二：「夷于左股」，六四：「入于左腹」〔註30〕；〈夬卦〉初九：「壯于前趾」；〔註31〕〈困卦〉九五：「劓刖，困於赤紱」；〔註32〕〈革卦〉上六：「君子豹變，小人革面」；〔註33〕〈鼎卦〉初六：「鼎顚趾，利出否，得妾以其子，无咎」，〔註34〕此處非指人趾，而是指鼎趾，蓋亦是取人體之象以言鼎，根據朱熹的解釋，初六處鼎之下，爲鼎趾，但初六應九四：「鼎折足」，下應上，趾在上則鼎身顚覆，鼎顚趾當然不好，但卻有利倒出鼎中之物。〔註35〕所以有壞的一面、但是也有好的一面，故曰：「利出否」，正如以妾子作爲嫡子，君子有子因而得已傳承宗嗣，母以子貴，妾升爲正妻，所以不一定有害。

《周易》以身體爲卦象，近取諸身，正如〈說卦傳〉所言：「乾爲首，坤爲腹，震爲足，巽爲股，坎爲耳，離爲目，艮爲手，兌爲口」，〔註36〕也因爲人的空間或是動作之類的概念，諸如上下、前後、進出、遠近、移動或是咀嚼等等，這些概念其實都與每日持續不斷的身體運作有關，〔註37〕與心靈、自我的表現合爲一體，所以《周易》才屢屢以身體作爲卦象，或艮或屨、或頤或噬嗑，又或是以通感爲說，《周易》藉由身體以申其理、藉物表象，充份使用了具體性思維的譬喻功能。當然《周易》所藉之物不止是身體器官而已，因爲八卦又同時可以對應天地萬物，八卦互相排列再成六十四卦，以此上通天地，下類萬物，建構了一套特殊的表達方法。

〔註27〕（宋）朱熹，《周易本義》，頁276。
〔註28〕（宋）朱熹，《周易本義》，頁105。
〔註29〕（宋）朱熹，《周易本義》，頁140。
〔註30〕（宋）朱熹，《周易本義》，頁147。
〔註31〕（宋）朱熹，《周易本義》，頁167。
〔註32〕（宋）朱熹，《周易本義》，頁180。
〔註33〕（宋）朱熹，《周易本義》，頁186。
〔註34〕（宋）朱熹，《周易本義》，頁188。
〔註35〕（宋）朱熹，《周易本義》，頁188～189。
〔註36〕（宋）朱熹，《周易本義》，頁271。
〔註37〕（美）雷可夫（George Lakoff）、（美）詹生（Mark Johnson）著，周世箴譯，《我們賴以生存的譬喻》（臺北：聯經，2006），頁114。

引譬連類：「聯繫性思維」的身體

　　前舉咸卦為例，曾說明天地萬物感通之理，這與〈繫辭傳〉所謂的「以通神明之德，以類萬物之情」頗有呼應之處。這樣的講法，就從具體性思維一轉而為聯繫性思維。所謂的「聯繫性思維」，是指天地宇宙事物間彼此互有聯繫，不管是部分對部分、或是部分與全體，都可能是互相滲透、交互影響的關係，〔註 38〕在這種情況之下，自然、社會與人文是密切結合，相輔相成的「同源同構互感」〔註 39〕或是「引譬連類」。〔註 40〕學者各自的用詞或有不同，但內涵皆相似，同源同構，即是指萬事萬物同類者聚而群，氣同則和合，群與群之間亦可能彼此互屬聯繫，因此人就不會只是一個封閉的個體，人與物之間應該是相互往還、交遇對應的狀態。而從《夏小正》、〈周月〉、〈時訓〉（《逸周書》），乃至於《禮記・月令》等文獻中建構的聯繫思維，天地自然與我同在，皆可看出萬物彼此引譬呼應的「穿通類應」。〔註 41〕

　　正如前引〈說卦傳〉以八卦的原則對應天地萬物，並且加以分類，例如乾既是天、又是圜，也是君、父、玉、金、寒、冰、大赤、良馬、老馬、瘠馬、駁馬、木果；坤則是地、母、布、釜、吝嗇、均、子母牛、大輿、文、眾、柄、黑；震則是雷、龍、玄黃、旉、大塗、長子、決躁、蒼莨竹、萑葦……等等，然後由八卦到六十四卦，八卦相錯，既成萬物，彼此連類，以此建構天地世界。〔註 42〕

　　聯繫性的思維方式，當然不止〈說卦傳〉所獨有，而是廣泛出現在中國思想文化之中。就以本文談及的範圍為例，先秦諸子儒、道、黃老、法家，乃至秦漢，不論是較早的《莊子》、《管子》，或是《呂氏春秋》、《韓詩外傳》、《淮南子》，乃至於《春秋繁露》等等，都展現了這種思維特徵。例如《呂氏春秋》就曾描繪這種井然有序的宇宙萬物圖式：太一（道）生兩儀，兩儀又出陰陽，陰陽變化，是合或離，天地又是稟陰陽而生，天地又對應君臣，君臣構成了政治國家，而天有四時，地有五行，四時再加上一個長夏，因此又

〔註 38〕黃俊傑，《東亞儒學史的新視野》，頁 314。

〔註 39〕葛兆光，《道教與中國文化》，頁 42。

〔註 40〕鄭毓瑜，〈身體時氣感與漢魏抒情詩──漢魏文學與楚辭、月令的關係〉，《漢學研究》，22 卷 2 期（2004 年 12 月），頁 5～13。

〔註 41〕徐復觀，《兩漢思想史》（卷二），頁 9～10。鄭毓瑜，《文本風景──自我與空間的相互定義》，頁 22～23。

〔註 42〕（宋）朱熹，《周易本義》，頁 270～272。

與五行彼此相對，再加上五種氣味、五種顏色、五種音階，乃至於人的五藏等等，互構互感，引譬連類，組成了一個龐大的聯繫結構。〔註43〕黃俊傑曾將這種聯繫性的思維分成三種類型：〔註44〕

一、「自然」與「人文」兩個範疇之間具有聯繫性；

二、人的「身」與「心」兩個範疇之間具有聯繫性；

三、「個人」與「社會」兩個範疇之間具有聯繫性。

三種類型又非單獨存在，而是彼此相關。因此人的身心不但密切呼應，同時也可以與自然、社會產生關係。這種聯繫性思維，本身除了擁有像《老子》所謂：「道生一，一二生，二生三，三生萬物，萬物負陰而抱陽，沖氣以為和」〔註45〕的宇宙論內涵之外，在前引《呂氏春秋》的話也可以看出身體修身的端倪──那麼，個人的修身問題與萬物有何關聯？對於這種互構互感的思維文化，我們或許可以再進一步追問：所謂「聯繫」要如何產生？修身觀與宇宙論的內涵是否有關？其中關鍵又是什麼？藉由這些問題的探索，我們也就可以進入本文要處理的基本核心：身體政治論。

我們在第一章時已言明，身體政治論基本上是要處理「修身──治國」的問題。先秦諸子對於修身各有其看法，儒、墨講求勤勞修身，道、法、黃老則以無為虛靜為中心，〔註46〕不管如何，都是對於修身原則與方法的陳述，但是這些說法基本上都預設了一個不證自明的立場：藉由修身，才可能突破人身本有的限制，從不完整走向完整，變成一種理想的人物類型，也唯有這樣的理想人物，才有與萬物相呼應、與天地相參、或是符合天道的可能，而這個時候，人與外在就發生了聯繫。〔註47〕例如孔子講修己安人、墨子說的賢人義政、孟子講知言養氣、荀子說的化性起偽、老子的貴身忘身、莊子的心齋坐忘、《黃老帛書》的后中實而外正……等等，都是針對此點而發，而各家各派對於修身的特色與性質，在第三、四章中將會有詳細的說明。

綜合身體觀的思維特徵，我們可以說：以身體作為具體的思考方式，然後開展各種修身的方法與標準，因為修身而開啟了天／人、物／我、個人／

〔註43〕詳細可參第五章。

〔註44〕黃俊傑，《孟學思想史論》（卷一），頁22。

〔註45〕陳鼓應，《老子今註今釋及評介》，頁208。

〔註46〕基本上老莊與黃老、法的無為內涵有同也有異，詳參第四章。

〔註47〕可參黃俊傑，《東亞儒學史的新視野》，頁321～322；楊儒賓，《儒家身體觀》，頁82。

社會的互屬與感應，也才有了聯繫性的可能，《荀子·不苟》：「君子潔其身，而同焉者合矣，善其言而類焉者應矣。故馬鳴而馬應之，牛鳴而牛應之，非知也，其勢然也」，〔註48〕即明顯標出此意。〔註49〕如果把這種標準放到政治上，就會變成上行下效、風行草偃的一套「身體——政治」模式。因此修身不止是個人修身而已，還是同時可以治理國家、化育萬物的君王，其中後者則又有賴於前者，兩者其實是一種連續體的關係。〔註50〕身修之所以能夠國治，即是立基於此，這也正是中國身體觀的特色之一。

第二節　政體與身體——身國共治

國君以國爲體

修身既與治國有關，則君主身處政治權力的中心，自然更有修身的必要。此時，國君與國家是分不開的，國君正則國家治，反之亦然。這就是「國君一體」的建構原則，但國君一體的內涵並非如此簡單而已，同時也牽涉到空間與時間的因素，《春秋公羊傳》莊公四年論九世復讎之義：〔註51〕

〔註48〕（唐）楊倞注，（清）王先謙集解，《荀子集解·考證》（台北：世界書局，2000），頁 38。

〔註49〕葉舒憲與鄭毓瑜都認爲這種引喻、譬類或是聯繫的感應等等，基本上共屬於一個世界觀、宇宙觀，不論是天／人、時／事、物／我之間皆存在著以類應而相通，類固相召，彼此穿通的聯繫性思維，他們將此種思維稱爲「以譬喻類」。可參葉舒憲，《詩可以興——神話思維與詩國文化》（武漢：湖北人民出版社，1994），頁 414～415。鄭毓瑜，《文本風景——自我與空間的相互定義》，頁 298～299。

本文要再更進一步指出的，聯繫性思維與具體性思維的關係，事實上也就是「以譬喻類」之意：萬物皆共屬於一個世界觀、宇宙觀，而且彼此互相聯繫、同構互感。促成此中關鍵之一，則取決於人的修身。

〔註50〕張灝則從另一個角度指出，以個人道德承受天賦內在的使命，因此天子往往以國家元首的資格，既是承受天命，樹立政治與社會的權威中心，亦憑藉人格的道德轉化，也可以直接知天、事天，表現出天人合一之境。張灝雖未明言修身治國的關係，但其說基本上點出了爲政者藉由修身而與天產生聯繫的可能，而在天人合一的過程中，治國一事自然括屬其內。張灝，〈超越意識與幽暗意識〉，收於氏著，《幽暗意識與民主傳統》（北京：新星出版社，2006），頁 46。

〔註51〕（漢）何休解詁，（唐）徐疏，《春秋公羊注疏》（北京：北大出版社，1999），頁 122～123。

> 《春秋》爲賢者諱，何賢乎襄公？復讎也。何讎爾？遠祖也。哀公
> 亨乎周，紀侯譖之，以襄公之爲於此焉者，事祖禰之心盡矣。盡者
> 何？襄公將復讎乎紀。卜之曰：「師喪分焉」。「寡人死之，不爲不吉
> 也」。遠祖者，幾世乎？九世矣。九世猶可以復讎乎？雖百世可也。
> 家亦可乎？曰：「不可」。國何以可？國君一體也。先君之恥，猶今
> 君之恥也。今君之恥，猶先君之恥也。國君何以爲一體？國君以國
> 爲體，諸侯世，故國君爲一體也。

此段是說齊襄公打算替一位遠祖哀公報讎。當年哀公被紀侯譖害而被烹於
周，襄公一直不忘復讎，對此亦曾問卜，問卜的結果是軍隊可能會覆亡一
大半，何休注解：「分，半也，師喪亡其半」。但襄公並未因此停止，他認
爲自己即使因爲復讎而死，也不能算是不好。《公羊傳》認爲這是孝的表現，
極爲讚賞，並說襄公這種行爲是「以襄公之爲於此焉者，事祖禰之心盡矣」。
〔註52〕

此即公羊家復讎之義。復讎的習俗與義務，並非公羊春秋獨有，中國社
會早已流傳甚久。〔註53〕《周禮・調人》又以父兄弟之讎爲復讎界限，許慎
則以爲五世之內可以復讎，超出其外則不必，但《公羊傳》卻明說國君雖百
世亦可復讎，家則不可，何休解「家」爲「大夫家」，〔註54〕此爲公羊家之意。
上述所論雖不同，卻同樣反映了宗法社會的血緣意識。〔註55〕而「國君一體」
的最大特色，便是將原本單純的血緣關係，轉化而爲公共領域的政治關係，
其上下間的統治關係因此得而加強，也突顯了國君的權威性。〔註56〕

《公羊傳》又指出國君可復讎，士大夫家則不可，理由在於「國君一體」。
什麼是「國君一體」呢？《公羊傳》的回答則是說：「國君以國爲體，諸侯世，
故國君爲一體也。」王健文就指出國君一體的基礎有兩方面：其一，國君以
國爲體，是在空間上構成一體的關係；其二，諸侯世，則是指諸侯百世不遷，
此與《儀禮・喪服》所謂大宗不絕、代代正體先祖互爲呼應，畢竟諸侯以上

〔註52〕 （漢）何休解詁，（唐）徐疏，《春秋公羊注疏》，頁123。
〔註53〕 瞿同祖，《中國法律與中國社會》（北京：中華書局，2003），頁72～93。。
〔註54〕 （漢）何休解詁，（唐）徐疏，《春秋公羊注疏》，頁123。
〔註55〕 王健文，《奉天承運——古代中國的「國家」概念及其正當性基礎》，頁 109
　　　　～116。
〔註56〕 林啓屏，《先秦儒法思想中的血緣問題與國家》（臺北：國立臺灣大學中文研
　　　　究所博士論文，1995），頁100～101。

是百世不遷的大宗，嫡系或是卿大夫以下則非此，〔註 57〕因此歷代國君在時間上就成爲連綿延續的一體關係。〔註 58〕所以不管是五世或是九世、百世，起碼就「國君一體」的角度來看，經由空間與時間的互補，國與君不但有了具體的空間概念，也有了歷史的時間性，彼此交織了「國君一體」的意義。

　　國君既爲一體，若再考慮到聯繫性思維與緒論（第一章）提及的以君王身體爲國，則國君與國家、修身與治國，環環相扣，國家組成的各種結構就與國君的身體產生了可能的對應網絡，《黃帝內經素問‧靈蘭秘典論篇》歧伯言十二臟相使：〔註 59〕

　　　　心者，君主之官，神明出焉；肺者，相傅之官，治節出焉；肝者，
　　　　將軍之官，謀慮出焉；膽者，中正之官，決斷出焉；膻中者，臣使
　　　　之官，喜樂出焉；脾胃者，倉廩之官也，五味出焉；大腸者，傳道
　　　　之官，變化出焉；小腸者，受盛之官，化物出焉；腎者，作強之官，
　　　　伎巧出焉；三焦者，決瀆之官，水道出焉；膀胱者，州都之官，津
　　　　液藏焉，氣化則能出矣。凡此十二官者，不得相失也。

《黃帝內經素問》以國家官職與政事運作來解釋身體器官的各種功能，心是君主肝是將軍之官、脾胃是倉廩之官……，這些都說明統治者以身爲國，其身是天下的象徵，國君一體，亦可由此而觀。除此之外，《國語‧鄭語》也說「故先王以土與金木水火雜，以成百物。是以和五味以調口，剛四支以衛體，和六律以聰耳，正七體以役心，平八索以成人，建九紀以立純德，合十數以訓百體。」〔註 60〕韋昭《解》七體爲七竅，分別是兩眼、兩耳、兩鼻孔與口，故韋昭曰：「目爲心視，耳爲心聰，口爲心談，鼻爲心芳」。八索又稱八體，是指首、腹、足、股、目、口、耳、手。九紀即是九臟，分別是心肺肝脾腎等五種正臟，再加上胃、膀胱、腸、膽。國君以四支七竅八體九臟合爲一身，以成百物、以化成天下，故其下又曰：「出千品，具萬方，計億事，材兆物，收經入，行姟極。故王者居九畡之田，收經入以食兆民，周訓而能用之，和樂如一。夫如是，和之至也。」〔註 61〕韋昭說：「姟，備也。數極於姟也，萬

〔註 57〕杜正勝，《周代城邦》（臺北：聯經，2003），頁 94。
〔註 58〕王健文，《奉天承運──古代中國的「國家」概念及其正當性基礎》，頁 113。
〔註 59〕（清）張志聰集注，《黃帝內經集注》（杭州：浙江古籍出版社，2002），頁 66
　　　～67。
〔註 60〕徐元誥撰，《國語集解》，頁 470～471。
〔註 61〕徐元誥撰，《國語集解》，頁 471。

萬兆曰姟」。王者博取各種資源，收納萬物以養萬民，此即「和之至」。

　　為政者身國同體，以此建構權力的正當性，其中或以身體比喻國家，如《黃帝內經素問》；又或是身國共治，如《國語・鄭語》。這都說明了身體觀在中國思想史的重要性。當然例子不會只有這兩處而已，就以本文牽涉到的時間來看，在先秦諸子與漢初文獻中亦所在多有，相關說明我們將在第三、四、五章詳述，此處不再多談。總而言之，以身喻國或是身國合論，這不但是一種普遍性的具體性思維，更是內外互有關係的聯繫性思維。

國君一體下的君臣關係

　　前已言之，中國具體性思維往往將國家官職與人的身體器官作對應。這在君權政治的脈絡裡，往往就會衍生出君臣關係，對於君而言，國家官職當然就是臣；對於臣來說，他們建構了國家機器的運轉，而國家機器則又可類比於君王的身體。又或是再進一步來看，君王身正則國正，國治的基礎之一則是任用賢才，這又有賴於君王修身，任用賢才與君王修身也成了直接的因果關係，因此所謂的身體政治論事實上常常也隱藏著君臣觀念。〔註62〕

　　以身體比喻君臣，以本文處理的範圍而論，大致上有兩種模式：

　　其一，《尚書》、《左傳》就常常將君臣比喻為元首與股肱耳目，股指大腿，肱指胳膊，股肱並用，往往泛稱四體、支體。例如《尚書・皋陶謨》堯曾對舜說：「臣作朕股肱耳目，予欲左右有民，汝翼」，〔註63〕將臣子比為股肱耳目，用意在於輔翼君王，因此皋陶乃作歌曰：「股肱喜哉，元首起哉，百工熙哉」、「元首叢脞哉，股肱惰哉，萬事墮哉」。〔註64〕《左傳》僖公九年：「臣竭其股肱之力」〔註65〕、僖公二十六年展喜對齊侯說：「昔周公、大公，股肱周室，夾輔成王」〔註66〕、昭公九年：「君之卿佐，是謂股肱。股肱或虧，何痛如之」。〔註67〕

　　以身體器官類比君臣，除了股肱耳目之外，還有心體。前引《黃帝內經素問。靈蘭秘典論篇》以心比君，相對於肺、肝、膽、脾胃、大腸、小腸等，都屬臣下之列。心體的比喻到了戰國以後更見發揮，《孟子》說：「君之視臣

〔註62〕 黃俊傑，《東亞儒學史的新視野》，頁357。
〔註63〕 屈萬里，《尚書集釋》（臺北：聯經，1983），頁40。
〔註64〕 屈萬里，《尚書集釋》，頁45。
〔註65〕 楊伯峻，《春秋左傳注》，頁328。
〔註66〕 楊伯峻，《春秋左傳注》，頁440。
〔註67〕 楊伯峻，《春秋左傳注》，頁1311。

如手足；則臣視君如腹心」。〔註 68〕《荀子·君道》亦將君王比之於心：「塊然獨坐而天下從之如一體，如四肢之從心，夫是之謂大形」。〔註 69〕《管子》四篇〈心術上〉的「經」也說：「心之在體，君之位也，九竅之有職，官之分也」〔註 70〕……等等，相關文獻甚多，此處不多舉，可參看之後的章節內容。除上述之外，心體還有一種較少見到的比喻，是把君主比喻爲整個身體，臣下則等同於身體內的各個器官（包括心），如《韓詩外傳》：「夫重臣羣下者，人主之心腹支體也，心腹支體無疾，則人主無疾矣，故非有賢醫，莫能治也。」〔註 71〕

　　以上兩種模式，將會陸續出現在接下來章節的討論之中。這兩種模式建構了身體政治論的君臣關係，就身體與君臣的比喻來看，正是一種支配關係。又或是以更廣泛的角度來講，身體政治論就是在講修身與治國，既然如此，則君臣關係必定會包涵在其中，這也是有些思想家如孔子、墨子等人雖未用身體比喻君臣，但我們仍然要論述他們君臣觀的原因。

　　除此之外，若再以本文提出的兩種身體政治論的理想類型來看，「爲政以德」與「君佚臣勞」顯然有著不同的君臣觀。相較之下，「爲政以德」的君臣關係較爲鬆動；「君佚臣勞」則不然，君臣關係的傾向是固定而少變化的。但到了秦漢之際，因應統一帝國的建立，君權得到前有未有的提升，兩種身體政治論的君臣關係也開始產生變化，不再墨守先秦諸子時期的看法，這在第五章中還會詳說，此處只能略作概要陳述。

第三節　周代人文意識的興起

殷周天命觀

　　王國維曾作〈殷周制度論〉，他認爲中國政治制度與文化之大變革，莫過於殷周之際。這種劇烈變化，有其地域性與民族文化的原因，而在制度方面，他舉出周人制度之所以大異於殷商，原因在於立子立嫡，以及由此而生的宗法與喪服、封建子弟、君天子臣諸侯之制，再來則是廟數之制，最後則是同

〔註 68〕　（宋）朱熹，《四書章句集注》，頁 290。
〔註 69〕　（唐）楊倞注，（清）王先謙集解，《荀子集解·考證》，頁 218。
〔註 70〕　黎翔鳳，《管子校注》（臺北：中華書局，2006），頁 759。
〔註 71〕　許維遹校釋，《韓詩外傳集釋》（北京：中華書局，2005），頁 92。

姓不婚的原則。由於這些制度而有典禮的出現，典禮則本於尊尊、親親、賢賢、男女有別之意，此可謂「民彝」，因此周代政制，實本於德治、禮治之大經，王國維說：〔註72〕

> 此數者，皆周之所以綱紀天下。其旨則在納上下於道德，而合天子、諸侯、卿、大夫、士、庶民以成一道德之團體，〔註73〕周公制作之本意實在於此。

在王國維的看來，殷商與周代的最大的不同，還是周代以德立國，這個看法從後來出土的文物諸如郿縣四十二年逨盤、四十三年逨鼎，又或是北京保利藝術館購得的西周銅器《遂公盨》（此為李學勤定名，另外裘錫圭定為《燹公盨》〔註74〕）都提到「德」字。兩相印證，都說明了周代立國中確實相當注重「德」的問題。〔註75〕

至於殷周的差異，《禮記·表記》亦言：〔註76〕

> 殷人尊神，率民以事神，先鬼而後禮，先罰而後賞，尊而不親。其民之敝，蕩而不靜，勝而無恥。周人尊禮尚施，事鬼敬神而遠之，近人而忠焉。其賞罰用爵列，親而不尊。其民之敝，利而巧，文而不慚，賊而蔽。

殷周皆祭鬼神，但態度不同。殷人相當注重鬼神的力量，是全心信賴，不敢怪罪，因此對於鬼神是「尊」、是「先」；周人則否，雖然周人也畏天威、也祭鬼神，但也重人事，因為周人顯然認為天命並不是固定不動，而是因應統

〔註72〕 王國維，〈殷周制度論〉，收於氏著，《觀堂集林（外兩種）》，頁 231～244。引文見 232。

〔註73〕 關於王國維「道德團體」說對後世學術影響與受到的質疑，可參王汎森，〈一個新學術觀點的形成──從王國維〈殷周制度論〉到傅斯年《夷夏東西說》〉，收於氏著，《中國近代思想與學術的系譜》（臺北：聯經，2005），頁 305～320；林志宏，《民國乃敵國也：政治文化轉型下的清遺民》（臺北：聯經，2009）頁 220～221。本文著重的是，儘管王國維此說有其時代因素，但他指出周代政治本於禮制、德治，則多為學者贊同。

〔註74〕 日本學者如竹內康浩等人懷疑《燹公盨》的真實性，認為銅器為真，銘文可能是戰國以後所刻，但大陸學者如李學勤、裘錫圭、李零等人從銘文書體、器具形紋等判斷其為真。可參（日）竹內康浩，〈豳公盨の資料の問題について〉，《史學雜誌》115 編 1 號（2006 年 4 月），頁 35～53。

〔註75〕 張廣達，《史家、史學與現代學術》（桂林：廣西師範大學出版社，2008），頁 52、56。《燹公盨》的銘文解說，可參裘錫圭，《中國出土文獻十講》，頁 46～77。

〔註76〕 孫希旦，《禮記集解》（臺北：文史哲，1990），頁 1310。

治者修德與否而隨移流轉，這種觀念在《尚書》的〈召誥〉、〈多士〉、〈多方〉中皆可見，這三篇主要是周公代成王發言，指出天命以人自身之德爲歸，因此周得天命而能代殷，但周之天命並非永久不變，一有失德，天命即轉向他人，所以應該要謹愼小心、承天受命，鑑於殷亡教訓，要避免重蹈覆轍。這種戒愼恐懼的心情，人們開始反省並且注意自己的行爲後果，對於這樣的現象，徐復觀則稱之爲「憂患意識」，〔註77〕並認爲可因此得見早期中國人文精神的躍動。〔註78〕陳來更一進步指出，周人有天命觀，殷人亦有，雖然學者對於「天」與「帝」的看法仍未一致，陳夢家與郭沫若認爲殷商的帝是上帝，而且沒有「天」的觀念，「天」的觀念始自周代，白川靜則認爲帝與天在商代是同義字，董作賓、何柄棣則指出即使甲骨文中未見以天爲上帝的觀念，但這只是說明現有卜辭的情況，不可據以爲論證商人就一定沒有這種觀念，〔註79〕陳來並沒有對於上述說法作出評斷，但他認爲殷商的不同，其實不在於是否有天命或是類似的概念，而是在理解上兩者實在大有差異，陳來說：〔註80〕

> 商周世界觀的根本區別，是商人對「帝」或「天」的信仰中並無倫理的內容在其中，總體上還不能達到倫理宗教的水平。而周人的理解中，「天」與「天命」已有經了確定的道德意涵，這種道德意涵是以「敬德」和「保民」爲主要特徵的。天的神性的漸趨淡和「人」與「民」的相對於「神」的地位的上升，是周代思想發展的方向。

天命移轉，有德居之。這種思想在《詩經》也多有可見。一方面周人仍保留著天或是天帝的信仰，認爲是宇宙的主宰，《詩經‧大雅‧文王之什‧皇矣》：「皇矣上帝，臨下有赫；監觀四方，求民之莫。維此二國，其政不獲；維彼四國，爰究爰度。上帝耆之，憎其式廓。乃眷西顧，此維與宅。」〔註81〕、《詩經‧大雅‧文王之什‧大明》：「昭事上帝，聿懷多福」。〔註82〕後者明事上帝，

〔註77〕徐復觀，《中國人性論史》（先秦篇），頁 18～28。亦可參黃俊傑，《德川日本《論語》詮釋史論》，頁 288～292。

〔註78〕徐復觀基本上是將憂患意識放在古代歷史中轉型的背景加以考察，就周而言，憂患意識主要是周人革殷人之命後，時時憂其天命之難保而形成。黃俊傑，〈徐復觀對古典儒學的新詮釋〉，收於氏著，《儒學與現代臺灣》（北京：中國社會科學出版社，2001），頁 146～147。

〔註79〕陳來，《古代宗教與倫理：儒家思想的根源》，頁 170～171。

〔註80〕陳來，《古代宗教與倫理：儒家思想的根源》，頁 177。

〔註81〕屈萬里，《詩經詮釋》，頁 470。

〔註82〕屈萬里，《詩經詮釋》，頁 455。

以求福報；前者是指上帝臨照天下，高高在上，「民之莫」，莫通「瘼」，指人民的疾苦、痛苦，人民之苦源自夏商國政不修，於是上帝尋求四方之國，以有德者代之。有德者與天命的結合，於是有了天命靡常的觀念，《詩經‧大雅‧文王之什‧文王》：「上帝既命，侯于周服。侯服于周，天命靡常」〔註 83〕、《詩經‧小雅‧節南山之什‧十月之交》：「民莫不逸，我獨不敢休，天命不徹，我不敢傚，我友自逸」，〔註 84〕皆是此意。

此說至春秋時代依然頗為流行，《左傳‧僖公五年》記宮之奇之言：「臣聞之，鬼神非人實親，惟德是依。故周書曰：『皇天無親，惟德是輔。』又曰：『黍稷非馨，明德惟馨。』又曰：『民不易物，惟德緊物。』如是則非德，民不和，神不享矣。神所馮依，將在德矣。」〔註 85〕人與神、天所聯繫者為德。《左傳‧文公十五年》季文子亦引詩「畏天之威，于時保之」，用意是說明：「不畏于天，將何能保？以亂取國，奉禮以守，猶懼不終，多行無禮，弗能在矣」〔註 86〕。《國語‧晉語》也說：「夫德，福之基也，無德而福隆，猶無基而厚墉也，其壞也無日矣。」並引古語「天道無親，唯德是授」為證，〔註 87〕換言之，德是福之基，而天道之移轉，唯德是依，皆有賴於守德與否。

由上述引文可見，周代開展出來的人文精神，以德作為受命的依據，統治者必須敬德，此時的「德」，是一種具有宗教性質「人體內的一種存在」，也被理解為族群所共有的特質、又或是立國精神，〔註 88〕故曰：「神所馮依，將在德矣」「夫德，福之基也……」云云。而周人以敬畏之心看待天命，小心翼翼、謹守本身的行為，這就是敬德，正因為「德」是永保政權安康的一種正當性，天命更是依德而遷轉，並不穩居一方，所以周人才將德視為首要條件。儘管如此，但從殷周到春秋發展而來的天命觀，雖已有了憂患意識的人文自覺，但大多仍是局限在政治或是宗教、宇宙論的意涵，並未如孔子般以天命作為修身的工夫歷程、以及強調人性人格發展的進一步完善。〔註 89〕根

〔註 83〕屈萬里，《詩經詮釋》，頁 451。
〔註 84〕屈萬里，《詩經詮釋》，頁 358。
〔註 85〕楊伯峻，《春秋左傳注》，頁 309〜310。
〔註 86〕楊伯峻，《春秋左傳注》，頁 614。
〔註 87〕徐元誥撰，《國語集解》，頁 396。
〔註 88〕王健文，《奉天承運──古代中國的「國家」概念及其正當性基礎》，頁 75。
甘懷真，《皇權、禮儀與經典詮釋：中國古代政治史研究》，頁 14。
〔註 89〕高田真治，〈道德的天命思想に就いて〉，《支那學研究》第 4 編，頁 131〜207。

據黃俊傑的研究，他認為孔子天命觀的思想史意義有二：〔註90〕

> 第一，孔子將周初以降「天命」觀從宇宙論與政治論意涵，轉化為
> 心性論的意涵，完成「天命」觀的「內轉」。

> 第二，孔子所說的「知天命」，從周初以降宗教意義的主宰之「天」
> 對人事之單線控制，轉而強調人通過其心性修養工夫，而與
> 天之意志相感通。

不管是做為轉化修身概念的關鍵人物，又或是論及修身的歷史意義，孔子都佔有極為特殊的重要地位，對此我們將在下一章再做詳解，此處只是作為歷史發展的背景知識略為提及。

春秋威儀觀

與天命觀類似的，還有禮儀觀。根據甘懷真的研究，自西周以來，「禮」字的意義從祭祀擴展到生活禮儀規範。就在這樣的進展歷程之中，其實是與前述天命唯德是依的思想互為表裡的。因為周人所屢行的種種禮儀規矩，不但可用於祭祀，亦往往用於生活處事之中，並藉由這種禮儀化的行為，來達到敬德的具體實踐，以此維持或是延續天命，換句話說，行禮的動機目的則在於敬德而有天命。〔註91〕這種禮儀觀念，不但作為自身實踐的標準，亦是階級之間的原則，當可以用「威儀」作為代表。〔註92〕

而威儀正是一種內外合一的表現，《左傳‧襄公三十一年》記北宮文子語：〔註93〕

> 有威而可畏，謂之威。有儀而可象，謂之儀。君有君之威儀，其臣
> 畏而愛之，則而象之，故能有其國家，令聞長世。臣有臣之威儀，
> 其下畏而愛之，故能守其官職，保族宜家。順是以下，皆如是，是
> 以上下能相固也。……。紂囚文王七年，諸侯皆從之囚，紂於是乎
> 懼而歸之，可謂愛之；文王伐崇，再駕而降為臣，蠻夷帥服，可謂
> 畏之；文王之功，天下誦而歌舞之，可謂則之；文王之行，至今為

〔註90〕黃俊傑，《德川日本《論語》詮釋史論》，頁293～294。
〔註91〕甘懷真，《皇權、禮儀與經典詮釋：中國古代政治史研究》，頁10～14。
〔註92〕楊儒賓，《儒家身體觀》，頁31。甘懷真，《皇權、禮儀與經典詮釋：中國古代政治史研究》，頁15。
〔註93〕楊伯峻，《春秋左傳注》，頁1194～1195。

> 法，可謂象之。有威儀也。故君子在位可畏，施舍可愛，進退可度，
> 周旋可則，容止可觀，作事可法，德行可象，聲氣可樂，動作有文，
> 言語有章，以臨其下，謂之有威儀也。

進退、周旋、容止、作事、聲氣、動作、言語等等，都是身體外觀的展現。不止如此，《左傳・成公十三年》亦引劉子語：「吾聞之，民受天地之中以生，所謂命也，是以有動作禮義威儀之則，以定命也。能者養之以福。不能者敗以取禍，是故君子勤禮，小人盡力。勤禮莫如致敬，盡力莫如敦篤，敬在養神，篤在守業……」。〔註94〕根據楊儒賓與杜正勝的說法，「威」即是因君子風采容貌足以引起他人敬畏，「儀」則是君子言行舉止足供他人效法，「威儀」即是指君子人格境界所表現出的理想狀態、〔註95〕又或是服飾打扮、言談舉止、身體和精神狀態的總和。〔註96〕《左傳》此處以文王為說，即是認為為政者若能藉由身體散發出威儀，包括言語聲氣、動作行為、外貌儀容等等，即可使臣民聽從順服、既愛且畏。同時這段史料此透露出周文王的威儀涵義，用劉子的話來講，就是「勤禮」，勤禮則莫重於致敬，周文王藉由威儀而致敬守德，〔註97〕以此獲得天命，此正與《詩經・大雅・文王》：「穆穆文王，於緝熙敬止。假哉天命，有商孫子。商之孫子，其麗不億。上帝既命，臣于周服。」〔註98〕互為表裡。

以威儀觀說明身體，又或是強調內外言行的理想狀態，《國語・晉語》也有類似記載：〔註99〕

> 夫貌，情之華也；言，貌之機也。身為情，成於中。言，身之文也。
> 言文而發之，合而後行，離則有釁。

這段話是說容貌源自於心情，身體外在同時也是內的反映，語言自然也屬是身體的表徵，因此言行合一則佳，反之則會有禍患產生。這段話提及「身為情，成於中」正與前引劉子「民受天地之中以生」可互為詮解，楊儒賓認為「中」字有「性」的涵義，〔註100〕而身又是情的載體，以身說情則是作為

〔註94〕楊伯峻，《春秋左傳注》，頁860～861。
〔註95〕楊儒賓，《儒家身體觀》，頁28～29。
〔註96〕杜正勝，《從眉壽到長生──醫療文化與中國古代生命觀》，頁210。
〔註97〕陳來，《古代宗教與倫理：儒家思想的根源》，頁305～308。
〔註98〕屈萬里，《詩經詮釋》，頁451。
〔註99〕徐元誥撰，《國語集解》，頁376。
〔註100〕楊儒賓，《儒家身體觀》，頁29。

「中」的完成，這樣的說法與後來的郭店簡〈性自命出〉論性與情類似，〈性自命出〉認爲喜怒哀惡是眞性情，但情是已發，性則是涵情而未發，情由性顯，因情而性，〔註 101〕此正與「身爲情，成於中」或有類似，兩者可能有傳承關係。關於〈性自命出〉論性情的問題，可見第三章第三節，此處只能略作提及。

另外一方面，威儀觀其實也透露了一個預設立場。前已言之，爲政者有威而可畏、有儀而可象，爲政者若有威儀，那麼臣民自可服從於其下，這個說法事實上也符合先秦諸子身體政治論的論述模式：「修身可以治國」。修身就是實踐禮儀、就是威儀，又或是如《國語·晉語》所謂的「言文而發之」，都是指修身之後的舉止言行。但是因應不同的階級，修身指涉的目標也不一樣，而爲政者身處政治重心，當然更應該要修身，因此威儀觀才講「故君子在位可畏」，「在位」即指出了身體政治的關鍵——對於爲政者的要求。

但是，正如楊儒賓所指出的，威儀觀雖然也可以在君子的個體表現出來，但其特色終究只是就社會性的倫理規範而言，對於修身的心性價值與意義，或也語焉未詳、未曾深入，始終著墨甚少、也無法作爲主體性來發揮。〔註 102〕至於強調心性、注重修養，甚此以此延伸到天人合一、心氣合流之境，這種修身境界還是要到孔子以後才日漸成形，對後世影響亦甚大。而先秦諸子的身體政治論，也終於在內外交輝的身心一如之中，論身與國，然後身國共治，發展其豐富而充滿內涵厚度的人格美與治國原則。

〔註 101〕丁四新，《郭店楚墓竹簡思想研究》，頁 181～182。
〔註 102〕楊儒賓，《儒家身體觀》，頁 40～41。

第三章　踐形與德治
——爲政以德的身體政治論

第一節　修齊治平之路

一個關鍵的人物：孔子

　　雖說修身與治國同爲一體，但就某種程度而言，修身的方式也決定了治國的方式，因此「修身」在身體政治論中至爲重要，本文將緊扣住修身概念來作發揮。

　　在第二章第三節裡，我們討論了周代人文意識的興起。更以「天命觀」與「威儀觀」作爲分析主體，藉此說明孔子以前修身的思想演變。而在此之外，我們還可以再舉兩例：余英時曾指出，古代具有宗教性質的禮樂，經歷蘊藉發展，到了孔子手上轉爲「人道」，這當然不是說孔子就沒有宗教情懷，而是說孔子往往將其轉化成道德的表現，在道德的世界裡、在天道與人道的聯繫中，當然也會有宗教情緒與信仰的感動。〔註1〕至於人間性格的道則是以重建秩序爲主旨，由於道不能透過客觀具體的形式掌握，於是就必須由以「道」自任的人來彰顯，得道則需修身。修身最初源於古代「禮」的傳統，是外在

〔註 1〕黃俊傑，〈試論儒學的宗教性內涵〉，收入氏著，《東亞儒學史的新視野》，頁105～120。亦可參韋政通，《中國思想史》（上冊）（臺北：水牛，2001），頁69～70。林啓屏，《儒家思想中的具體性思維》（臺北：學生，2004），頁 21～22。

的修飾，其後由外漸轉入內，孔子相當注重內在修養、亦不廢外在，所以自孔子開始，修身即成為士人的一個重要基礎。〔註2〕楊儒賓也認為「氣──身體」存在於孔子以前的文獻，〔註3〕如天地之氣，人若與天地相參則可助宣氣，此外人本身又有血氣，其中意志與血氣又可互相作用，而春秋時期思想界的突破，莫過於內省的道德意識興起，這樣的興起也是經過一段長時間的蘊釀，最後才因孔子提出「仁」的主張徹底形成，這條內省之路正與「氣──身體」關係至深。〔註4〕

　　上述兩位學者都說明在修身觀的發展中，孔子實處於重要轉折。孔子之前固然有關於身體觀的文獻，但未就「內向超越」而論，〔註5〕也未足以言「工夫」，〔註6〕因此所謂的「身體政治論」在孔子之前並未形成明顯主張。這不是說孔子以前就沒有關於「身體──政治」的言論，只是「身體政治論」其實就是在問「修身與治國的關係」，修身必然牽涉到內心精神與原則理想，又與治國密不可分。而此理想則自孔子開始形成，「身體政治論」也自孔子之後才有了顯著而突出的內涵。在此之前，固有將為政者身體視為「國」的文獻記載，如《左傳》、《國語》之類，這在第一、二章中已有討論，但這些都不能視為「由內而外覺醒過程」的「身體政治論」。

　　就孔子與其後者而言，都主張以道德修為來提升政治層次，這種道德政治由孔子提出，孟子、荀子擴大而充實之。〔註7〕墨子所論雖與儒家多有不同，

〔註2〕余英時，〈中國知識分子的古代傳統〉，收入氏著，《史學與傳統》（臺北：聯經，1988），頁71～92。亦可參陳來，《古代思想文化的世界：春秋時代的宗教、倫理與社會思想》（臺北：允晨文化，2006），頁349、353。

〔註3〕黃俊傑研究孟子「養氣」，認為之前已有「六氣」的說法，氣不但存在於天地萬物之間，同時也是古代醫學理論的一部分。而對氣的態度大致有四種：一、二氣感應。二、望氣或占氣。三、行氣或食氣。四、兵家的「延氣」說。可見黃俊傑，《孟學思想史論》（卷一），頁32～46。

〔註4〕楊儒賓編，《中國古代思想中的氣論及身體觀》（臺北：巨流，1993），可見楊儒賓〈導論〉的第一部分，頁3～20。

〔註5〕余英時早年使用「內在超越」，爾後改成「內向超越」，他認為「內在」是西方神學上的觀念，「內向」則較為中性，並無西方語義。可參余英時，《知識人與中國文化的價值》，頁75。關於「超越」的中西文化意涵與使用脈絡，可見本論文第一章第二節。

〔註6〕楊儒賓指出威儀觀與血氣觀皆不足以言「工夫」，因此不會有主體意識的覺醒可言，而改造威儀觀及血氣觀，使之成為具有主體道德意識的德行者，則始自儒家文化的奠基者孔子。楊儒賓編，《中國古代思想中的氣論及身體觀》（臺北：巨流，1993），可見楊儒賓〈導論〉的第一部分，頁43～44。

〔註7〕黃俊傑，《儒學傳統與文化創新》，頁7～17。

但就這個大原則而言，都是一致的。在這種大同的脈絡之上，我們不妨以始祖孔子的話：「爲政以德」來概括諸人的身體政治論。

從《論語》來看，孔子顯然認爲成德之學是成爲君子的修身條件。「君子」並非孔子的發明，朱心怡綜合蕭公權、陳來等人的看法，認爲「君子」一詞雖早就出現在《易》、《書》與《詩》之中，但多指在位者而言，將其與德行結合、並將「君子」轉化爲有德者之稱則始自孔子，其中有些更是指有德之上位者。〔註8〕余英時則認爲「君子」最初是指社會上居高位的人，其後漸轉爲道德的代表，而在轉化過程之中，孔子以來的儒家盡量從古代專指「位」的舊義中解放出來，並且強調「德」的新義。〔註9〕

君子成德的條件又與仁、義、智、禮、孝、命、中庸等概念有關。韋政通將這種說法視爲倫理的概念群，其中如中庸、智、義在後世中有更進一步的發展。〔註10〕而在孔子這裡則以仁、禮與命最爲重要。〔註11〕以上所言，雖就人生境界與道德理想而發，但所謂成德君子並非只是概念上的遊戲而已，仍須落實於具體實踐之中。例如《論語》談禮，不論是「恭而無禮則勞，愼而無禮則葸，勇而無禮則亂，直而無禮則絞」，〔註12〕又或是「君子博學於文，約之以禮」〔註13〕，都是對君子理想境界的描述，當這種描述一落入具體行爲中，因應不同事務，則成「非禮勿視，非禮勿聽」的實踐行爲，〔註14〕又或是「入公門，鞠躬如也，如不容。立不中門，行不履閾」的規範動作，〔註15〕這樣的動作因爲出之於內心，所以既是內在自然散發，又是外在舉動合宜，而內外兼顧，才是文質彬彬的君子。關於禮的實踐性說明，彭國翔曾以《論語‧鄉黨》爲分析文本，指出此篇專講孔子的身心修煉的禮儀實踐，說明禮

〔註8〕　朱心怡，《天之道與之人道：郭店楚簡儒道思想研究》，頁141～143。
〔註9〕　余英時，《現代儒學的回顧與展望》（北京：三聯，2004），頁271～275。
〔註10〕　韋政通，《中國思想史》（上冊），頁73。孔子以前當然也有「義」、「仁」、「忠」、「信」等德行觀念，但經過孔子轉化之後，也都呈現不同的道德意義與工夫層次。可參童書業，《春秋左傳研究》（北京：中華書局，2006），頁196～200。陳來，《古代思想文化的世界：春秋時代的宗教、倫理與社會思想》，頁305～356。
〔註11〕　錢穆，《中國思想史》，頁6～15。
〔註12〕　（宋）朱熹，《四書章句集注》，頁103。
〔註13〕　（宋）朱熹，《四書章句集注》，頁91。
〔註14〕　（宋）朱熹，《四書章句集注》，頁132。
〔註15〕　（宋）朱熹，《四書章句集注》，頁118。

儀與日常生活是一體相關的，既是外在的儀式、也是內心情感的表達。〔註16〕
甘懷眞則另從禮儀觀分析孔子的禮論，認爲孔子一方面批判人們不遵守既定
的禮儀秩序，一方面也批判人們太注重禮的外在形式，而忽略其中的內涵精
神，因此孔子的行禮爲仁之說，是重新賦予禮一種新的價值體系與秩序觀，
這樣的秩序觀不但發之於內，亦由外在的禮器、身體動作等表現。〔註17〕同
樣地，仁也不止是一個概念而已，它可以與孝結合，變成有子所說的「孝弟」；
〔註18〕也可以與禮結合：「克己復禮爲仁」；〔註19〕又或是因爲命的種種客觀
限制而知命，知命的同時又逼出了人的另種可能，這種可能則是人盡人所能，
此便爲「仁」，因此「求仁之學」與「知命之學」就變成了一條相互配合的修
身之路；〔註20〕甚至也可以針對言語來講仁，巧言令色不足以爲仁，〔註21〕
相反地，而是發言應該要謹愼、穩重，孔子即稱之爲「訒」：「仁者其言也訒」。
〔註22〕因此仁的內涵是多方面的、多層次的，本諸體驗與實踐，則成爲不同
的德行。〔註23〕

關於孔子的「禮」與「仁」，其實還是錢穆所論最爲精闢：〔註24〕

> 「禮」在仁與命之交界處。在最先，禮本從人與天、人與神、人與
> 鬼的接觸興起，那是一種宗教儀式，是人生與宇宙感通的一條路程。
> 但若人類內心沒有一種積極蘄嚮的仁，便無從有這許多禮。孔子只

〔註16〕 彭國翔，〈作爲身心修煉的禮儀實踐——以《論語‧鄉黨》篇爲例的考察〉，《「東
　　　　亞儒學中的身體論述」研討會》。

〔註17〕 甘懷眞，《皇權、禮儀與經典詮釋：中國古代政治史研究》，頁16～23。徐復
　　　　觀也有類似的說法，他認爲禮本是宗法社會裡規範貴族的形式，需有貴族的
　　　　身分，才具備行禮的條件。孔子則是發掘禮的內在價值，再反過來以此評定
　　　　外在形式的得失，並由此轉化禮的性質，成爲一般人的規範之禮。徐復觀，《中
　　　　國經學史的基礎》（臺北：學生，2004），頁13。

〔註18〕 有子曰：「……君子務本，本立而道生。孝弟也者，其爲仁之本與！」（宋）
　　　　朱熹，《四書章句集注》，頁47～48。

〔註19〕 （宋）朱熹，《四書章句集注》，頁132。

〔註20〕 錢穆，《中國思想史》，頁11～12。

〔註21〕 （宋）朱熹，《四書章句集注》，頁48。

〔註22〕 （宋）朱熹，《四書章句集注》，頁133。

〔註23〕 林啓屏，《儒家思想中的具體性思維》，頁191～192。不止如此，孔子也說「夫
　　　　仁者，己欲立而立人，己欲達而達人」，這就指出仁的目標除了成己之外，亦
　　　　在於推己及人，使整個社會獲得妥善的安頓。可參董金裕，《朱熹學術考論》
　　　　（臺北：里仁，2008），頁102。

〔註24〕 錢穆，《中國思想史》，頁13～14。

爲把此禮之意、禮之內心，禮之所由起之一關參透了，又把禮的精
義轉移擴大到人生界，教人在人生相與中，明白得有一條彼我相交
接，而又爲彼我所不得逾越之一線，此即孔門儒家所之謂「禮」。

也由於身行（前述言語也是廣義的「身行」）是貫通內（內在內心）與外（社
會或國家）的樞紐，是精神修養與教化民俗的下手處，黃俊傑在〈先秦儒家
身體觀中的兩個功能性概念〉一文中就以「化」爲例，論證先秦儒家身體哲
學中「化」的兩種義涵，其一爲道德修身脈絡中的「化」，即是指人的身心統
一體內部的自我轉化，其二則爲政治社會脈絡下使用的「化」，所發揮的是「化
民成俗」的功能，這兩者又密切相關、不可分離。〔註 25〕就本文論述題旨而
言，前者可謂「修身」，後者則是「治國」，其中貫穿內外之間的媒介即爲「身
體」。由此而觀，君子並非「脩己以敬」而已，更要作到「脩己以安百姓」方
可謂成功：〔註 26〕

> 子路問君子。子曰：「脩己以敬。」曰：「如斯而已乎？」曰：「脩己
> 以安人。」曰：「如斯而已乎？」曰：「脩己以安百姓。脩己以安百
> 姓，堯舜其猶病諸！」

成爲君子的條件是「修己以敬」，此處的「修己」，指的就是修身。〔註 27〕如前
所述，修身既是修養內在，同時也是修飾外在，而內外兼具，此正爲中國身體
觀的特色。但子路顯然不止於此，他更要知道「修身」到底有何目的與效用？
於是孔子接著指出更深一層的意義：「修己」始能「安人」、「安百姓」。「人」
是與「己」相對，而「百姓」則是「人」的聚集稱謂，從己到人再到百姓，可
見修身非僅於自身而已，更必須建立在社會政治之中，以重建秩序爲己任，這
就指出了修身與治國的關係。當然修身的對象非止是士人而已，由於君王處於
政治中心，因此更有修身必要，所以孔子才特別舉堯、舜爲證。〔註 28〕

　　在孔子心中，修身與治國是一種連續性的延伸：「政者，正也。子帥以正，
孰敢不正？」「苟正其身矣，於從政乎何有？不能正其身，如正人何？」〔註

〔註 25〕 黃俊傑，〈先秦儒家身體觀中的兩個功能性概念〉，《「東亞儒學中的身體論述」
　　　　　研討會》。
〔註 26〕 （宋）朱熹，《四書章句集注》，頁 159。
〔註 27〕 （清）劉寶楠，《論語正義》（臺北：中華書局，2007），頁 605。
〔註 28〕 余英時，《史學與傳統》，頁 84～85。張灝，《時代的探索》（臺北：中央研究
　　　　　院／聯經，2004），頁 165～166。
〔註 29〕 （宋）朱熹，《四書章句集注》，頁 137、144。

29〕在孔子看來，正己修身不止是個人之事而已，也因爲身處政治權位，一呼而天下應，往往也能藉由修身而影響其它事物，上行下效而風行草偃，例如「正人」。反過來看，不能修己則國不治、百姓不安，甚至可能引起天災，上博簡〈魯邦大旱〉：〔註30〕

> 魯邦大旱，哀公胃（謂）孔＝（孔子）：「子不爲我圖（圖）之？」
> 孔＝（孔子）含（答）曰：「邦大旱，毋乃遊（失）者（諸）型（刑）
> 與惪（德）（乎）？

基本上影響天人之間的關鍵原因，在於國君修身與否。林義正認爲〈魯邦大旱〉與孔子思想一脈相承，蘊涵了孔子對天人之間的一貫看法，從簡文中，我們可以看到孔子將旱災歸諸魯國國君德行之失，除此之外，孔子也對傳統的雩祭採取不輕言廢棄的態度，這種情況下的天人相感，並非古代巫術式的感應觀，而是充滿人文理想的宗教情懷。〔註31〕另外要特別指出的是孔子其實是循著身體政治論的路數，學者多半將「刑」解釋爲刑法，林志鵬則認爲「刑與德」的「德」是指內在的修養，「刑」則泛指法制、法度，〔註32〕是指整個國家的施政、制度而言，林義正在此基礎上進一步釋論，認爲刑與德之缺失基本上是指國君施政，但施政必本於爲政者本身的德行，「總之，作爲國君『德行』的『刑與德』才是感召上天，乃至於天地鬼神的核心」。〔註33〕換句話說，治理國家，固然必須依靠一套制度，但建構制度，則有賴於爲政者的德性，而培養德性自然就是修身。換個角度來說，孔子認爲國君身未修以致於國不治，因而產生天災，此乃傳統「聯繫性思維」，而此思維正源於身體政治論。黃俊傑指出這連續性的特色，他說：〔註34〕

> （a）政治過程就是從「私領域」到「公領域」的延伸過程，因此，

〔註30〕馬承源主編，《上海博物館藏戰國楚竹書（二）》（上海：上海古籍出版社，2002），頁204。

〔註31〕林義正，〈孔子的天人感應觀──以《魯邦大旱》爲中心的考察〉，收於李學勤、林慶彰等，《新出土文獻與先秦思想重構》，頁11～35。

〔註32〕林志鵬，〈《魯邦大旱》詮解〉，收於上海大學古代文明研究中心、清華大學思想文化研究所編，《上博館藏戰國楚竹書研究續編》，頁148。

〔註33〕林義正，〈孔子的天人感應觀──以〈魯邦大旱〉爲中心的考察〉，《新出土文獻與先秦思想重構》，頁35。

〔註34〕黃俊傑，《東亞儒學史的新視野》，頁352～353。值得注意的，「公領域」與「私領域」是一組相對性的概念，就「個人」而言，個人是私，家是公，但若就「國」或「社會」而言，則家與個人都可能是私，可參黃俊傑，《東亞儒學：經典與詮釋的辯證》，頁417。

　　　　「修身」之道可以等同於「治國」之理，兩者皆是道德修持之
　　　　由內向外發展之過程。

　（b）作爲私人領域的身體，與作爲公共領域的國家，構成一個連續
　　　　而不斷裂的有機體。因此，「公領域」是「私領域」的擴大與
　　　　延伸。

就修身而言，則是成德，就治國而言，則是德治。成德之君子，身行得中有
禮，修身而治國，也因此將行教化之道。另外，刑法亦爲治國所必須，蕭公
權對此論之甚明，他認爲孔子的政治主張在於德治教化，亦不廢法令刑賞之
事，然而政刑之用有限，僅足以輔助教化之不逮。換言之，孔子即以德治禮
樂教化爲主，刑法督責爲次，〔註35〕在這樣原則下的刑法自然就能適度得中，
「道之以政，齊之以刑，民免而無恥；道之以德，齊之以禮，有恥且格」，〔註
36〕所謂的刑法，也是在德治下來講的。〔註37〕

　　我們在第二章時已明言，身體政治論不止是修身層面而已，事實上也牽
涉到君臣依賴性。孔子認爲爲政者若不修身而導致國不治，所引起後果的就
不止是天災而已，賢者臣子亦可離其而去，孔子就說「危邦不入，亂邦不居，
天下有道則見，無道則隱」，又例如孔子稱讚蘧伯玉：「邦有道則仕，邦無道
則可卷而懷之」、又或是孔子比較與他人的不同：「虞仲、夷逸，隱居放言。
身中清，廢中權。我則異於是，無可無不可」。〔註38〕此皆可見孔子雖主張君
子學而優則仕，但若天下無道，實在是不必繼續死守亂邦與昏君、或者根本
不必出仕，這種情況孔子則稱之爲「隱」。〔註39〕這種鬆動的君臣關係，並不

〔註35〕　蕭公權，《中國政治思想史》（上冊），頁64～68。另外要再說明的是，孔子的
　　　　德先刑後的說法，事實上源自於其修身觀，但孔子並非提出德先刑後的第一
　　　　人，《左傳》的許多人物已有德刑並用、以德爲先的主張，只是這些人並不像
　　　　孔子是從修身的角度來談刑德。可參徐漢昌，〈由《左傳》看春秋時代的「刑」〉，
　　　　收於氏著，《先秦學術問學集》（高雄：高雄復文，2006），頁1～33。
〔註36〕　（宋）朱熹，《四書章句集注》，頁54。
〔註37〕　孔子對待刑法的態度，尚有一例可說。昭公二十九年，晉國鑄刑鼎，公布刑
　　　　罰，因而招致孔子失「度」的批評。其實孔子並非反對刑法，基本上他是以
　　　　「貴賤不愆」的社會秩序角度來批評。可參杜正勝，《編戶齊民——傳統政治
　　　　社會結構之形成》（臺北：聯經，1990），頁243。
〔註38〕　（宋）朱熹，《四書章句集注》，頁106、163、186。
〔註39〕　錢穆，《中國學術思想史論叢》（卷一）（合肥：安徽教育出版社，2004），頁
　　　　212～215。

以某方爲主，而是互相尊重、以禮進退，〔註40〕我們可稱作「君臣互爲主體性」。〔註41〕

後繼者：孟子

　　孔子的說法，在後世引起極大迴響，贊同與批評者皆有，事實上也在同意與反對之間，先秦諸子漸漸形成了兩種互有淵源的身體政治論。

　　我們不妨再順著孔子往下看，孔子爲政以德的主張到了孟子手上又有發揮。以私淑孔門自命的孟子，〔註42〕特別強調心的重要性，心在《論語》中雖已有道德意涵，但並未有主導力量，〔註43〕到了孟子才有以心攝身、且作爲重要的哲理論述。〔註44〕在《孟子》書中，我們可以看到許多關於心的論述，基本上孟子的「心」具有自主性，且有價值判斷的能力，因此修身首在修心，修心即是「從其大體」：〔註45〕

　　　公都子問曰：「鈞是人也，或爲大人，或爲小人，何也？」孟子曰：
　　　「從其大體爲大人，從其小體爲小人。」曰：「鈞是人也，或從其大
　　　體，或從其小體，何也？」曰：「耳目之官不思，而蔽於物，物交物，
　　　則引之而已矣。心之官則思，思則得之，不思則不得也。此天之所
　　　與我者，先立乎其大者，則其小者弗能奪也。此爲大人而已矣。」

耳目之官等「小體」因爲欠缺思的能力，易蔽於物，故以耳目之官接物，就只是以物交物，往往被其牽引而去。〔註46〕「心」則不同，是「思」的根源處。耳目官能皆有賴於心，心若能思，則耳目等小體自然不蔽，是以修心可

〔註40〕定公問：「君使臣，臣事君，如之何？」孔子對曰：「君使臣以禮，臣事君以忠。」（宋）朱熹，《四書章句集注》，頁66。

〔註41〕黃俊傑，《東亞儒學史的新視野》，頁357～361。林啓屏，《儒家思想中的具體性思維》，頁101。林啓屏，《先秦儒法思想中的血緣問題與國家》，頁170～171。

〔註42〕《孟子集注》：「君子之澤五世而斬，小人之澤五世而斬。予未得爲孔子徒也，予私淑諸人也。」（宋）朱熹，《四書章句集注》，頁295。《史記》亦言：「孟軻，騶人也，受業子思之門人。」（日）瀧川龜太郎，《史記會注考證》，頁943。

〔註43〕黃俊傑，《東亞儒學史的新視野》，頁415。楊儒賓，《儒家身體觀》，頁45。

〔註44〕郭齊勇，〈郭店楚簡《五行》的心術觀〉，收於龐樸等著，《古墓新知》（臺北：臺灣古籍，2002），頁158～160。

〔註45〕（宋）朱熹，《四書章句集注》，頁335。

〔註46〕錢穆，《中國學術思想史論叢》（卷二）（合肥：安徽教育出版社，2004），頁96～97。

謂「先立乎其大者」。培養心的自覺與價值能力，便可轉化耳目等「小體」，而仁義禮智等價值意識又源出於心，這又使得心具有普遍性，人一旦能掌握本心，則可「生色」、「四體不言而喻」：〔註47〕

> 君子所性，仁義禮智根於心。其生色也，睟然見於面，盎於背，施於四體，四體不言而喻。

身體充滿德性光輝，孟子則稱之爲「踐形」。〔註48〕這並不是只就心性而言，而是指身心一如的理想境界。在此，大體與小體是密切相關的，修心就是知性，即能踐形，大體正展現在小體之中，因此視聽言動合適合宜即是從其大體的結果，王夫之說得好：〔註49〕

> 由是言之，則大體固行乎小體之中，而小體不足以爲大體之累。特從小體者，失其大而成乎小，則所從小而有害於大耳。

更進一步來講，盡其心，又可知性知天，〔註50〕因此孟子說的心又有超越性的一面。〔註51〕但事實上在「心」與「形」（身）之間，另有「氣」貫於其中，氣不但存在於人體（血氣），亦遍布於自然之間（天地之氣），人則應該努力修身，將自然之氣或血氣轉爲人文與德性意涵的「浩然之氣」。因爲心又有主導性，是故修心既可養氣、亦能知言，知言就是以心定言，養氣就是以心御氣，兩者皆取決於心，因此所謂的「知言養氣」往往是由心而發。〔註52〕

　　一如孔子，孟子言修身並不止己身，而是與政治同論的，君王若能以身作則實踐仁義，則人民百姓亦會隨之向善：「君仁，莫不仁；君義，莫不

〔註47〕　（宋）朱熹，《四書章句集注》，頁355。
〔註48〕　（宋）朱熹，《四書章句集注》，頁3360。另外孟子說的「存乎人者，莫良於眸子」，由眼睛、眼神可以看出其人神態精神，此又源其內心修養，亦是由內而外的展現。（宋）朱熹，《四書章句集注》，頁283。
〔註49〕　（清）王夫之，《讀四書大全說》（臺北：河洛圖書，1974），頁1440。
〔註50〕　《孟子集注》：「盡其心者，知其性也。知其性，則知天矣。存其心，養其性，所以事天也。殀壽不貳，修身以俟之，所以立命也。」（宋）朱熹，《四書章句集注》，頁349。盡性知天，爲何還要「事天」、「立命」呢？這還是要回到修身來講，修身一方面固可讓我們同入宇宙大化中，與天地合流，但另方面又更可讓我們明白天命客觀的限制，不怨天不尤人，此即「事天」。因此所謂的「修身以俟之，所以立命也」即是指對於存在限制的坦然面對，是一種積極自強的人生價值與尊嚴。可參袁保新，《孟子三辨之學的歷史省察與現代詮釋》（台北：文津，1992），頁89～90。
〔註51〕　黃俊傑，《東亞儒學史的新視野》，頁385。
〔註52〕　李明輝，《孟子重探》（臺北：聯經，2001），頁39。

義；君正，莫不正。一正君而國定矣」。〔註53〕也因爲治國的預備工作在於修身，因此孟子強調君王應以仁心始，主張當下即是的心理感受，在政治的場域中始終保持此心境修養，本此仁心，擴而申之則國家可治，此即「推恩」。〔註54〕孟子頗爲著名的「以羊易之」正可以說明這點，將祭物由牛換成羊，重點不在於換成何種動物，而是出之於何種心態交換。以羊換牛，原因是「不忍其觳觫」，這就是不忍之心。對祭物如此，對萬民亦如是，推而廣之，便成仁術。施於萬民：「老吾老，以及人之老；幼吾幼，以及人之幼」，推恩足以保四海，故曰：「此心足以王矣」。這些都是就修身之仁心而言，是故孟子言政治多以「仁心」、「仁政」爲說，〔註55〕合而言之，則成王道政治。〔註56〕

然則王道政治並只是道德而已，亦就具體施政來說：〔註57〕

夫仁政，必自經界始。經界不正，井地不鈞，穀祿不平，是故暴君汙吏必慢其經界。經界既正，分田制祿可坐而定也。

今有仁心仁聞而民不被其澤，不可法於後世者，不行先王之道也。

孟子認爲「經界」是仁政的開始，經就是界，同義複詞。〔註58〕「經界」講的就是治國的原則辦法，朱子最能相應孟子的講法，他說：「經界，謂治地分田，經畫其溝塗封植之界也」，〔註59〕都是指必須落實的具體制度而言。另外「先王」亦非專指某朝某代，而是指理想中的君王，〔註60〕「先王」之道則是君王所施之政，亦就制度言之。由此可知，德政依於修身，畢竟君王若能修身，自能德性充潤，舉止得宜，不致落入「望之不似人君」之譏，同時亦能以仁心施政，如經界、爲民制產之類，有此仁政則國可治，亦可教化萬民。

〔註53〕 （宋）朱熹，《四書章句集注》，頁285。其它類似而論如「愛人不親反其仁，治人不治反其智，禮人不答反其敬。行有不得者，皆反求諸己，其身正而天下歸之」、「人有恆言，皆曰：『天下國家』。天下之本在國，國之本在家，家之本在身。」皆是指修身治國一體之理。（宋）朱熹，《四書章句集注》，頁278。

〔註54〕 （宋）朱熹，《四書章句集注》，頁207～209。

〔註55〕 劉述先，〈孟子心性論的再反思〉，收於〔美〕安樂哲（Roger T. Ames）、〔美〕江文思（James Behuniak Jr.）編，梁溪譯，《孟子心性之學》，頁190。

〔註56〕 董金裕，《朱熹學術考論》，頁102～103。

〔註57〕 （宋）朱熹，《四書章句集注》，頁256、275。

〔註58〕 楊伯峻，《孟子譯注》（北京：中華書局，2008），頁92。

〔註59〕 （宋）朱熹，《四書章句集注》，頁256。

〔註60〕 黃俊傑解「先王」爲「理想中未來的新王」。黃俊傑，《孟學思想史論》（卷一），頁177。

因此制度與道德都是必須的，所以孟子才又言「徒善不足以爲政，徒法不能以自行」。〔註61〕儒家的身體政治論，爲政以德，並非只談君王道德而已。

在這種身體政治論下的君臣依賴關係，依舊是站在君與臣兩方面來看，皆不偏頗，「君之視臣如手足；則臣視君如腹心；君之視臣如犬馬，則臣視君如國人；君之視臣如土芥，則臣視君如寇讎」，〔註62〕臣對君的尊敬，取決於君對臣的態度，又或者是君王屢勸不聽，臣下則可易位或離去。〔註 63〕孔孟相較，孔子雖未言易位，但孟子仍是繼承孔子而發揮，都強調君臣互爲主體性，君臣間的關係是鬆動的，而非一昧地強調君權。

另個後繼者：荀子

孟荀之異，一直是歷來爭論不修的題目，不管是心論、還是性惡性善論等等，孟荀看法都有差異。但是我們如果從孔子以來修身治國的理路來看，會發現孟荀之異，仍然是在一個大同脈絡下的小異，《史記・儒林列傳》：「孟子、荀卿之列，咸遵夫子之業而潤色之，以學顯於當世」，亦可說明此點。〔註64〕依循儒學脈絡，荀子也肯定修身的重要性，也同樣認爲心的優先地位：「耳目鼻口形能各有接而不相能也，夫是之謂天官。心居中虛，以治五官，夫是之謂天君」、〔註 65〕「心者，形之君也，而神明之主也」，〔註 66〕以心攝身，說之甚明。但同是論心，荀子與孟子、〈五行〉等說又有差異，荀子基本上將「心」視爲「虛壹而靜」的大清明之心，〔註 67〕虛靜而待物，故能見物之本然，只是心必待與物接觸後才能發揮作用，有學者將其稱之爲「認知心」，〔註68〕見「物」猶此，明「道」亦然：〔註69〕

> 人何以知道？曰：「心」。心何以知？曰：「虛壹而靜」。心未嘗不臧
> 也，然而有所謂虛；心未嘗不滿也，然而有所謂壹；心未嘗不動也，

〔註61〕 （宋）朱熹，《四書章句集注》，頁 275。
〔註62〕 （宋）朱熹，《四書章句集注》，頁 290。
〔註63〕 （宋）朱熹，《四書章句集注》，頁 324。
〔註64〕 （日）瀧川龜太郎，《史記會注考證》，頁 1286。
〔註65〕 （唐）楊倞注，（清）王先謙集解，《荀子集解・考證》，頁 286。
〔註66〕 （唐）楊倞注，（清）王先謙集解，《荀子集解・考證》，頁 366。
〔註67〕 荀子對心的形容與道家或有類似之處，但差異亦甚大，基本上荀子論心，注重道德自覺的首出地位，此仍是秉行儒學傳統，道家言心則不以此論。可參楊儒賓，《儒家身體觀》，頁 73。
〔註68〕 韋政通，《荀子與古代哲學》（臺北：臺灣商務，1992），頁 139～142。
〔註69〕 （唐）楊倞注，（清）王先謙集解，《荀子集解・考證》，頁 364～365。

> 然而有所謂靜。……。虛壹而靜，謂之大清明。〈解蔽〉
>
> 心知道，然後可道；可道然後能守道以禁非道。以其可道之心取人，
> 則合於道人，而不合於不道之人矣。以其可道之心與道人論非道，
> 治之要也。〈解蔽〉

基本上荀子所理解的道則是社會政治之道，是在時空之內具有強烈人間性格「道」，而非具有內向超越、萬物同流的「道」，更非老莊宇宙生成的「道」，是故荀子所謂的「心」正是容載這種強烈人間性格的容器，這也正是荀子論心與孟子、〈五行〉多有不同之處。〔註 70〕那麼荀子人間性格的道又是如何？這又得從修身來看，因為看待「心」的方式不同，自然也影響了修身觀，與孟子及其後學類似，荀子也強調「治氣養心」、〔註 71〕也強調「學」，〔註 72〕但多就社會性與經驗性脈落的「禮」而論，或師友之教、〔註 73〕或化性起偽。〔註 74〕也就是說，心必須皆受「禮」的調節與改造〔註 75〕：「凡貴堯禹君子者，能化性，能起偽，偽起而生禮義。然則聖人之於禮義積偽也，亦猶陶埏而為之也」，正好像製作陶器一樣，化性起偽，如此方能「見善」與「知道」，因此荀子的道往往是依託於社會或政治層面，林啓屏說得好：〔註 76〕

> 荀子思想中的價值世界，乃在人身的修飭下，落實於社會實踐的客
> 觀化中。客觀化的人文世界必待人身的轉化之後，其價值意義才能
> 彰顯。故此，荀子的身體觀便不只是碳水化合物的自然生成對象而

〔註 70〕 在荀子的一些言論中我們也可見到荀子言及心的超越性與價值根源，但畢竟不是荀子重心所在，荀子亦無意深究於此。可參黃俊傑，《孟學思想史論》（卷二）（台北：中研院文哲所，2006），頁 116。林啓屏，《從古典到正典：中國古代儒學意識之形成》，頁 202～208。

〔註 71〕 「凡治氣養心之術，莫徑由禮，莫要得師，莫神一好。夫是之謂治氣養心之術也。」（唐）楊倞注，（清）王先謙集解，《荀子集解·考證》，頁 22。

〔註 72〕 「學惡乎始？惡乎終？曰：『其數則始乎誦經，終乎讀禮……君子之學也，入乎耳，著乎心，布乎四體，形乎動靜……』。」（唐）楊倞注，（清）王先謙集解，《荀子集解·考證》，頁 9～10。

〔註 73〕 （唐）楊倞注，（清）王先謙集解，《荀子集解·考證》，頁 17、22、27。

〔註 74〕 （唐）楊倞注，（清）王先謙集解，《荀子集解·考證》，頁 407。

〔註 75〕 戴君仁以個人修養的角度指出荀子「禮者，養也」之意，並認為是兼俱軀體與性情兩方面而言，此說正可與本文互證發明。戴君仁，《梅園論學集》（臺灣：開明書店，1970），頁 415。

〔註 76〕 林啓屏，《從古典到正典：中國古代儒學意識之形成》，頁 214。

已，也不是生理欲求盲動下的無方之民，而是在「天生人成」，符合
「禮之三本」下的意義載體，是能突顯與實踐的眞實「主體」。
同樣地，荀子也認爲修身與治國息息相關，人君既是國家主宰則自然更有修
身以成君子的重要，《荀子·王制》說：「故天地生君子，君子理天地；君子
者，天地之參也，萬物之總也，民之父母也」，〔註77〕成君子以爲民之父母，
由此可見。《荀子·君道》說得更爲清楚：〔註78〕

　　請問爲國？曰：「聞脩身，未嘗聞爲國也」。君者儀也，民者景也，
　　儀正而景正。君者槃也，民者水也，槃圓而水圓。君者盂也，盂方
　　而水方。君射則臣決。……。故曰：「聞脩身，未嘗聞爲國也。」

荀子處處以君的角度來講民，君正則民正，則君修身就能治民，治民自然就
能國治，可是爲什麼修身如此重要？如果不修身又會如何？荀子接下來就從
君主地位與不修身兩方面合論：〔註79〕

　　君者，民之原也；原清則流清，原濁則流濁。故有社稷者而不能愛
　　民，不能利民，而求民之親愛己，不可得也。民不親不愛，而求爲
　　己用，爲己死，不可得也。民不爲己用，不爲己死，而求兵之勁，
　　城之固，不可得也。兵不勁，城不固，而求敵之不至，不可得也。
　　敵至而求無危削，不滅亡，不可得也。危削滅亡之情，舉積此矣，
　　而求安樂，是狂生者也。〈君道〉

承繼上一段引文的文意，荀子認爲，不修身則不能利民，造成百姓不附，百
姓不附則容易招引外患導致滅國，這也正是《荀子·正論》裡說的「德不稱
位」。〔註80〕也就是說，修身的道德原則必然致使國君以同樣的態度看待百
姓，是故荀子亦重養民，此又與「禮」有關，荀子認爲禮起於人生而有欲，
有欲則有爭亂，因此制禮的目的是「以養人之欲，給人之求」。〔註81〕余英時
就指出這是最廣義的「禮」，同時也是一種禮治秩序，禮治的目的既在於「養」，
因此「富國」必然歸結到「富民」。〔註82〕在這樣的原則之下，荀子的「禮」

〔註77〕　（唐）楊倞注，（清）王先謙集解，《荀子集解·考證》，頁142。
〔註78〕　（唐）楊倞注，（清）王先謙集解，《荀子集解·考證》，頁213。
〔註79〕　（唐）楊倞注，（清）王先謙集解，《荀子集解·考證》，頁213～214。
〔註80〕　（唐）楊倞注，（清）王先謙集解，《荀子集解·考證》，頁3040。
〔註81〕　（唐）楊倞注，（清）王先謙集解，《荀子集解·考證》，頁321。
〔註82〕　余英時，《中國思想傳統的現代詮釋》（臺北：聯經，1987），頁187。

也因此擁有多種面相，例如禮與法的結合、〔註83〕又例如以「文」、「樂」與「禮」合論，強調移風易俗的風俗美。〔註84〕

　　不管是養民、刑法，還是風俗禮儀之美，這些都與治國密切相關。但究其根本，「禮」仍起於爲政者體民愛民之心，因此聖王制禮，也是因爲社會有此需要，故必須依禮而行，以維持社會秩序，各盡其職：「故先王案爲之制禮義以分之，使有貴賤之等，長幼之差，知愚能不能之分，皆使人載其事，而各得其宜」。〔註85〕也由於心必須接受「禮」的調節與改造，方能有此治道，基本上這仍是以修身觀出發，然後講求德治。「爲政以德」依舊是荀子依循的身體政治論。

　　這種情況之下的君臣關係，就臣下方面而言，荀子也重視爲臣之忠，而且又更強調柔順謙恭的一面。〔註86〕在君王方面來看，則是將君王比喻爲心，四肢之從心，一如群臣百官之從君，是一種單線的下對上服從關係，「天下從之如一體」，似乎理當如此，〔註87〕此亦反映戰國末期君權高漲的現象。〔註88〕可是君臣關係並非絕對不可動搖，如武王年幼而周公暫代王位、〔註89〕湯武革命的合理性，〔註90〕這兩者都牽涉到「權」的問題，楊倞看到了

〔註83〕 陳弱水認爲「法」是「禮」的一個構成元素。陳弱水，《公共意識與中國文化》，頁309。

〔註84〕 龔鵬程，《飲食男女生活美學》，頁47、63。事實上文飾亦屬修身的一環，此亦承繼孔子「文質彬彬」遺緒。從修身到治國，擴而充之，教化萬民，文之以禮樂，則民風淳厚，自可成文明和諧的社會，荀子稱此爲「風俗之美」，這也是荀子批評墨子「蔽於用而不知文」的原因。另參龔鵬程，《龔鵬程1998年度學思報告》，頁44～45。葛兆光，《七世紀前中國的知識、思想與信仰世界》（中國思想史第一卷），頁194。值得一提的，先秦「禮」的觀念並非鐵板一塊，禮作爲語言符號，背後的文化意義豐富而多元，在不同時代的不同詮釋者手上也會展現或異或同的涵蘊。換句話說，「禮」在傳播詮釋的過程中，會擴散、斷裂、衍異與變化，不可一概而論。可參甘懷眞，〈先秦禮觀念再探〉，收於氏著，《皇權、禮儀與經典詮釋：中國古代政治史研究》，頁1～33。

〔註85〕 （唐）楊倞注，（清）王先謙集解，《荀子集解‧考證》，頁60。

〔註86〕 （唐）楊倞注，（清）王先謙集解，《荀子集解‧考證》，頁97～98、232。

〔註87〕 「故天子不視而見，不聽而聰，不慮而知，不動而功，塊然獨而天下從之如一體，如四肢之從心，夫是之謂大形。」（唐）楊倞注，（清）王先謙集解，《荀子集解‧考證》，頁218。

〔註88〕 黃俊傑，《東亞儒學史的新視野》，頁389～390。

〔註89〕 （唐）楊倞注，（清）王先謙集解，《荀子集解‧考證》，頁99～100。

〔註90〕 韋政通，《中國思想史》（上冊），頁329。亦可參牟宗三，《名家與荀子》，頁233～240。

這一層，所以他才說：「周公所以少頃假攝天子之位，蓋權宜以安周室也」。〔註91〕

　　前已言之，下對上服從乃理所當然，故有其普遍性，但周公、湯、武等等，卻是特殊性的事件，故應就事理的權變來衡量，〔註92〕不可一概而論。因此就「權」的角度來講，君臣關係是可能變化的，可是「權」仍不是「常」，不具有普遍性，所以荀子的君王依舊有著濃重的權威感：「故天子唯其人。天下者，至重也，非至彊莫之能任；至大也，非至辨莫之能分；至眾也，非至明莫之能和」，〔註93〕但是荀子依然要把人君質責限定在能養人治人的範圍，而且人君的權力也不是毫無限制，〈君道〉：「道者，何也？曰：『君之所道也』。君者，何也？曰：『能群也』。能群也者，何也？曰：『善生養人者也，善班治人者也，善顯設人者也，善藩飾人者也』。」〔註94〕綜合來說，孔、孟、荀，對於君臣觀點或有差異，大體都認為君臣並非絕對而不變的關係，只是荀子又特別著重描寫君王地位。相較之下，這也是為什麼同在政治脈絡中以身體隱喻，孟子的君臣關係是相對性，而荀子卻較有權威感的原因。〔註95〕

　　其實荀子身體政治論也講身佚國治：「天子也者，埶至重，形至佚，心至愈，志無所詘，形無所勞，尊無上矣」，〔註96〕這可視為「無為」的另種講法。此非荀子所獨創，之前已有類似說法：

　　　　《論語》：「子曰：『無為而治者，其舜也與？夫何為哉，恭己正南面而已矣』。」〔註97〕

〔註91〕（唐）楊倞注，（清）王先謙集解，《荀子集解・考證》，頁100。

〔註92〕荀子稱此為「權險之平」，他以湯、武代君為代表，其原由為：「奪然後義，殺然後仁，上下易位後貞。功參天地，澤被生民，夫是之謂權險之平。」（唐）楊倞注，（清）王先謙集解，《荀子集解・考證》，頁236。
　　　　關於荀子論「權」的文本分析，可參陳昭瑛，《儒家美學與經典詮釋》（臺北：台灣大學出版中心，2005），頁99～114。當然孔子孟子也講權，多是用在人如何應接外來事物或因應不同的外在境況，並未專就君臣關係而論。可參何澤恆，《先秦儒道舊義新知錄》，頁208。

〔註93〕（唐）楊倞注，（清）王先謙集解，《荀子集解・考證》，頁300～301。

〔註94〕（唐）楊倞注，（清）王先謙集解，《荀子集解・考證》，頁215～216。

〔註95〕正是因為這樣的角度，所以荀子才在〈臣道〉中言及臣視君之義，像是事聖君之義、事中君之義，乃至於事暴君之義。要言之，君有數種，而臣之事君，亦應不同的君而有不同的作法。此處著重的是臣事上之義，君王的權威感，亦由此可見。（唐）楊倞注，（清）王先謙集解，《荀子集解・考證》，頁232。

〔註96〕（唐）楊倞注，（清）王先謙集解，《荀子集解・考證》，頁414。

〔註97〕（宋）朱熹，《四書章句集注》，頁162。

《墨子》:「故善爲君者,勞於論人,而佚於治官。不能爲君者,傷
形費神,愁心勞意,然國逾危,身逾辱。」〔註98〕

《孟子》:「其尊德樂道,不如是不足與有爲也。故湯之於伊尹,學
焉而後臣之,故不勞而王。」〔註99〕

儒家一方面講勤政養民、身在政先,一方面卻又強調垂拱無爲、佚於治官,
兩相對照,豈不矛盾?這種疑問也出現在後人的言論裡,韓愈文集收入唐代
進士策問十三首,此爲其中一首,策問的內容正代表了這樣的質疑。策問中
以孔子之言爲例,認爲堯舜無爲而治,卻又身在政先、既勤且勞:〔註100〕

問:夫子言「堯舜垂衣裳而天下理」,又曰「無爲而理者,其舜也歟」。
《書》之說堯曰「親九族」,又曰「平章百姓」,又曰「協和萬邦」,
又曰「歷象日月星辰,敬授人時」,又曰洪水「懷山襄陵,下人其咨」。
夫親九族、平百姓、和萬邦、則天道、授人時、愁水禍,非無事也,
而其言曰「垂衣裳而天下理」者何也?於舜則曰「慎五典」,又曰「敘
百揆」,又曰「賓四門」,又曰「齊七政」,……。嗚呼!其何勤且煩
如是!而其言曰「無爲而理」者何也?將亦有深辭隱義不可曉邪?
抑其年代已遠,失其傳邪?二三子其辯焉!

策問作爲科舉考試的一環,當然是有問有答。考官對此問題或有腹案與題解,
而應試之人對此題目也可能有出色解釋,可爲經義生色,惜今皆已不傳。但
關於這個疑問,其實也不是不能回答,因此我們還是爬梳史料,從文獻中找
答案。在先秦諸子中講無爲、君佚的畢竟不止是孔子、墨子而已,《老子》、
莊子、黃老學說、法家等提出無爲說法者大有人在,可見這是先秦諸子共同
議題之一。可是名詞的通用不代表內涵一致,孔、墨、孟、荀等相關文獻當
然都認爲「無爲」或是「佚」是可取的,但絕非治國的第一步,更不是拿來
作爲修身的準則。無爲,其實是「修身」、「尚賢」、「隆禮至法」之後的事,
這種「政教之極」方可稱作「至道大形」。荀子講得很清楚:〔註101〕

至道大形:隆禮至法則國有常,尚賢使能則民知方,纂論公察則民
不疑,賞克罰偷則民不怠,兼聽齊明則天下歸之;然後明分職,序

〔註98〕 吳毓江,《墨子校注》(北京:中華書局,2008),頁 17。
〔註99〕 (宋)朱熹,《四書章句集注》,頁 243。
〔註100〕 馬其昶校注,馬茂元整理,《韓昌黎文集校注》(上海:上海古籍出版社,1987),
　　　　 頁 107。
〔註101〕 (唐)楊倞注,(清)王先謙集解,《荀子集解・考證》,頁 217~218。

　　事業，材技官能，莫不治理，……，夫是之謂政教之極。故天子不
　　視而見，不聽而聰，不慮而知，不動而功，塊然獨坐而天下從之如
　　一體，如四肢之從心，夫是之謂大形。〈君道〉

關於無爲，荀子有時也會用另個角度來講，如「若夫論一相以兼率之，使臣
下百吏莫不宿道鄉方而務，是夫人主之職也。若是則一天下，名配堯舜之主
者，守至約而詳，事至佚而功，垂衣裳，不下簟席之上，而海內之人莫不願
得以爲帝王。夫是之謂至約，樂莫大焉。」〔註 102〕以一而掌萬物，一是根本、
是原初、是貫通，因此可以以「一」統「多」；一也是普遍、是統領、是共通，
所以治國要壹民、要執一。〔註 103〕這也是無爲的另種說法。那麼要怎麼得「一」
呢？荀子又說：〔註 104〕

　　此其道乎一。曷謂一？曰：執神而固。曷謂神？曰：盡善挾治之謂
　　神，萬物莫足以傾之之謂固。神固之謂聖人。〈王霸〉

「神」、「固」要如何可得？還要從修身做起。而包括荀子內在，儒家的修身，
依舊仍是得先經過磨練，道德的修身實踐是第一步，身修而國可治，此後再
依據種種治術，才能達到無爲的境界與工夫。高柏園說得好：〔註 105〕

　　總之，儒家的無爲而治，乃是以道德爲根本，由人皆德道德之正，
　　而言天下之正。是以聖人治國即在恭己以敬，無爲其他，是而能名
　　正言順，老安少懷，物各付物……。由無適無莫，義之與比，而見
　　無爲的工夫義，由物各付物的天地氣象，見無爲的境界義。然而對
　　儒者而言，無適無莫與物各付物，原來就是仁心成己成物，安己安
　　人的不容己要求所逼顯出之境界，並非一開始即以無爲爲其工夫與
　　境界而追求之。

高柏園以儒家說明無爲之意，其實墨家在政治理想上亦頗有類同，關於儒墨
之同，詳參下節，此處暫先不提。高柏園指出儒家是以道德爲修身治國根本，
並非一開始即此以爲目的，此說極爲妥貼的當。另外我們從上述討論可知，
儒墨所謂的無爲，其實是在德治的範圍之下而發，德治的第一要務仍然是道

〔註 102〕（唐）楊倞注，（清）王先謙集解，《荀子集解・考證》，頁 217～218。
〔註 103〕李訓詳，〈戰國時代「壹」的觀念〉，《新史學》第四卷第三期（1993 年 9 月），
　　　　　頁 1～17。
〔註 104〕（唐）楊倞注，（清）王先謙集解，《荀子集解・考證》，頁 190～191。
〔註 105〕高柏園，〈就無爲而治，論儒道法三家治道之異同〉，收於東海大學文學院編，
　　　　　《第一屆中國思想史研討會論文集——先秦儒法道思想之交融及其影響》（臺
　　　　　中：國成書局，1989），頁 25～26。

德實踐。所以為政者仍應勤於修身，但同時也須得賢士輔佐，群下賢臣就等於身體器官一樣，應各盡其職，如此整個身體（國家）就能運轉得當，君王方可無為而治。可是這是有順序的，不可躐等，並非初始就把無為而治放在首位，而是修身在前，身修則國治，治國又必須依循著種種德政，一步接著一步，方能達成所謂的「無為」，況且這種無為與「君佚臣勞」類型所講的順應自然、責實循名多有不同。這種形式無為用意在於不擾民、仍屬德治意義下無為。〔註106〕究其實，這仍是依循著「為政以德」身體政治論之下的「身佚國治」。〔註107〕況且在政教之極的「無為」、「君佚」之前，身體仍須藉由具體政事或生活的鍛練，而且不能太注重身體的舒適與精神上的安逸，孔子的先之勞之、勞而不怨，〔註108〕孟子的勞其筋骨餓其體膚，〔註109〕盡皆強調了修身之勞，其中包涵了身體與精神的訓練，內外皆重，缺一不可。〔註110〕孔孟如此，荀子當然也不例外，〈脩身〉：〔註111〕

> 身勞而心安，為之；利少而義多，為之。

> 體恭敬而心忠信，術禮義而情愛，橫行天下，雖困四夷，人莫不貴。

> 勞苦之事則爭先，饒樂之事則能讓，端愨誠信，拘守而詳，橫行天下，雖困四夷，人莫不任。

〔註106〕孫廣德，〈先秦儒道法三家的無為而治思想〉，收於東海大學文學院編，《第一屆中國思想史研討會論文集——先秦儒法道思想之交融及其影響》，頁17。

〔註107〕胡楚生就指出，即便儒家也講無為，但仍然主張君王為政要博施濟眾，其理想境界是在彰顯君賢相的仁政王道，強調仁義道德的教化功能，以成為百姓心目中的聖君賢王，特徵在於著力突出君主形象；道家則重在深藏君主的所作所為，強調自然無為的應用，潛藏了君主的形象。胡楚生，《老莊研究》，頁36～37。相較於儒家與道家，黃老學派與韓非的無為雖是承自《老子》，但亦有其異處，詳見第四章。

〔註108〕「子路問政。子曰：『先之，勞之』。請益。曰：『無倦』。」、「子張問於孔子曰：『何如斯可以從政矣？』子曰：『尊五美，屏四惡，斯可以從政矣。』子張曰：『何謂五美？』子曰：『君子惠而不費，勞而不怨……』。」（宋）朱熹，《四書章句集注》，頁52、194。

〔註109〕《孟子集注》：「舜發於畎畝之中，傅說舉於版築之間，膠鬲舉於魚鹽之中，……。故天將降大任於是人也，必先苦其心志，勞其筋骨，餓其體膚，空乏其身，行拂亂其所為，所以動心忍性，曾益其所不能。」「雞鳴而起，孳孳為善者，舜之徒也；雞鳴而起，孳孳為利者，蹠之徒也。欲知舜與蹠之分，無他，利與善之間也。」（宋）朱熹，《四書章句集注》，頁348、259、356。

〔註110〕杜維明著，錢文忠、盛勤譯，《道、學、政：論儒家知識分子》（上海：上海人民出版社，2000），頁46～50。

〔註111〕（唐）楊倞注，（清）王先謙集解，《荀子集解‧考證》，頁22、29。

　　君子貧窮而志廣，富貴而體恭，安燕而血氣不惰，勞勤而容貌不枯。

這與道家黃老強調的無爲、虛靜，對待身體的修身態度都有很大的不同。孔、孟這類的觀點。在上博簡的〈民之父母〉也可以看到類似的說法，論析詳後。不管如何，強調修身磨練，擴而充之，同時爲政者也必須以身作則，勤政愛民，統治才能深入人心，百姓也才能風從，這正是「爲政以德」類型的根本思想。

　　縱觀孔、孟、荀，都認爲修身的關鍵在於內心的安頓，內心安頓則萬事遇之坦然，不怨天亦不尤人，如此才可以勞而不倦，甚至無爲。因此要積極修身，培養德性以成君子，但荀子亦非一昧地強調勞苦：「佚而不惰，勞而不僈，宗原應變，曲得其宜，如是然後聖人也。」〔註112〕由此而觀，修身也不是完全不顧人情，而是要「宗原應變，曲得其宜」。

　　不過這種主張的身體政治論在日後也遭到許多的批判意見，主要反對者就是主張「君佚臣勞」類型的言論，他們甚至往往以「勞而少功」之類的字眼批判「爲政以德」式的身體政治論。〔註113〕

第二節　修身、治國、《墨子》

　　墨子生當孔子之後，對儒者多有批評，如非樂、非禮等等。〔註114〕另一方面，儒家也反對墨學的某些說法，像是孟子說「墨氏兼愛，是無父也」，又說墨者夷之是「二本」。〔註115〕但就其它角度而言，儒墨也未必完全不相容，甚至可以反過來講，兩者相似處亦多，〔註116〕蕭公權就以孔、墨爲例，他認爲二人皆親覩晚周世亂，故同爲述古以立論、言治道行救世，且皆遊行諸國，不爲君用，是以乃廣授門徒，冀能行道而博學。再加上二人時代接近，所見所聞頗多類似，墨子又曾受儒學薰陶，故其行動思想或不免相近。蕭公權以孔、墨的行事經歷與思想淵源來看二人關係，確屬卓見。但我們可以把問題更擴大來談，其實不單止是孔、墨二人而已，關於「爲政以德」式的身體政治論，更是墨、儒的共同主張。

〔註112〕（唐）楊倞注，（清）王先謙集解，《荀子集解・考證》，頁91。
〔註113〕詳參第四章。
〔註114〕韋政通，《中國思想史》（上冊），頁106～112。
〔註115〕（宋）朱熹，《四書章句集注》，頁272、262。
〔註116〕蕭公權，《中國政治思想史》（上冊），頁134、136、144。

在墨子的理論中,「心」沒有太濃烈的道德意味,多是就某種心理狀態或是官能意識而言,亦未有太多形而上的意涵:〔註117〕

> 慧者心辯而不繁說,多力而不伐功。〈脩身〉

> 尚同義其上,而毋有下比之心,上得則賞之,萬民聞則譽之。
> 〈尚同中〉

> 是以三主之君,一心戮力,辟門除道,奉甲興士,韓、魏自外,趙
> 氏自內,擊智伯大敗之。〈非攻中〉

此皆就心之官能與心理狀態而言,並未深究心的超越性或虛靜清明性質。〔註118〕另外墨子雖然也像孔子、或是其後的孟子一樣講仁、義、德,但並未循仁義等道德價值作探究,〈脩身〉說:「君子之道也,貧則見廉,富則見義,生則見愛,死則見哀,四行者不可虛假,反之身者也」,皆以規範而論。同時又強調應該努力不懈而盡力為之:「藏於心者無以竭愛,動於身者無以竭恭,出於口者無以竭馴。暢之四支,接之肌膚,華髮隳顛,而猶弗舍者,其唯聖人乎!」〔註119〕〈儒效下〉亦言:「夫一道術學業,仁義也,皆大以治人,小以任官,遠施周偏,近以脩身,不義不處,非理不行,務興天下之利,曲直周旋,利則止,此君子之道也」,〔註120〕這些都不是就仁義的價值根源來談的,所以墨子儘管也講修身,但多就行為規範的德行而說,這正是墨子道德實踐的特色。另外墨子也強調身體的磨練,不惜勞苦,例如〈節用〉說:「今也王公大人之所以蚤朝晏退,聽獄治政,終朝均分,而不敢怠倦者,何也?曰:『彼以為強必治,不強必亂;強必寧,不強必危,故不敢怠倦。今也卿大夫之所以竭股肱之力,殫其思慮之知……』。」〔註121〕《莊子·天下》便如此描述墨家的修身觀:〔註122〕

> 墨子稱道曰:「……。禹親自操橐耜而九雜天下之川;腓无胈,脛无毛,沐甚雨,櫛疾風,置萬國。禹大聖也,而形勞天下也如此。」
> 使後世之墨者,多以裘褐為衣,以跂蹻為服,日夜不休,以自苦為極,曰:「不能如此,非禹之道也,不足謂墨。」

〔註117〕吳毓江,《墨子校注》,頁 11、115、201。
〔註118〕錢穆,《晚學盲言》(下)(臺北:東大,1996),頁 746。
〔註119〕吳毓江,《墨子校注》,頁 11。
〔註120〕吳毓江,《墨子校注》,頁 431。
〔註121〕吳毓江,《墨子校注》,頁 250。
〔註122〕(清)郭慶藩,《莊子集釋》(北京:中華書局,2004),頁 1077。

「使後世之墨者，……，以自苦爲極」，對於後世墨者的刻苦修身、以及墨子修身所造成的影響，可謂一語中的，儒家也講身心鍛鍊，但也未如墨者般苛刻，但不管如何，修身必須強調身體的磨練、道德的實踐，正是兩家所同。

而就墨子看來，這些規範事實上都源之於天，「今天下之君子，中實將欲遵道利民，本察仁義之本，天之意不可不愼也」，〔註123〕所以其實是以天爲法、秉天而行。這就說到墨子思想的核心：「天志」，像是「兼愛」、「尚賢」、「尚同」等論說皆屬其內，「天志」基本上就是墨子的最高價值規範。〔註124〕

「天志」既是最高原則，而天之下的「天子」，若能以天爲法而修身，照理說應該就是最賢仁的人：「天子者，固天下之仁人也。舉天下之萬民以法天子，夫天下何說而不治哉？」〔註125〕所以墨子又強調「尚同」，下之同上，臣之同君，君又同於天，層層推衍，企圖刻畫出一種寶塔式的結構。〔註126〕換句話說，最賢仁的人只要能「順天意」，就能夠行「義政」，〔註127〕「義政」也是屬於德治主義的一種，方東美說墨子：〔註128〕

> 他的政治理想正是他哲學思想下很自然的結晶，他認爲「天志」之於世界與人類，一概都是愛之欲其生，這是人生快樂的泉源，正如人類尚同一義於「天志」，見天之欲人善其生，於是才發而爲「兼相愛，交相利」的政治思想，兼相愛以爲仁，交相利以爲義，這是墨子「德治主義」的精義。

義政的內容又是什麼呢？其實就是尚賢、兼愛、非攻……等說。尚賢，就是任用賢能，墨子認爲尚賢是爲政之本，〔註129〕所謂的賢才又應是德才兼備，

〔註123〕吳毓江，《墨子校注》，頁298。
〔註124〕勞思光，《新編中國哲學史》（一），頁281～285。
〔註125〕吳毓江，《墨子校注》，頁116。
〔註126〕黃俊傑將〈尚同〉三篇描述的結構列表如下：
　　　　〈尚同上、中〉天──天下──國──鄉──里。
　　　　〈尚同下〉天──天下──國──家。
　　以上皆就社會政治單位而言，而政治秩序則是：
　　　　天──天子──三公──國君──卿大夫──鄉長──里長
　　　　──庶人。
　　可參黃俊傑，《春秋戰國時代尚賢政治的理論與實際》，頁103～104。
〔註127〕「順天意者，義政也；反天意者，力政也。」吳毓江，《墨子校注》，頁290。
〔註128〕方東美著，馮滬祥譯，《中國人的人生觀》（臺北：幼獅文化，1982），頁149。
〔註129〕「夫尚賢者，政之本也。」吳毓江，《墨子校注》，頁67。

賢能的君王任用賢才，國家自然可治。〔註130〕同時天子亦應兼愛，兼愛就是「視人之身若視其身」，從本身出發，愛人如己，推而廣之，家、國亦可因此類推。此中又可詳說，墨子基本上在〈尚同〉篇已把社會等級做了一種寶塔式的分類，因此〈兼愛〉也正是依附這樣的情況下而論、是一種立體而有層次的結構，並非鐵板一塊。根據劉文清的分析，她認爲〈兼愛〉三篇言「兼」六十八次，多言交互義，大抵發揮「兼相愛」，即彼此相愛的主張。〈天志〉三篇言「兼」凡二十八次，諸如「今夫天兼天下而愛之，撤遂萬物以利之」「曰：『順天之意何若？』曰：『兼愛天下之人』。」之類皆指合併義，指遍愛天下，〈兼愛〉篇的交互義（彼使相愛）至此已大量減少。由此可以見墨子言兼愛，基本上是以兩個層面來看的，就「天」而言，「兼」爲合併義，因此「兼愛」即是指遍愛天下，這在〈天志〉三篇「兼」的使用中已充份顯露；就「人」而言，「兼」是交互義，所以「兼愛」即是指人我互相相愛，此即〈兼愛〉三篇中「兼」的意思。可是天子地位介於人、天之間，且是秉承天志而修身治國，是故對天子而言「兼愛」則是二義皆具。〔註131〕從這點來看，正是指天子必須以身體觀爲思考基點，由修身出發，既要遍愛萬民，也要在國與國間彼此相愛而非攻，以順天意。〈兼愛中〉：〔註132〕

> 視人之國若視其國，視人之家若視其家，視人之身若視其身。是故
> 諸侯相愛則不野戰，家主相愛則不相簒，人與人相則不相賊，……，
> 凡天下禍簒怨恨可使毋起者，以相愛生也，是以仁者譽之。

除此之外，墨子和孔子一樣都主張刑罰，但必須適可而止，不可過濫。例如墨子認爲國君不可太過奢侈，過於奢侈則上行下效，如一此來就會「民饑寒並至，故爲姦約，姦袤多則刑罰深，刑罰深則國亂」，〔註133〕要避免奢侈與刑罰過度，就必須取決於修身，修身就是尊天意而行，有德者自有德政。在此原則下，最賢能的國君，自然就會實施最適當的刑罰，〈非攻中〉：「法不仁，

〔註130〕先秦諸子多論尚賢，黃俊傑認爲以墨子的尚賢理論最爲細密而完整，而尚賢理論一方面希望國君起用賢才，一方面亦主張國君須努力成爲賢者。可參黃俊傑，《春秋戰國時代尚賢政治的理論與實際》（臺北：問學出版社，1977），第五、六章。

〔註131〕劉文清，〈墨家思想之嬗變——從『兼』字涵義談起〉，《「墨學現代化」國際學術研討會》（東吳大學哲學系、雲林科技大學人文科學學辦主辦，2005）。

〔註132〕吳毓江，《墨子校注》，頁156。

〔註133〕吳毓江，《墨子校注》，頁46～47。

不可以爲法」、〔註134〕〈非攻中〉:「古者王公大人,爲政於國家者,情欲譽之審,賞罰之當,刑政之不過失」、〔註135〕〈天志中〉:「唯毋明乎順天之意,奉而光施之天下‧,則刑政治,萬民和,國家富,財用足……」〔註136〕,顧史考(Scott Cook)認爲儒、墨二家在禮教與刑罰的問題上有重大差異,孔子等儒者強調先德後刑,墨子則重視刑罰、威嚴。〔註137〕按照本文的分析,實情恐非如此,如果光就「刑罰」來看,墨子的確認爲善用刑罰是必須手段,但如果把這樣的手段放在墨子整體脈絡上,就會發現墨子還是在德治下面講刑罰,這與孔子並無太大不同。用這個角度來看墨子屢屢言之的「刑政」,當可更明墨子之意:「君子不強聽治,即刑政亂」〔註138〕、「人民之眾,刑政之治」,〔註139〕刑政,即是刑法政令,但刑政卻必須依賴於教化,所以墨子三表法之一的「上本之於古者聖王之事」(本之者)、「考先聖大王之事」(考之者)〔註140〕才以三代聖王禹湯文武爲例,說「必務舉孝子而勸之事親,尊賢良之人而教之爲善」,舉孝子賢良而教化萬民,或勸之事親,或化民爲善,此皆本於教化之意,也唯有經由此道,方可轉亂爲治,化危爲安,所以結論就是:「是故出政施教,賞善罰暴。且以爲若此,則天下之亂也,將屬可得而治也,社稷之危也,將屬可得而定也。」〔註141〕

　　除此之外,修身不但是德治之基,君王的身體往往可以視爲上通天帝鬼神,下教萬民的中介:〔註142〕

　　　　湯曰:「惟予小子履,敢用玄牡,告於上天后曰:「今天大旱,即當朕身履,未知得罪于上下,有善不敢蔽,有罪不敢赦,簡在帝心。萬方有罪,即當朕身,朕身有罪,無及萬方。」即此言湯貴爲天子,富有天下,然且不憚以身爲犧牲,以祠說于上帝鬼神,即此湯兼也。
　　　　〈兼愛下〉

引文中的湯即是以身爲犧牲,向上帝鬼神祈禱。也因爲鬼神可以賞賢罰暴,

〔註134〕吳毓江,《墨子校注》,頁29。
〔註135〕吳毓江,《墨子校注》,頁199。
〔註136〕吳毓江,《墨子校注》,頁298。
〔註137〕(美)顧史考(Scott Cook),《郭店楚簡先秦儒書宏微觀》,頁8～12。
〔註138〕吳毓江,《墨子校注》,頁375。
〔註139〕吳毓江,《墨子校注》,頁393。
〔註140〕兩者同義,只是墨子用不同的話來說而已。吳毓江,《墨子校注》,頁394、416。
〔註141〕吳毓江,《墨子校注》,頁416。
〔註142〕吳毓江,《墨子校注》,頁176～175。

是故君王應該明天之志，努力成爲賢君，如此鬼神就不會降禍。因此福禍在於自己行爲，而不在命運，所以墨子又主張「非命」。〔註143〕

　　爲什麼君王的身體如此重要呢？究其實，仍是因爲墨子認爲修身與治國是同一事：〔註144〕

> 告子謂子墨子曰：「我治國爲政。」子墨子曰：「政者，口言之，身必行之。今子口言之而身不行，是子之身亂也。子不能治子之身，惡能治國政？子姑亡，子之身亂之矣。」〈公孟〉

總而言之，墨子的理論與孔子等儒家固有差異，其中墨子所謂的「心」雖未如孔孟一般探究「內向超越」的可能性，而是多就行爲規範而言，墨子的天人關係也並未能像後來的儒者如孟子般走向天人合一之路，而是敬天畏天、祭祀以順天意。〔註145〕但儒墨二者卻依舊強調仁君德治、強調貴民、強調身體的磨練。唐代韓愈在〈讀墨子〉中就已說明孔墨之同：〔註146〕

> 儒墨同是堯舜，同非桀紂，同修身正心以治天下國家，奚不相悅如是哉？余以爲辯生於末學，各務售其師之說，非二師之道本然也。
>
> 孔子必用墨子，墨子必用孔子，不相用不足爲孔墨。

孔墨或是儒墨之異同，其實仍是同中之異，畢竟就大方向來說，墨子仍是依循著「爲政以德」的路子，因此我們可以將儒墨的身體政治論歸爲一類。

　　至於墨子的君臣關係，則較近於孔子、遠於孟子，這與時代背景有關，蕭公權如此解釋：「墨子當戰國初年，去始皇混一時期尚遠。雖不肯學孔子擁護周室，亦不能如孟子之想望新王，此乃事之自然，毫不足異。」〔註147〕因此其君臣觀仍是鬆動而非絕對的，墨子在〈尚賢〉中篇與下篇俱言及堯舜禪讓，〔註148〕在〈非攻〉下篇又稱道湯伐桀與武王伐紂之事，〔註149〕顯然是贊成以此爲君臣之間流動的流動途徑。而且墨子理想中的君王並非具有絕對權威的君王，孫廣德就認爲墨子所謂的君，其實有很重的義務、也有很大的權力（power），但卻沒有太多的權利，尤其沒有特權，因此不認爲君王因處於

〔註143〕胡適，《中國古代哲學史》（臺北：遠流，1994），頁150～151。
〔註144〕吳毓江，《墨子校注》，頁694。
〔註145〕許倬雲，《求古編》（臺北：聯經，2003），頁433～434。
〔註146〕馬其昶校注，馬茂元整理，《韓昌黎文集校注》，頁40。
〔註147〕蕭公權，《中國政治思想史》（上冊），頁144。
〔註148〕吳毓江，《墨子校注》，頁77、96。
〔註149〕吳毓江，《墨子校注》，頁217。

政治頂端，就應有更多的享受與花費，〔註150〕這也是儒墨、特別是與孔子接近之處。

第三節 身國共治：從出土文獻來看

郭店楚簡的修身與治國

在分析完《論》、《墨》、《孟》、《荀》四本傳世文獻之後，我們不妨以新出土的史料來看。〔註151〕1993 年出土的郭店楚簡，每篇時代、作者都不一致，但大體而言皆在戰國中早期之間，〔註152〕其中如《老子》甲乙丙本、〈太一生水〉屬道家之外，多可視為與儒家相關的文獻，〔註153〕亦有學者將其稱為郭店儒簡。〔註154〕在行文稱呼上，為了避免與〈太一生水〉等混為一談，因此下文將以「郭店儒簡」稱呼。

若我們綜合這些相關文獻，會發現儘管在論述上各有所重，卻有幾個議題是一致的。〔註155〕其中一個議題即是修身，修身又與心性有關，這就牽涉

〔註150〕 孫廣德，《中國政治思想專題研究集》（臺北：桂冠，1990），頁 80。

〔註151〕 李學勤曾略為分列近年來新出土文獻的派別與傳承。可參李學勤，《簡帛古書與學術源流》（北京：新華書店，2004），頁 295～306。

〔註152〕 郭梨華，〈曾子與郭店儒簡的身體哲學探究〉，《新出土文獻與先秦思想重構》，頁 247～248。

〔註153〕 葉國良，《經學側論》（新竹：清大出版社，2005），頁 180。

〔註154〕 郭梨華，〈曾子與郭店儒簡的身體哲學探究〉，《新出土文獻與先秦思想重構》。朱心怡，《天之道與人之道：郭店楚簡儒道思想研究》（臺北：文津，2004），頁 17。

〔註155〕 以綜觀郭店儒簡為論述方式，本文並非孤明先發，丁四新就分別以「天命與天道」、「人性與人心」、「治道與倫理」，企圖用通論的角度掌握郭店儒簡；朱心怡也同樣以「君子之道」、「尊德明倫之治道」，以內外交輝的方式看待郭店儒簡；郭梨華〈曾子與郭店儒簡的身體哲學探究〉則以身體哲學綜論郭店儒簡。可見丁四新，《郭店楚墓竹簡思想研究》，頁 242～387。朱心怡，《天之道與人之道：郭店楚簡儒道思想研究》，頁 141～230。郭梨華，〈曾子與郭店儒簡的身體哲學探究〉，收於李學勤、林慶彰等，《新出土文獻與先秦思想重構》，頁 235～265。另外林啟屏也以宏觀的角度指出出土文獻與中國思想史研究的三個方向，分別是「儒學思想發展的定位問題」、「身體觀」、「名言之學」，其中身體政治論雖未言之，但仍是由身體觀延伸而來，也是足以嘗試通論綜觀的課題之一。林啟屏，〈出土文獻與中國思想研究的相關課題〉，《哲學與文化》第 394 期，頁 3～13。

到了身體觀，本節即以此爲線索，企圖綜觀郭店儒簡的身體政治論。不過要再說明的是，綜合論之，不代表郭店儒簡可構成一個完整而有系統的思想，事實上這些儒簡彼此間的差異亦所在多有，例如〈六德〉和〈性自命出〉以仁爲內、義爲外，〈五行〉卻認爲仁義皆屬「形於內」。不止如此，有些儒簡如〈唐虞之道〉、〈窮達以時〉等，更與代表子思思想的〈中庸〉觀點有所出入。對於這種現象，朱心怡的判斷是：「凡此，都說明郭店儒簡非同出一系，更非同出子思一系。保守來說，郭店儒簡應視作孔子七十弟子及其後學的作品，塡補了孔子以後，孟子以前儒家文獻上的闕佚。」〔註156〕儘管非出同系、彼此亦有差異，但這些儒簡確實透露了當時的主要思潮，這就是「爲政以德」式的身體政治論，因此我們還是可從這個角度分析。

〈性自命出〉認爲性由命所出，命來自於天，〔註157〕情則是由性所生，但不論是性或是情，仍須由「心」而發：「眚（性）自命出，命自天降，衍（道）司（始）於青（情），青（情）生於眚（性）」、「忨（哀）、樂，其眚（性）相近也，是古（故）其心不遠」，〔註158〕丁四新就認爲強調眞性眞情是〈性自命出〉的一個重要觀點，情之信，即是喜怒哀樂等如實流露，哀樂皆爲情，性則是涵情而未發，由哀樂反推回去，因此就性中涵而未發之至情而言，哀樂是相近的，再更往深一層推論，則指心作用於性，使其隱涵之情顯現，由性顯情，因此可謂「其心不遠」。〔註159〕而身又與心有關，「君子身以爲宝（主）心」，〔註160〕是故修身仍重於根源處：心。這與帛書〈五行〉強調心的說法頗爲類似，可是〈性自命出〉與〈五行〉雖皆重心，相較之下兩者又有不同，前者心須待物而發，後則則認爲心是一價值意識的根源，且有價值判斷的能力，同時

〔註156〕朱心怡，《天之道與人之道：郭店楚簡儒道思想研究》，頁 23。

〔註157〕李天虹，《郭店竹書《性自命出》研究》（武漢：湖北教育，2002），頁 63～66。

〔註158〕荊門市博物館編，《郭店楚墓竹簡》（北京，文物出版社，1998），頁 179、180。

〔註159〕丁四新，《郭店楚墓竹簡思想研究》，頁 181～182。除〈性自命出〉之外，先秦儒家亦多不以情爲惡，可參葉國良，《經學側論》，頁 203～204。

〔註160〕陳昭瑛認爲〈性自命出〉中的心地位不高，心是根源，但心無奠志，必待物而後作，「君子身以爲宝（主）心」，意謂「身」是已有「奠志」的「心」，是道德實踐的「完成」階段。陳昭瑛說法頗可參從，但她說心的地位不高則尚有爭議。陳昭瑛，《儒家美學與經典詮釋》，頁 131～132。關於〈性自命出〉中「心」的性質分析，可參諸葛俊元，〈談《郭店楚簡。性自命出》中「心」與「性」〉，《鵝湖》310 期（2001 年 4 月），頁 54～64。

心也是耳目口鼻的支配者。〔註161〕龐樸校對竹、帛本〈五行〉：〔註162〕

> 仁形於內，謂之德之行；不形於內，謂之行。智（義）形於內，謂
> 之德之行；不形於內，謂之行。義（禮）形於內，謂之德之行；不
> 形於內，謂之行。禮（智）形於內，謂之德之行；不形於內，謂之
> 行。聖形於內，謂之德之行；不形於內，謂之（德之）〔註163〕行。

仁義禮智的「形於內」，就是德之行，「形」應爲「呈顯」而非「成形」，〔註
164〕內即是指「中心」（心），心具有價值自覺，因此修心就是修身，「形於內」
自然也能呈現於形體，〈五行〉的「玉色」、「玉音」就是經由內在引發之後的
狀態。〔註165〕而且人經由心而思，便可溝通天道與人道，因此修身也是聞道
的關鍵，〈性自命出〉也說：「昏（聞）道反呂（己），攸（修）身者也」，〔註
166〕聞道又有賴於教，這就與〈中庸〉「脩道之謂教」互有通貫，〔註167〕可是
修身自不能僅於己身，應該擴而大之，〈五行〉：〔註168〕

> 顏色公（容）佟（貌）悃（溫）皀（變）也。以其審（中）心與人交，
> 兌（悅）也。審（中）心兌（悅）重甕於兄弟，稟（戚）也。稟（戚）
> 而信之，新（親）。新（親）而篤（篤）之，悉（愛）也。悉（愛）
> 父，其秘（攸）悉（愛）人，恴（仁）也。

面色溫和，以形於內的（中）心與人交往，則悅，以此類比，對待父親兄弟

〔註161〕（日）池田知久著，曹峰譯，《池田知久簡帛研究論集》（北京：中華書局
2006），頁7～9。黃俊傑，《孟學思想史論》（卷二），頁113。

〔註162〕帛本以「仁智義禮聖」爲序，竹本則作「仁義禮智聖」，龐樸認爲竹本〈經1〉
成於前，帛本則是受到後來影響。龐樸，《竹帛《五行》篇校注及研究》（臺
北：萬卷樓，2000），頁29～30。

〔註163〕「德之」帛本無，而竹本有。龐樸認爲「聖」是一種「德行」，而非「善行」，
「只能形於內，不能『不形於內』。縱或有眾不能形聖德於內，亦無損其爲「德
之行」，故曰『不形於內，謂之德之行』。」龐樸，《竹帛《五行》篇校注及研
究》，頁30。

〔註164〕黃俊傑〈馬王堆帛書《五行篇》「形於內」的意涵〉，《中國古代思想中的氣論
及身體觀》，頁355～362。

〔註165〕王博，《簡帛思想文獻論集》，頁143。

〔註166〕荊門市博物館編，《郭店楚墓竹簡》，頁181。

〔註167〕丁四新認爲〈性自命出〉所言之教，目的在於聞道修身，而道於心術、身以
心爲主。如此一來，就是以心正身，以道心正人欲。另外丁四新又指出〈中
庸〉可能是綜合〈大學〉與〈性自命出〉等篇而來，只是其中又有不同，如
〈性自命出〉謂道始於情，〈中庸〉則順循天命之性謂之道，這都是兩者不一
致之處。丁四新，《郭店楚墓竹簡思想研究》，頁185～201。

〔註168〕荊門市博物館編，《郭店楚墓竹簡》，頁150。

無不如此,這是從身體觀發展到親友等社會網路的聯繫。但不管如何,在〈性自命出〉、〈五行〉中,修身仍未及於用世。〔註169〕〈窮達以時〉則說到了這個部分,內文以堯遇舜、管仲遇齊桓公等為例,〔註170〕說明他們本身已有賢德,又適逢明主,故能成就功業,但此為不可多求之事。畢竟人不可能完全掌握命運,是故修身的最終目的仍在於成就個人的德性,達與不達,尚看天命。當然這不是消極的等待,而是積極的修身養德、以待時用,〔註171〕此與《禮記》:「夙夜強學以待問,懷忠信以待舉,力行以待取」頗有類似,〔註172〕這就將修身轉為正面的用世治國,〈唐虞之道〉就說:「正其身,肰(然)后正世,耶(聖)道備歖(嘻)」。〔註173〕〈成之聞之〉更是認為為政者的修身與治國息息相關:〔註174〕

> 君子之於善(教)也,其道(導)〔註175〕民也不寚(浸),則其淳也弗深愇(矣)。是古(故)亡虗(乎)其身而荣(民)虘(乎)其訶(詞),唯(雖)乇(厚)其命,民弗從之愇(矣)。是古(故)畏(威)備(服)型(刑)罰之婁(屢)行也,繇(由)走(上)之弗身也。

簡文提到的教、導,其對於民的潛移默化而言,即是「浸」,浸有滋潤、浸漬之意,〔註176〕皆本於人君之身教,威服刑罰的過度頻繁,即出於人君不能以身為則。既然身教如此重要,上行下效,正如孔子所說的風行草偃,〔註177〕〈尊德義〉也繼承了這種講法:「下之事上也,不從其所命,而從其所行。上

〔註169〕陳麗桂分析郭店儒簡,指出〈性自命出〉與〈五行〉專論心性,〈語叢〉多零散補充,其餘則多論外王之道。陳麗桂,〈郭店儒簡的外王思想〉,《台大文史哲學報》第55期(2001年11月),頁1～3。

〔註170〕荊門市博物館編,《郭店楚墓竹簡》,頁145。

〔註171〕朱心怡,《天之道與人之道:郭店楚簡儒道思想研究》,頁145～147。

〔註172〕孫希旦,《禮記集解》,頁1399～1400。《荀子·宥坐》也有類似說法:「今有其人,不遇其時,雖賢,其能行乎?苟遇其時,何難之有?故君子博學深謀,脩身端行,以俟其時。」(唐)楊倞注,(清)王先謙集解,《荀子集解·考證》,頁477～478。

〔註173〕荊門市博物館編,《郭店楚墓竹簡》,頁157。

〔註174〕荊門市博物館編,《郭店楚墓竹簡》,頁167。

〔註175〕原釋文作「道」,裘錫圭讀為「導」,丁原植指出「導民」重在以身作則的教化。丁原植主編,楊朝明等著,《新出簡帛文獻注釋論說》(臺北:臺灣書房,2008),頁75。

〔註176〕丁原植主編,楊朝明等著,《新出土簡帛文獻注釋論說》,頁75～77。

〔註177〕(宋)朱熹,《四書章句集注》,頁138。

好是勿（物）也，下必又（有）甚安（焉）者」，下者從上之所行，正源於上者修身之效，就上者而言，修身治國的可能性就產生了。而〈緇衣〉更是用心與身體的比喻，來說明身體──政治的關係：〔註178〕

> 子曰：民以君爲心，君以民爲體，心好則體安之，君好則民㣼（欲）
> 之。古（故）心以體法（廢），君以民芒（亡）。〔註179〕

就〈五行〉來看，修身固然是以心攝身，〔註180〕但仍有許多原則可循，如〈忠信之道〉提出忠信的修身之理，〔註181〕擴而大之、推及及人，就成了廣義的德治。以德治國，正是儒家一向秉持的原則，〈尊德義〉：「爲古（故）銜（率）民向（嚮）方者，唯犇（德）可」，〔註182〕並講求以禮樂爲主的德治：「犇（德）者，瘛（且）莫大虖（乎）豊（禮）樂」，〔註183〕可是德治絕非只是道德而已，而是從修身以培養同理心，視民如己，然後實施制度，以行善政，〈六德〉：〔註184〕

> 乍（作）豊（禮）樂，折（制）坓（刑）瀘（法），季（教）此民尔
> （？）叟（使）之又（有）向也，非聖智者莫之能也。

〈緇衣〉：〔註185〕

> 倀（長）者耆（教）之以犇（德），齊之以豊（禮），則民又（有）

〔註178〕荊門市博物館編，《郭店楚墓竹簡》，頁129。

〔註179〕《禮記・緇衣》則作：「子曰：『民以君爲心，君以民爲體。心莊則體舒，心肅則容敬。心好之，身必安之。君好之，民必欲之。心以體全，亦以體傷，君以民存，亦以民亡』……。」相比之下，《禮記》本突出了君主的領導地位。關於《禮記・緇衣》與郭店、上博本〈緇衣〉的差異，學者討論甚多，但基本上三者都體現儒家的政治思想。可參林素英，〈從施政策略論〈緇衣〉對孔子理想君道思想之繼承──兼論簡本與今本〈緇衣〉差異現象之意義〉，《哲學與文化》第394期。

〔註180〕例如〈五行〉：「耳目鼻口手足六者，心之返也。」此可見心對於身的優先性。荊門市博物館編，《郭店楚墓竹簡》，頁151。但〈性自命出〉心身究竟何者爲主，目前有兩派說法，廖名春、趙建偉，郭沂等人認爲心應爲主導，龐樸、陳昭瑛則反之，認爲身才是主導。陳昭瑛說法見《儒家美學與經典詮釋》，頁130～132。其餘可參李天虹，〈郭店竹書《性自命出》研究〉，頁196～197。

〔註181〕周鳳五，〈郭店楚簡《忠信之道》考釋〉，《中國文字》，新24卷（1998年12月），頁121～128。

〔註182〕荊門市博物館編，《郭店楚墓竹簡》，頁174。

〔註183〕荊門市博物館編，《郭店楚墓竹簡》，頁174。

〔註184〕荊門市博物館編，《郭店楚墓竹簡》，頁187。

〔註185〕荊門市博物館編，《郭店楚墓竹簡》，頁130。

懽（歡）心，眚（教）之以正（政），齊之以型（刑），則民又（有）
幸〔註186〕心。

刑賞等制度是必須的，可是刑賞必有賴於德治之道，更進一步來講，政教之
有刑罰，當以道德爲其內涵，而非只依靠外在賞罰。〔註187〕不止是〈緇衣〉
主張德主刑輔，〔註188〕〈尊德義〉亦言：〔註189〕

賞與垄（刑），柒（禍）福之昇（基）也，或前之者矣。崔（爵）立
（位），所以信其朕（然）也。正欽，所以戉（攻）□□。垄（刑）
□，所以墨（舉）也。殺務（戮），所以敘（除）瞀也。不誄（由）
其道，不行。

刑罰確是治國的重要手段，但不由其道則不行。由此可見，郭店儒簡當然不
能視爲一個完整而有系統的文獻，但這些竹簡仍舊反映了儒家關心的問題：
道德。道德放到政治上，就是德治，爲政者以身先之；放在個人上，就是修
身，爲政者推求諸己。治國又有賴於修身，這依舊呈現了爲政以德式身體政
治論的面相。

上博簡〈民之父母〉的五至與三無

分析完郭店儒簡之後，我們把視野轉換到上博簡。就本文要處理的題目而言，
〈民之父母〉說到的「五至三無」與題旨關係最爲密切、也最具代表性。此
處只舉〈民之父母〉爲例，用意有二：由於本文並非專門研究出土文獻，而
是以出土文獻與傳世史料爲例，說明身體政治論的脈絡，因此在分析完郭店
儒簡之後，似無必要再分析全部的上博簡。反之，只要能呈現主題脈絡，且
舉出史料特徵、說明有無矛盾即可，實不必就全部出土文獻作詮注。再者，
上博簡中諸如〈子羔〉、〈從政〉、〈相邦之道〉、〈內豊〉等篇，雖不能說與身
體政治論完全無關，但皆僅得其偏、或未直接言明。因此本文在綜合郭店儒
簡之後，即不再採用綜合而論的形式，而是選擇一個題意脈落最爲清楚完整
的〈民之父母〉作討論。〔註190〕

〔註186〕此字待考，今本作「則民有遯心」。
〔註187〕謝君直，《郭店楚簡儒家哲學研究》（臺北：萬卷樓，2008），頁47～48。
〔註188〕歐陽禎人，《郭店儒簡論略》（臺北：臺灣古籍，2003），頁131～132。
〔註189〕荊門市博物館編，《郭店楚墓竹簡》，頁173。
〔註190〕〈民之父母〉與傳世文獻《禮記・孔子閒居》、《孔子家語・論禮》內容有相
　　　　同之處，陳麗桂比較三者異同，認爲簡本優於其他兩者，可參陳麗桂，〈由表

　　關於〈民之父母〉的文字校勘，目前學界存有一些爭議，如「勿」究竟
應釋爲「志」還是「物」？濮茅左認爲「勿」應爲「志」之誤寫，但他也不
完全反對把「勿」讀作「物」，只是他仍依鄭玄之意改爲「志」。季旭昇則說
「勿」仍應釋爲「物」較合理，不應擅字改動原字。「物」或「志」究竟何者
較爲妥當，由於這牽涉到「五至」的順序，若釋爲「志」，則三個本子（簡本
〈民之父母〉、《禮記·孔子閒居》、《孔子家語·論運》）「五至」順序爲「志、
詩、禮、樂、哀」。若釋爲「物」，則簡本〈民之父母〉將爲「物、志、禮、
樂、哀」，釋字與其影響的思想解釋，本文對此亦將嘗試處理。

　　但我們如果從另個角度來看，其實不管是釋爲「物」或「志」，都可納入
「修身——治國」的大脈絡中，其中所差異者爲〈民之父母〉究竟較近於孟、
思亦或荀子？可是不論是思孟荀或其他孔門學說，基本上仍依循著「爲政以
德」式的身體政治論而發。

　　〈民之父母〉一開頭子夏便引《詩》經：「幾（凱）俤君子，民之父母」，
然後再以「如何而可謂民之父母」發問，孔子回答：「必達於豊（禮）樂之菎
（原），呂（以）至（致）五至，呂（以）行三亡（無），呂（以）皇（橫）于
天下」。那麼，何謂五至呢？孔子接著說：[註191]

　　　子（夏）曰：「敢窜（問）可（何）胃（謂）『五至』？孔（孔子）
　　　曰：「『五至』虖（乎），勿（志）之所至者，志（詩）亦至安（焉）；
　　　志（詩）之所至者，豊（禮）亦至安（焉）；豊（禮）之所至者，樂
　　　亦至安（焉）；樂之所至者，惠（哀）亦至安（焉），惠（哀）樂相
　　　生。君子呂正，此之胃（謂）『五至』。」

「五至」的順序，對照《禮記·孔子閒居》、《孔子家語·論禮》兩個版本，
也根據濮茅左的校釋，則爲「志、詩、禮、樂、哀」。反之，若按季旭昇與陳
麗桂等人的釋文，則應爲「物、志、禮、樂、哀」，陳麗桂改正的理由頗爲充

　　　述形式與義理結構論《民之父母》與《孔子閒居》，收於上海大學古代文明
　　　研究中心、清華大學思想文化研究所編，《上博館藏戰國楚竹書研究續編》，
　　　頁 236～250。對於三者優劣，我將不特別討論。畢竟不管孰高孰低，也不影
　　　響這三者的中心議題：「如何爲民父母」。
[註191] 馬承源主編，《上海博物館藏戰國楚竹書（二）》，頁 154～161。其中濮茅左
　　　認爲「勿」疑爲「志」之誤寫，但「勿」讀作「物」，似亦可通。但他仍依鄭
　　　玄注之意以釋「五至」，將「勿」改爲「志」，將「志」改爲「詩」。季旭昇則
　　　認爲「勿」釋爲「物」字比較合理，「志」則不必改動。可參季旭昇主編，《上
　　　海博物館藏戰國楚竹書（二）讀本》，頁 7。

份,她從《禮記‧樂論》的角度切入,認為禮樂之源生及教化功能與五至非常密切。物,即是指萬物,所謂「物至而志至」,即是指統治者之心(志)應該跟要統治處理的對象走,而禮、樂、哀又是統治者規範與教化所在。因此所謂「五至」其實就是以「志」為核心,志就是心,「上以普遍關切一切『物』,下以慎治『禮』、『樂』、『哀』的課題」。〔註192〕

這種詮釋極為合理,也符合竹簡原文,在文獻的還原上自然是以此種校勘較為妥切。但就哲理而言,未必就能取代「志、詩、禮、樂、哀」的意思,因為我們同樣也可以用別種角度切入,然後達成類似的結論。《論語》明言:「子曰:『小子!何莫學夫詩?詩,可以興,可以觀,可以羣,可以怨,邇之事父,遠之事君‧多識於鳥獸草木之名』。」〔註193〕孔子論《詩》的講法之一,本就教化與識名而言,其中興、觀、羣、怨更可視為「志」(心)之引發。詩者,志之所至,在心為志,在言為詩,〔註194〕詩,發乎性情,出於人情,〔註195〕其終亦可以條理己身,以成溫柔敦厚之人格,沈德潛《說詩晬語》:「《詩》之為道,可以理性情,善倫物,感鬼神,設教邦國,應對諸侯,用如此其重也」,〔註196〕這是以詩主教化與理性情的層面而論,方東樹《昭昧詹言》亦言:「詩之為學,性情而已」,〔註197〕王壽昌《小清華園詩談》:「聖人以《詩》立教,非徒示人以吟咏之適,實欲使人各得夫性情之正也」,〔註198〕這些說法都透露以《詩》為心性修養的路數,這也是中國學術史解詩的傳統之一。〔註199〕但詩又不獨修身養心而已,更可教化萬民,以顯君德,馬一浮有鑑於此,特

〔註192〕 陳麗桂,〈由表述形式與義理結構論《民之父母》與《孔子閒居》〉,收於上海大學古代文明研究中心、清華大學思想文化研究所編,《上博館藏戰國楚竹書研究續編》,頁240~243。

〔註193〕 (宋)朱熹,《四書章句集注》,頁178。

〔註194〕 《詩》一開始顯然是屬於「樂」的,是「歌」中之「言」,但後來漸漸脫離音樂性而發展出本身特質,《詩》開始具有反映個人性情、社會風教、國家政治的觀念。柯慶明,《中國古典的美感》,頁80~91。

〔註195〕 曾守正,《權力、知識與批評史圖像──《四庫全書總目》「詩文評類」的文學思想》(臺北:學生書局,2008),頁220。

〔註196〕 (清)沈德潛,《說詩晬語》,收於丁福保編,《清詩話》(臺北:明倫出版社,1971),頁523。

〔註197〕 (清)方東樹,《昭昧詹言》(北京:人民文學出版社,2006),頁1。

〔註198〕 (清)王壽昌,《小清華園詩談》,收於郭紹虞編,富壽蓀校點,《清詩話續編》(下)(上海:上海古籍,1983),頁1851。

〔註199〕 錢穆,《中國學術思想史論叢》(卷一),頁129~130。

撰〈詩教緒論〉以申詩教之旨。〔註200〕換句話說，由《詩》而起，通於心志，成於禮樂，此乃《論語》「興於詩，立於禮，成於樂」之說。〔註201〕禮樂合論，樂合同，禮別異，以明德治，更一向是儒家通義。〔註202〕前已言之，《詩》既然是教化之原，且可通於識名。鳥獸草木之物，學詩可識，此爲儒者博物之學，劉寶楠說得好：「鳥、獸、草、木，所以貴多識者，人飲食之宜，醫藥之備，必當識別，匪可妄詩，故知其名，然後能知其形、知其性。……，可知博物之學，儒者所甚重矣。」〔註203〕由詩而知物，以此可見。〔註204〕

　　〈民之父母〉一開頭子夏引《詩》爲問，要如何爲民之父母？孔子自然就以詩教回答。因此《詩》不但是「志之所至」，亦能是「物之所至」，然後以此通於禮樂。其後「樂之所至者，哀亦至焉」看似費解，實則未必，因爲我們如果從「樂」作爲人民抒發情緒的管道來看，爲政者哀民所苦、感民所求，感同身受則自正、哀樂相生，如此方可稱爲「民之父母」。〔註205〕在此，詩、志、物可以互爲詮解，因此「志、詩、禮、樂、哀」與「物、志、禮、樂、哀」未必不能整合。換句話說，〈民之父母〉與《禮記・孔子閒居》、《孔子家語・論禮》或許是同種脈絡下的不同說法而已，字句或異或訛，義理則相近。綜合兩種「五至」的排序，我們可以發現不管是哪種排法，都是先訴諸爲政者之心，人同此心，一步步擴張，經由禮樂之規範與感召，以達民情之意，然後「以皇（橫）於天下」，這不正是「修身──治國」的身體政治論嗎？

　　我們再進一步來看，前面說過「五至」之後還有「三亡（無）」，分別是：〔註206〕

　　　孔子曰：「『三亡（無）庳』，亡（無）聖（聲）之樂，亡（無）膿（體）（之）豊（禮），亡（無）備（服）之翠（喪）。」

〔註200〕馬一浮，《復性書院講錄》（南京：江蘇教育出版社，2005），頁149～173。

〔註201〕（宋）朱熹，《四書章句集注》，頁104～105。

〔註202〕蔣義斌，《宋儒與佛教》（臺北：東大，1997），頁11～13。亦可參徐復觀，《中國思想史論集》，頁239～240。

〔註203〕（清）劉寶楠，《論語正義》，頁689～690。

〔註204〕蔣義斌也從詩教出發，探討其中涵有的身體思維。他認爲詩教的訓練是整體性思維、是身心均參的思維，並以此感物知物。換言之，即是透過接物即會，而與以與事物交融感興。蔣義斌，〈六藝身體思維的意旨〉，《宗教哲學》第廿九期（2004年9月），頁68～72。

〔註205〕林啓屏，《從古典到正典：中國古代儒學意識之形成》，頁306。

〔註206〕馬承源主編，《上海博物館藏戰國楚竹書（二）》，頁161～163。

不止道家、黃老講無為，孔、墨、孟、荀等文獻亦可見，由此可知「無為」是當時共同使用的語言，可是名詞相同，不代表使用的脈絡與涵義也相同。首先，聲、體、服都是指形式而言，三無並非不要樂、禮、喪之意，而是在藉由修身的工夫過程中，能見「物」之本質，並非只重外在修飾而已。到了這樣的境界，「樂」就不再只是注重「器數」或「聲調譜奏」，禮也不只是「儀文度數」，「喪」更非只注重外在的喪禮服飾而已，〔註207〕這是三無的第一層涵義。

此外尚有第二層涵義，「三無」既是接著「五至」而言，五至蘊涵了為政以德式的身體政治論，那麼三無就應該是我們前面提到的無為，是身修國治之後的無為。方旭東就說儒家其實並不諱言「無」，但在政治哲學上，儒、道的重要分歧是儒家主張以德治國，道家則是無為而任自然，前者充滿了道德教化的意義。〔註208〕換句話說，孔子舉「三無」之意，即是強調君主應修德化民，以德服人，身在政先，然後才行無言之教，〔註209〕這與本章第一節所論正好符合。

另外，〈民之父母〉相當重視心（志），五至與三無事實上都源之於心。可是在文獻中我們看不出所謂的「心」是思孟一派的道德心居多、還是荀子一派「化性起偽」意味較重，或是尚有其他孔門的學理存在。可是不管如何，〈民之父母〉的「心」是針對為政者而發，修心就是修身，修身是體諒民情、與民同在的關鍵，心也是指感同身受的人同此心，而不是外在的禮樂形式，依循此道，修身就可治國，就能「而得既塞於四海」。〔註210〕這種講法，其實仍屬廣義的德治主義。

總結以上的說法，我們可以說因為身體本身就是一個政治的場域，從君

〔註207〕林啓屏，《從古典到正典：中國古代儒學意識之形成》，頁319～320。

〔註208〕方旭東，〈上博簡《民之父母》篇論析〉，收於上海大學古代文明研究中心、清華大學思想文化研究所編，《上博館藏戰國楚竹書研究續編》，頁266～270。

〔註209〕蔣義斌也指出孔子由詩教切入「如何為民父母」，然後導出三無，這三無又是建立在身體是感應容器的基礎之上，發之以德，然後體民所需、感受時代的需要，「四方有敗，必先知之」，以此安民救民。蔣義斌，〈《孔子閒居》「三無」與身體的特色〉，《「體知與儒學」研討會》（臺大人文社會高等研究院、「東亞經典與文化」研究計畫主辦，2006）。

〔註210〕「既」，濮茅左釋為「氣」，見馬承源主編，《上海博物館藏戰國楚竹書（二）》，頁165。季旭昇認為應如字讀，「得既」就是「能夠已經」，見季旭昇主編，《上海博物館藏戰國楚竹書（二）讀本》，頁11～12。

主到臣下，人人若能修身，則修齊治平不遠矣。所以政治活動其實就是一種教化活動，教化活動當然也包括了制度與體制，但此皆源於修身之德而自然流露。《禮記。禮運》基本上便是在此種觀念的最理想狀態，大同或是小康，可謂爲政以德式的身體政治論的完美呈現：〔註211〕

> 大道之行也，天下爲公。選賢與能，講信脩睦。故人不獨親其親，
> 不獨子其子，使老有所終，壯有所用，幼有所長，矜寡孤獨廢疾者，
> 皆有所養。男有分，女有歸，貨惡其弃於地也，不必藏於己；力惡
> 其不出於身也，不必爲己。是故謀閉而不興，盜竊亂賊而不作，故
> 外戶而不閉，是謂大同。

> 今大道既隱，天下爲家，各親其親，各子其子，貨力爲己，大人世
> 及以爲禮，城郭溝池以爲固，禮義以爲紀，以正君臣，以篤父子，
> 以睦兄弟，以和夫婦，以設制度，以立田里，以賢勇知，以功爲己。
> 故謀用是作，而兵由此起。禹湯文武成王周公，由此其選也。此六
> 君子者，未有不謹於禮者也。以著其義，以考其信，著有過，刑仁
> 講讓，示民有常。如有不由此者，在勢者去，衆以爲殃，是謂小康。

這是完善的理想社會。值得一提的是，就政治環境而言，大同小康固然稍有高下之分，但主要還是因爲時代環境不相同之故，孫希旦說：「小康者，言其稍遜於大同之時也。此篇言聖人以禮治天下，其體信達順，功效至盛。而此乃以三代之禮義爲小康者，蓋五帝之時，風氣方厚，而聖人之治乘其盛；三代之時，風氣漸薄，而聖人之治扶其衰，故其氣象之廣狹稍有不同者，非聖人之德有所不足也，時爲之也」。〔註212〕

同樣地，治國有賴修身，其中身體政治論最完整的表述方式，莫過於〈大學〉的八條目：〔註213〕格物、致知、誠意、正心、修身、齊家、治國、平天下，以修身實踐道德，格物致知，正心誠意，然後擴而充之，齊家而治國，

〔註211〕孫希旦，《禮記集解》，頁 582～583。《禮記‧禮運》究竟成於何時，衆人看法不一，但其思想乃依循儒家而發，則可斷言。可參林素玟，《禮記人文美學探究》（臺北：文津，2001），頁 227～229。

〔註212〕孫希旦，《禮記集解》，頁 584。

〔註213〕學者對〈大學〉的成書年代多有爭議，但與《禮記。禮運》類似，其思想都是依循著儒家而來，與「爲政以德」式的身體政治論最爲合轍，因此在本節結束採用這兩篇文獻，以說明此種政治思想的理想規畫。關於歷來〈大學〉年代的考證，可參胡治洪，〈從修身成德到國家事功──論大學之道〉，《「東亞儒學中的身體論述」研討會》。

家與國固然是不同的場域，但異位而同本，皆本之於修身。在這樣的原則之下家國合一即是身國合一，〔註214〕齊家治國，然後以道德教化平天下。〔註215〕換個方式來講，不管是天子還是臣民都應修身：「自天子以至於庶人，壹是皆以脩身爲本，其本亂而末治者否矣」，〔註216〕修身是本，身之不修則末亂，〔註217〕反之，身修則家國可治。

第四節　小結

　　根據前面的分析，我們大致可看出孔子與後繼者都依循著德治的脈絡來看身體政治論，其中論述或有異同，但基本上大方向仍不出此。對於這種講法，我們不妨以孔子的話概括之：「爲政以德」。

　　爲政以德，也就是道德政治，這條路子當然也講制度、刑罰，但皆歸諸於修身的道德感，有此仁心，自有德政，〔註218〕而在孔、孟、荀之外，當然也有講德、講仁的，如莊子說德充符或是全德、《黃老帛書》說「先德後刑」、韓非講刑德等等，他們也認爲修身可以治國，只是修身方式與孔子及其後者相差甚遠，甚至是站在反對的立場來批判，這與所謂「爲政以德」的身體政治論相差甚遠。

　　再經過《墨子》與郭店儒簡等出土文獻的分析之後，我們發現它們也是經由「修身——治國」立論。分析其內涵，其中關於修心、德政等觀念確實與孔子以來「爲政以德」式的身體政治論非常接近，郭店儒簡等儒家後學，其說與孔門關係密切，自不待言。而就《墨子》來說，儘管與儒家仍有差異，墨家對儒家亦多有批評，但萬變不離其宗，小異之上還有大同，因此我們仍可將其歸爲一類。

　　但是這種類型的身體政治論，認爲修身必須藉由某種程度磨練，才能言行合一、實踐道德，而且也都認爲身體的過分舒適對於修身是有妨礙的。因此對主張此說的哲人而言，「勞」是必要的，孔子的勞而不怨、墨子的刻苦辛勤、孟子的勞其筋骨、荀子的化性起僞，他們都強調了「勞」的面相，但孔孟荀與

〔註214〕張再林，《作爲身體哲學的中國古代哲學》，頁141。
〔註215〕劉述先，《理想與現實的糾結》（臺北：學生，1993），頁144。
〔註216〕（宋）朱熹，《四書章句集注》，頁4。
〔註217〕何澤恆，《先秦儒道舊義新知錄》，頁285～286。
〔註218〕牟宗三，《政道與治道》（臺北：學生書局，1991），頁27～28。

墨子又有一些差異，前者的「勞」並不是強調困苦而昧於人情，而是「宗原應變，曲得其宜」〔註219〕的勞，這就使得勞有了彈性，既可以是勞其筋骨餓其體膚、也可以是勞而不怨。但不管如何，他們都認爲勞是爲了身在政先的實踐，畢竟「勞」是修身的一個重要條件，擴而充之，修身又能治國，所有的仁心、仁政、兼愛、非攻等等幾乎都起源於此。從這個角度來看，因此「勞」字背後也代表了豐富的政治理論，這也正是「爲政以德」式身體政治論的最大特色。顧炎武看到了這樣的情況，他在解釋《孟子》「飯糗茹草」時說：〔註220〕

> 享天下之大福者，必先天下之大勞。宅天下之至貴者，必執天下之至賤。是以殷王小乙使其子武丁舊勞於外，知小人之依。而周之后妃亦必服澣濯之衣，修煩辱之事。及周公遭變，陳后稷先公王業之所由者，則皆農夫女工衣食之務也。古先王之教，能事人而後能使人。其心不敢失於一物之細，而後可以勝天下之。舜之聖也，而飯糗茹草。禹之聖也而手足胼胝，面目黧黑，此其所以道濟天下，而爲萬世帝王之祖也。況乎其不如舜禹者乎！

由以上分析可知，「爲政以德」式的身體政治論基本上將「勞」視爲修身的重要基礎，飯糗茹草、手足胼胝、面目黧黑，此正足與說明修身之勞，此勞正是聖王之所以道濟天下，而爲萬世帝王之祖之原由，而「勞」也代表了政治上的德治教化的起點。可是這樣的傾向也引起了另外一種身體政治論類型的批評，認爲這是「勞而少功」、「費心勞形」。關於這種類型的分析與批評，我們將在下一章討論。

〔註219〕（唐）楊倞注，（清）王先謙集解，《荀子集解・考證》，頁 91。
〔註220〕（清）顧炎武，黃汝成集釋，《日知錄集釋》（上海：上海古籍出版社，2006），
　　　　頁 441。

第四章　無爲而無不爲
——君佚臣勞的身體政治論

第一節　從《老子》談起

　　分析完「爲政以德」式的身體政治論之後，我們把眼光轉換到另個方向。相對於孔子，其論述多有不同的則是《老子》。關於老子其人其書、以及與孔子先後的關係，一直是學術界爭訟不休的議題。〔註1〕此問題之所以可以推陳出新，也在於現有傳世文獻之外，1973 年馬王堆帛書、1993 年郭店楚簡的出土，都發現了《老子》的有關文本，這都對老子的考證提供了更進一步的幫助。其中郭店《老子》的內容只佔通行本的一部分，未分篇章，整理者因應竹簡形制不同而分爲甲、乙、丙三組，三組不但字體不同，竹簡字數也不同。根據朱心怡的綜合整理，學者對於《老子》分組抄寫的原因有三種解釋。一、主題中心說：意即三個版本各有其中心題旨。二、區別經傳說：此以簡策長短來區分經傳之別。三、歷時差異說：這個說法主要是證明三組《老子》並非成於同時。〔註2〕至於馬王堆部分，帛書《老子》甲、乙亦不分篇章，但德經在前，道經在後，與通行本剛好相反，文字方面則差異不大。

　　因爲郭店與帛本《老子》的分別出土，對於研究者提供了更多的考證線

〔註 1〕 眾學者對此問題的討論，可參劉文星，《君人南面之術：先秦至西漢中葉黃老思潮影響下的修身思想與治國學說》（臺北：文化大學華岡出版部，2006），頁 1～4。

〔註 2〕 朱心怡，《天之道與人之道：郭店楚簡與儒道思想研究》，頁 27～29。

索。首先，我們必須追問：郭店本、帛書本、通行本〔註3〕究竟何者較早？關係為何？學界一般認為帛書是秦漢間的抄本。〔註4〕至於郭店本，其中最被人注意的是「仁義」之說，郭店《老子》甲本：「厽（絕）智（知）弃卞（辯），民利百伓（倍）。厽（絕）攷（巧）弃利，覜（盜）惻（賊）亡又（有）。厽（絕）惁（偽）弃慮，民复（復）季（孝）子（慈）」，〔註5〕通行本與帛本皆作「絕聖棄智，（而）民利百倍；絕仁棄義，（而）民復孝慈；絕巧棄利，盜賊无有」，〔註6〕由於郭店本並無「絕聖」、「棄仁棄義」等辭彙，帛書、通行本則有，因此有學者據此推斷《老子》初始並無反對仁義之說，所以通行本、帛書應在郭店本之後。〔註7〕但是這樣的推斷我們大也可以反過來看：《老子》原貌仍未可知、又或者本是反對仁義的，《老子》甲本的抄寫者可能因為某些因素而刪減了這些說法，因此《老子》甲本可能是受其他學說影響下的產物（如儒家），未必能代表原始《老子》原貌。何況郭店本《老子》的三個本子並不一致，並不出自同個源流。《老子》丙本：〔註8〕

> 古（故）大道發〈廢〉，安（焉）又（有）怠（仁）義。六新（親）
> 不和，安（焉）又（有）孝学（慈）。邦豪（家）緍（昏）【亂，安
> （焉）】又（有）正臣。

若按一般標點，即是「故大道廢，安有仁義」，「安」就是「焉」，作「於是」解，與通行本《老子》反對仁義之說類似。但若按照甲本思路來看，則應為疑問句：「故大道廢，安有仁義？」這句話就是說：「如果大道廢了的話，還有仁義嗎？」就變成了贊成仁義的說法。那麼這句話究竟該以何者為是？於是王博以丙本其它句子互勘，像是「信不足，安（焉）又（有）不信」，此句無論如何不能用疑問句解釋，因此「安」（焉）作「於是」解，看來是最適當的。這樣一來《老子》丙本的觀點就與通行本與帛書類似，而與《老子》甲本有異。王博又指出，即便郭店本早於通行本，通行本則是文本流動過程中

〔註3〕 目前常見的通行本有王弼本與河上公本，此處以王弼本為例。

〔註4〕 高明，《帛書老子校注》，〈帛書老子校注序〉。陳鼓應，《老子今註今釋及評介》，頁369。

〔註5〕 荊門市博物館編，《郭店楚墓竹簡》，頁111。

〔註6〕 引文中「而」為帛書乙本獨有。高明，《帛書老子校注》，頁311～312。

〔註7〕 （日）谷中信一，〈從郭店《老子》看今本《老子》的完成〉；劉澤亮，〈郭店《老子》所見儒道關係及意義〉，二文均收入武漢大學中國文化研究所編，《郭店楚簡學術研討會論文集》（武漢：湖北人民出版社，2000），頁443、658。

〔註8〕 荊門市博物館編，《郭店楚墓竹簡》，頁121。

變異和整合的結果，但不代表郭店本中就沒有接受這種說法的基礎，〔註9〕也就是說，縱使甲本無絕仁棄義之說，並不表示其它本子也沒有。況且甲、乙、丙三本本就不成於同時，〔註10〕主題也不完全相同，與通行本更是各有程度上的異同。〔註11〕

至於通行本與帛書、郭店本的淵源，現今並沒有太多的證據可證明三者是一直線的傳承關係。帛書文字雖與通行本大體類似，但一來《德經》在前、《道經》在後，與通行本剛好相反，再者從帛書甲、乙本的字體與避諱差異判斷，乙本用隸書抄寫，避「邦」字，甲本用篆書抄寫，不避諱。其中一些虛詞、假借詞又各有不同。可以確定的是二者非成於同時，來源也不一致。〔註12〕至於郭店本與其它版本的關係，根據前面分析來看，郭店本的內容思想與通行本、帛書內容又有差異，況且郭店本本身也不一致，更未必是《老子》最原始的版本。因此現今學者多認爲《老子》在戰國時期是多本並行，並不是一個簡單的版本傳承關係。〔註13〕

綜合上述說法，其實即便是郭店本出土，卻不必然就解決了孔老問題。對於《老子》其人其書究竟何指，亦無確切答案。〔註14〕關於這些老問題，丁原植提示了我們較爲合理看待《老子》的方式：〔註15〕

> 透過竹簡《老子》的研究，我們似乎要將「老子」、老子與《老子》三者不同的意含，加以明確地分辨。「老子」代表一種思潮的發展，它與《老子》資料的產生有關。老子是形成《老子》思想的一個重要關鍵人物，它確有其人。而《老子》卻指對此種思潮資料編輯的思想文獻。

其實通行本也好，帛本、簡本也罷，誰先誰後、何者較接近原始《老子》等等，當然是學術史上極爲重大的議題，值得研究者繼續拓展。但若就身體政

〔註9〕王博，《簡帛思想文獻論集》，頁191～192。

〔註10〕丁四新以文字形異比較，認爲甲本最早，乙、丙本又各次之。丁四新，《郭店楚墓竹簡思想研究》，頁7～9。

〔註11〕王博就指出丙本的主題是治國，乙本是修身，甲本是道與修道。甲本與通行本差異最大，乙本次之，丙本最小。王博，《簡帛思想文獻論集》，頁232～235。

〔註12〕高明，《帛書老子校注》，〈帛書老子校注序〉，頁3。

〔註13〕朱心怡，《天之道與人之道：郭店楚簡儒道思想研究》，頁27～45。

〔註14〕可參丁四新，《郭店楚墓竹簡思想研究》，頁1～69。

〔註15〕丁原植接下來又提出六點解釋以佐己說。可參丁原植，《郭店竹簡老子釋析研究》（臺北：萬卷樓，1999），引文可參序言部分。

治論而言，無分先後，三者其實都顯示了老子的修身的主要觀點，其中當然尚有差異，不過這些差異仍是同中之異，此中原由，我們將在下一節分析論證。而就其同者觀之，則皆有異於孔子，反映到政治上就形成了孔、老不同的政治態度。《史記》說：「世之學老子者則絀儒學，儒學亦絀老子。『道不同不相爲謀』，豈謂是邪？」〔註16〕此說雖可能透露了漢人的觀點，〔註17〕所言亦不免太過，但就某種程度而言，仍觸及了孔老的基本格局，而格局之一就是身體政治論。

至此我們可能產生另個疑問：既然孔老皆言修身，爲何前面一章我們提到孔子時要稱他爲「一個關鍵的人物」？難道老子不關鍵嗎？老子當然也是相當重要的部分，但一來老子、「老子」、《老子》三者互相涵蓋的層面與發展尚未易言，二來即便是我們以修身治國的角度，將三者以整體的角度綜合而論，老子的修身內涵仍未及孔子氣象開闊。孔子講道首重「人道」，老子當然也論道，通行本基本上是將道視爲萬物所生之原理，周行而不殆。〔註18〕當然郭店《老子》論道稍異於通行本，且多是就修身治國而言，〔註19〕因此道也可以是人事的準則，似亦可納入人道範疇，與孔子類似。故若將孔老並論，相較之下，《老子》的修身觀仍然比不上孔子豐富、人文厚度的修身內涵，胡適在《說儒》一書裡論證老子代表古代「儒」的本義，本義即是柔儒，此說未必可從，〔註20〕不過他認爲孔子賦予儒「弘毅進取」、「仁以爲己任」、「柔而能剛」的新精神，這是之前所未曾有大事業，事實上也就指出了孔子論及修身的人文蘊涵與重要歷史意義。〔註21〕除此之外，《老子》「體道」的工夫也過於言簡意奧，〔註22〕司馬遷也說老子著書「微妙難識」，〔註23〕這都說明了《老子》修身的特色。〔註24〕因此不管孔老先後，都不影響孔子做爲「人

〔註16〕 （日）瀧川龜太郎，《史記會注考證》，頁 855。
〔註17〕 許道勛、徐洪興，《中國經學史》（上海：上海人民出版社，2006），頁 50。
〔註18〕 馮友蘭，《中國哲學史》（上冊）（臺北：商務，1993），頁 218～223。
〔註19〕 郭店《老子》「道」的分析，可參王博，《簡帛思想文獻論集》，頁 202～204、243～245。
〔註20〕 陳來，《古代宗教與倫理：儒家思想的根源》，頁 347～357。亦可參閻步克，〈樂師與「儒」之文化起源〉，收於氏著，《樂師與史官》（北京：三聯書店，2001），頁 1～32。
〔註21〕 胡適，《說儒》（臺北：遠流，1994），頁 70～83。
〔註22〕 胡楚生，《老莊研究》，頁 91。
〔註23〕 （日）瀧川龜太郎，《史記會注考證》，頁 860。
〔註24〕 （日）瀧川龜太郎，《史記會注考證》，頁 860。

道」內涵的集大成者，這也是本文稱孔子爲「一個關鍵人物」的最大原因。〔註25〕

　　再回到身體政治論的角度，孔子提出爲政以德式的主張影響極爲深遠，在先秦諸子間也形成一種特殊的觀點。同理，《老子》提出的無爲、道法自然同樣也引發後世的許多相關延伸，莊子是一個例子、黃老學派也是如此，循此而下，同樣也成爲另種足以抗衡的身體政治論。只是《老子》雖也講無爲，但並未如黃老、法家等明確發展出「君佚臣勞」的思想，可是黃老等說法卻又是由《老子》的無爲之說而引發。換言之，《老子》的無爲隱藏了「君佚臣勞」的潛命題，因此就身體政治論而言，儘管其中仍有異同，但就大脈絡來看，我們仍可把老莊黃老道等視爲一類、是一種連續性的發展。

　　在下一節中，我們將扣緊這個觀點，穿插論證各種版本，以此切入《老子》的思想。〔註26〕

第二節　無身與齊物

《老子》的身體政治論

　　《老子》的思想，一向以玄遠奧蘊著稱。但《老子》並非專談形而上的哲學，而是基於人世立論，關注的是人文秩序與社會世道，陳鼓應說得好：〔註27〕

　　　老子的整個哲學系統的發展，可以說是由宇宙論伸展到人生論，再由人生論延伸到政治論。然而，如果我們了解老子思想形成的眞正動機，我們當可知道他的形上學只是爲了應合人生與政治的要求而建立的。

〔註25〕《論語》的「道」，多以政治社會人事之理法爲主，雖亦有天道的內涵，但此爲子貢不可得而聞之類，與老子的道多有不同，可參錢穆，《中國學術思想史論叢》（卷一），頁 171～172。

〔註26〕本文基於丁原植的分法，在使用上多以《老子》來表示現有的各種版本文獻，因爲這些文獻亦可代表「老子之學」，因此在論述上兩者可互爲使用。除此之外，在某些特定時候，例如引司馬遷《史記》本傳而必須解釋、又例如孔老並稱的時候，爲了論述的方便性，此時老子、《老子》亦不加分別，都是指老子學理而言。當然這樣的使用只是基於方便性質，並不代表作者同意現有《老子》的作者一定就是老子（老耼）。

〔註27〕陳鼓應，《老子今註今釋及評介》，頁 1。

在這節裡，我們一反第三章從修身談起的順序，而是先從《老子》的政治觀來看。《老子》的政治立場首重無為，郭店《老子》甲本：〔註28〕

> 是古（故）聖人能尃（輔）萬勿（物）之自肰（然）而弗能為。〔註29〕衍（道）互（恆）亡為也，侯王能守之，而萬勿（物）牊（將）自憍（化）。〔註30〕

此不獨甲本為然，乙本：〔註31〕

> 以至亡為也，亡為而亡不為。〔註32〕

丙本：〔註33〕

> 聖人無為，古（故）無敗也。〔註34〕

無為之說，通行本、帛本皆可見，由此可知這是《老子》重要思想。那麼，什麼是無為呢？前引甲本中的無為是與自然連在一起說的，通行本與帛本皆作「以（能）輔自然而不敢為」〔註35〕，輔自然而不能為、不敢為，都是在因循自然而無為。所謂的自然，《老子》則稱為「萬物之自然」，也是「道法自然」〔註36〕的自然，是萬物自然而然的「本該如此」，《老子》又說：〔註37〕

> 太上，下知有之，其次親而豫之；其次畏之，其次侮之。……成功事遂，百姓皆謂我自然。

其中「百姓皆謂我自然」的「謂」，劉笑敢認為「謂」不應該解為「曰」，而應解為「（評）論」，故此句「百姓皆謂我自然」應為「百姓都認為我的管理辦法符合自然原則」，這句話是模仿統治者的口氣而說。〔註38〕以此觀之，要掌握自然則有賴為政者之無為，所以最好的為政是者不會炫耀自己的恩德，也不會強迫百姓，郭店《老子》甲本：「是以聖人居亡為之事，行不言之孝（教）」

〔註28〕 荊門市博物館編，《郭店楚墓竹簡》，頁112。
〔註29〕 參見今本《老子》六十四章，陳鼓應，《老子今註今釋及評介》，頁398～399。由於郭店《老子》不分篇章，因此此處參考陳鼓應注釋、引文注明今本老子篇章，以供比較參考，以下不再另作說明。
〔註30〕 參見今本《老子》第三十七章，陳鼓應，《老子今註今釋及評介》，頁399。
〔註31〕 荊門市博物館編，《郭店楚墓竹簡》，頁118。
〔註32〕 參見今本《老子》第四十八章，陳鼓應，《老子今註今釋及評介》，頁403。
〔註33〕 荊門市博物館編，《郭店楚墓竹簡》，頁121。
〔註34〕 可參見今本《老子》第六十四章。陳鼓應，《老子今註今釋及評介》，頁406。
〔註35〕 帛書甲乙本作「能」。高明，《帛書老子校注》，頁139。
〔註36〕 此句甲本、通行本、帛本皆可見。
〔註37〕 陳鼓應，《老子今註今釋及評介》，頁116。
〔註38〕 劉笑敢，《老子》（修訂二版），頁70。

〔註39〕、「我無事而民自福（富）。我亡（無）爲而民自蟲（化）」，〔註40〕錢穆指出《老子》中的聖人多是指政治上的最高統治者，亦即是其心目中的理想君王，〔註41〕聖人清靜無爲，行不言之教，而民自富、自化，如此則治國可成，可謂符合自然。

　　這個說法又與《老子》的身體觀有關，基本上《老子》認爲身體或是生命是苦患的根源，當諸如美醜、善惡、寵辱等等的衝突對立，都落在有限的自身時，就會產生傷害，讓人處在驚恐的環境之中，〔註42〕因此《老子》才主張修身，藉由修身而抖落世俗價值的包袱。與孔子類似的，《老子》雖亦言心，但並未專就心身問題而論，對心的論述亦不深入。〔註43〕《老子》談修身，是認爲修身可以無爲，但無爲不是什麼事都不做，而是建立在某種程度的有爲之上的，這種有爲必須仍是符合自然的。〔註44〕什麼是「有爲」呢？這就是老子的修身的關鍵處：修身是爲了無身而貴身、體道而任自然。〔註45〕

　　對於修身的「有爲」，《老子》說：〔註46〕

> 寵辱若驚，貴大患若身。何謂寵辱若驚？寵爲下。得之若驚，失之若驚，是謂寵辱若驚。何謂貴大患若身？吾所以有大患，爲我有身。及我無身，吾有何患！故貴身於天下，若可託天下；愛以身爲天下者，若可寄天下。

得之若驚，是居高位者一種臨淵履薄的心態使然，失寵須驚，這是人人可知的，但得寵亦須警惕，則常人未必有此自覺，是以《老子》寵辱並談，以作醒世。「無身」則是不爲己身的欲望而欲求不滿、因此汲汲營求。反過來看，

〔註39〕荊門市博物館編，《郭店楚墓竹簡》，頁112。參見今本《老子》第二章，陳鼓應，《老子今註今釋及評介》，頁399。

〔註40〕荊門市博物館編，《郭店楚墓竹簡》，頁113。參見今本《老子》第五十七章，陳鼓應，《老子今註今釋及評介》，頁401。

〔註41〕錢穆，《莊老通辨》（臺北：三民書局，1973），頁63。

〔註42〕鄭志明，《道教生死學》，頁12。

〔註43〕陳佩君，《先秦道家的心術與主術——以《老子》、《莊子》、《管子》四篇爲核心》，頁75～80。

〔註44〕裘錫圭，《中國出土文獻十講》，頁225。

〔註45〕胡楚生，〈試論老子體道的工夫及其進程〉，收於氏著，《老莊研究》，頁349～402。

〔註46〕郭店《老子》乙本亦有此句，荊門市博物館編，《郭店楚墓竹簡》，頁118。通行本、帛本、郭店本文字略有差異，但義皆類同。可參何澤恆，《先秦儒道舊義新知錄》，頁401～402。

若能修身而持盈保泰、寵辱若驚，就能「貴身」，也唯有無身才能貴身。此處的「身」，固然可指身體，但也可以是指自我生命的「自身」，〔註47〕因此不管是外在或是內在的身，都合組了《老子》修身的基礎：內外兼具，此亦為中國身體觀的特色。因無身〔註48〕乃至貴愛其身，則可體道無為而任自然，自會寵辱若驚，這樣的人就能把天下寄託給他。這也是《老子》：「是以聖人後其身而身先，外其身而身存」的意思，〔註49〕後其身與外其身，就是不為自身主觀欲念所制，然後修身，如此才能身先、身存。〔註50〕

郭店《老子》乙本亦指出「嗇」是一個重要的修身原則：〔註51〕

給（治）人事天，莫若嗇。〔註52〕

「嗇」，即儉約、保愛、深藏之意。〔註53〕除此之外，孔墨主張「學」，《老子》則反之，強調「絕學」，郭店《老子》乙本：〔註54〕

𢿱（絕）學亡息（憂），唯與可（呵），相去幾可（何）？〔註55〕

這並不是說《老子》反對學習。而是指《老子》強調的學，多是就「學道」而言，並非一般世俗之學。因為《老子》認為世上事物都是相對相生的：「又

〔註47〕何澤恆，〈老子「寵辱若驚」章舊義新解〉，收於氏著，《先秦儒道舊義新知錄》，頁 392～394。

〔註48〕丁亮則從另個角度切入「無身」，他認為老子直陳樂禮聲色容易令人盲聾的知覺事實，因此試圖超越萬物，以此進入無聲無味無名無為的境域，除此之外丁亮亦肯定老子是針對現實禮樂弊病而發，其所論所思亦有現實考量。丁亮，〈《老子》文本中的身體觀〉，《思與言》44：1（2006 年 3 月），頁 197～245。

〔註49〕陳鼓應，《老子今註今釋及評介》，頁 403。

〔註50〕蕭公權指出老子全生處世之術有五：（一）濡溺（二）謙下（三）寬容（四）知足（五）見微。可參蕭公權，《中國政治思想史》（上冊），頁 177～180。限於時代因素，蕭公權採用通行本來分析。可是總歸而言，亦由此可見老子修身的重要內涵。在此我們不擬一一討論各版本修身的異同，但我們也必須要指出儘管各版本《老子》存有差異，基本方向仍是相同的，本節的分析便在於求其同處，並且指出這些觀點正與孔墨等說法頗有歧見，經持續發展之後，因而形成兩種不同的身體政治論。

〔註51〕荊門市博物館編，《郭店楚墓竹簡》，頁 118。

〔註52〕參見今本《老子》第五十九章，陳鼓應，《老子今註今釋及評介》，頁 403。

〔註53〕胡楚生，《老莊研究》，頁 89。

〔註54〕荊門市博物館編，《郭店楚墓竹簡》，頁 118。一般來講，「絕學」有三種解釋：一、絕學就是「絕棄學」，後面文句的美、惡都是因為「學」所造成的。二、絕學是指有所棄絕，亦有所繼承，是從原有之學過渡到新創之學。三、絕學就是絕末學，即非大道正確之學。郭梨華，《出土文獻與先秦儒道哲學》，頁 76～77。

〔註55〕參見今本《老子》第二十章，陳鼓應，《老子今註今釋及評介》，頁 403。

（有）亡之相生也，戁（難）惕（易）之相成也，長耑（短）之相型（形）也，高下之相涅（盈）也，音聖（聲）之相和也，先後之相墮（隨）也」，未明於此，而一昧地學習追求其價值，誤困於世俗之學而不自知，則不免墮入偏見：「天下皆智（知）斂（美）之爲斂（美）也，亞（惡）已；皆智（知）善，此其不善已」，〔註56〕大家爭揚此美，反爲不美，大家相爭爲此善，反爲不善，這種「爲」是《老子》最反對的，〔註57〕如此妄爲則「爲之者敗之，執之者遠之，是以聖人亡爲古（故）亡敗；亡執古（故）亡遊（失）」，〔註58〕那麼要如何做才對呢？這就回到前面說的「絕學」，但絕學卻必須是在一個損益互觀的動態中，然後逐漸進入無爲，因此郭店《老子》乙本就說：「學者日益，爲道者日員（損）。員（損）之或員（損），以至亡爲也，亡爲而亡不爲」。〔註59〕這句話值得再多加推敲，就《老子》體道的歷程來看，「爲學」與「學道」是同件事，益是有所缺乏而漸增，同時也有「滿」的意思，損是道之行，也是走向無爲的方式。「學」、「道」其實就藉由益損而走向無爲的過程，因此損與益不但是連續的關係，又彼此調合而互相辯證，郭梨華就說：「所謂『絕』，不可避免是一種絕棄，但是『絕棄』不是一永恆的常態，必然進入一種『損──益』互動中，在『損──益』互動中所呈顯的『絕棄』，雖是一種『極致』，但必歸返於『損──益』，人不可能長久處於『絕學』中而進道。」〔註60〕這正是《老子》「爲學」、「學道」精神所在。

〔註56〕荊門市博物館編，《郭店楚墓竹簡》，頁112。參見今本《老子》第二章，陳鼓應，《老子今註今釋及評介》，頁399。

〔註57〕何澤恆，《先秦儒道舊義新知錄》，頁342。

〔註58〕荊門市博物館編，《郭店楚墓竹簡》，頁118。參見今本《老子》第六十四章，陳鼓應，《老子今註今釋及評介》，頁406。

〔註59〕荊門市博物館編，《郭店楚墓竹簡》，頁121。參見今本《老子》第四十八章，陳鼓應，《老子今註今釋及評介》，頁403。

〔註60〕郭梨華，《老子》中的「損──益」觀，收於氏著，《出土文獻與先秦儒道哲學》，頁67～83，引文見頁79。亦可參劉笑敢，《老子》（修訂二版），頁160。宋人葉大慶對此論說亦甚詳，他以莊子坐忘心齋爲解，他說：「《老子》曰：『爲學日益，爲道日損』。大慶嘗觀《莊子》顏回之事，方悟《老子》之意。《莊子．大宗師》篇：『顏回曰：『回益矣』。仲尼曰：『何謂也？』曰：『回忘仁義矣。曰：『可矣，猶未也。』他日復見，曰：『回益矣。』仲尼曰：『何謂也？』曰：『回坐忘矣！』……觀此一章，老氏之言，思過半矣。蓋老氏之言，二句當作一意，且爲學日益，于何處見之？以其爲道日損也。學而至于爲道日損之地，如顏子之忘仁義忘禮樂以致於坐忘，方可謂之日益。」（宋）袁文、（宋）葉大慶，《甕牖閒評．考古質疑》（北京：中華書局，2007），224～225。

嗇、絕學，都是修身所該「爲」，有爲又是爲了修身，修身才能無爲、也才能無爲而無不爲。〔註61〕如此一來，聖人修身當然也可以治國，《老子》的身體政治論至此而明，郭店《老子》乙本就指出了這種連續性：〔註62〕

> 攸（修）之身，其惪（德）乃貞（眞）。攸（修）之豪（家），其惪（德）又（有）舍（餘）。攸（修）之向（鄉），其惪（德）乃長。攸（修）之邦，〔註63〕其惪（德）乃奉（豐）。攸（修）之天□□□□□豪（家），以向（鄉）觀向（鄉），以邦觀邦，以天下觀天下。虘（吾）可（何）以智（知）天□□□□□。〔註64〕

從家到鄉到邦，其治理的基礎皆同於「修之身」，郭店《老子》甲本亦言：「我無事而民自福（富）。我亡（無）爲而民自蟲（化）」，〔註65〕此說通行本、帛書皆可見，以此觀之，修身可以延伸到治國的理路，是《老子》所贊同的。〔註66〕換個角度來講，《老子》認爲人間失去秩序，主因是人爲造作太多，特別是君主立下種種刑罰，使得人民失去原有的純眞樸善、遠離自然本性，當然不會讓國家變得更好，反而會更混亂。因此爲政者首要之務是要讓百姓恢復自然本性，這就得靠修身與無爲，〔註67〕從修身到無爲，

〔註61〕陳鼓應認爲「不妄爲，就沒有什麼事情做不成的。」無爲是處事的方法與原則，無不爲則是無爲產生的效果，可參陳鼓應，《老子今註今釋及評介》，頁30。陳錫勇則認爲：「尚德者尊道順乎自然，故無事、無爲而民自富、自化；清靜、寡欲而民自安定、素樸，無偏無頗而天下治矣，此則尚德無爲而無不爲也。」陳錫勇，《郭店楚簡老子論證》（臺北：里仁，2005），頁221。

〔註62〕荊門市博物館編，《郭店楚墓竹簡》，頁118。

〔註63〕通行本作「國」，馬王堆帛書甲本作「邦」，乙本作「國」，《韓非子・解老》亦作「邦」，由邦改成國，可能是有意避劉邦之諱。可參陳鼓應，《老子今註今釋及評介》，頁248。

〔註64〕參見今本《老子》第五十四章。陳鼓應，《老子今註今釋及評介》，頁404～405。

〔註65〕荊門市博物館編，《郭店楚墓竹簡》，頁113。參見今本《老子》第五十七章，陳鼓應，《老子今註今釋及評介》，頁401。

〔註66〕胡楚生也以《老子》第六十章爲例，說明《老子》借用世間「鬼」、「神」爲喻，強調爲政者治國，先求諸己，正而後行。首重於本身建立清虛寧靜無爲自然的存心，由內而外，推之此治國，不造作紛擾，則國自然可治。胡楚生，《老莊研究》，頁45。這同樣也是修身——治國的思路，也是本文所謂的「身體政治論」。

〔註67〕袁保新，《老子哲學之詮釋與重建》，頁206～207。葛兆光亦指出老子的道著眼點在於人生與政治，皆主張效法道的自然。就前者而言，則是淡泊、無爲；就後者而言則是無事、無爲，兩者都應該返本復初，即回歸最初的本源狀態：「很多人批評老子主張倒退，其實這不過是老子在自然、社會、人生方面保

因無身而貴身、而任自然，如此則國可治。這裡的修身與治國，是極爲密切的連續關係。

支離、齊物、逍遙遊

老莊先後的問題，屢經學者考辨。自郭店楚簡《老子》出土之後，目前看來是暫時解決了這個問題，那就是老前莊後。〔註 68〕由此而觀，看來司馬遷的記載是合理的，《史記》同傳裡又說老子貴道，莊子繼之，復歸於自然，那麼莊子的道又是如何呢？

在分析莊子之前，我們必須先說明如何運用《莊子》，《莊子》一書究竟眞僞爲何？學界對此頗有爭論，目前學者多把內篇視爲莊子本人作品，外、雜篇則爲莊子後學合集。〔註 69〕可是根據出土文獻的比對，外、雜篇未必晚於內篇，其中某些篇章也可能是由莊子所作，〔註 70〕因此這個問題恐非一時可以解決。況且就整體而言，《莊子》絕大部分可視爲莊子學派的代表是沒有問題的，其中局部或有孤立與矛盾的言論，亦可視爲其學說的後續發展。〔註 71〕至於與本文關係最大的身體政治論，其實正也是《莊子》所看重的要點，內外雜篇無不如此。因此在本章的分析中仍是將《莊子》視爲一個整體，而在若干可疑之處則特別說明。

與《老子》類似，莊子的道也是萬物之所存、亦廣及於天地自然，有著形而上的意義，也有著現實的特徵，〔註 72〕萬物得之則生、則成：〔註 73〕

> 且道者，萬物之所由也，庶物失之者死，得之者生，爲事逆之則敗，順之則成。〈漁父〉

> 聽之不聞其聲，視之不見其形，充滿天地，包裹六極。〈天運〉

持了邏輯思路的一以貫之，『道』是返來復初，政治也應該返本復初，人也應該返本復初，他認爲這是保持永恆的方法。」葛兆光，《古代中國文化講義》，頁 206～207。
〔註 68〕丁四新，《郭店楚墓竹簡思想研究》，頁 20～28。
〔註 69〕劉笑敢，《莊子哲學及其演變》，頁 3～98。
〔註 70〕丁四新，《郭店楚墓竹簡思想研究》，頁 25～28、218～220。
〔註 71〕可參鄭鈞瑋，《莊子生死觀研究》（國立臺灣大學哲學研究所碩士論文，2005），頁 4～5。
〔註 72〕喬健，《中國古代思想研究》（北京：民族出版社，2008），頁 196～199。
〔註 73〕（清）郭慶藩，《莊子集釋》，頁 1035、508。關於莊子繼承老子道論的研究，可參徐復觀《中國人性論史》（先秦篇），頁 325。

關於道的存在，道既不是至上神聖的唯一存有，而是散落在萬事萬物之中，無處不在，這在莊子中多處可見：〔註74〕

　　　古之所謂道術者，果惡乎在？曰：「無乎不在」。〈天下〉

　　　東郭子問於莊子曰：「所謂道，惡乎在？」莊子曰：「无所不在」。
　　〈知北遊〉

此與內篇〈大宗師〉：「夫道，有情有信，无爲无形，……，自本自根，未有天地，自古以固存，神鬼神帝，生天生地」〔註75〕所言類似，都指出萬物同生於道，道亦散落於萬物。由道觀之，莛與楹〔註76〕，厲〔註77〕與西施，恢恑憰怪，看似不同，實則道通爲一，〔註78〕物我之間實難分畛域，同因道而生，故人應體道而行，〔註79〕體道則是任自然，此皆可視之爲莊子的修身觀點，而修身則是爲了從不完整走向完整的轉化改變。

　　莊子基本上認爲天下事物各有其本質自然，因任物之自畸而不更動，是爲齊物，若強人同己、損滅自然，莊子則稱之「以人滅天」，〔註80〕〈應帝王〉渾沌死於儵忽之鑿、〔註81〕〈至樂〉海鳥死於魯侯之養，〔註82〕皆屬此類。所以人實在不該以己意而強求改變自然，是故「鳧脛雖短，續之則憂；鶴脛雖長，斷之則悲」〔註83〕。莊子的身體觀即由此出發，他認爲「支離」的一些人物，如王駘、申徒嘉、叔山無趾等等（〈德充符〉），就世俗標準來看，莊子也承認這是缺陷，但就齊物的觀點而論，「以道觀之，物无貴賤」，〔註84〕莊子認爲缺陷毋寧也是一種自然的狀態，〔註85〕無須改變、亦無足掛懷。因

〔註74〕（清）郭慶藩，《莊子集釋》，頁1065、749。
〔註75〕（清）郭慶藩，《莊子集釋》，頁246～247。
〔註76〕成玄英疏：「莛」爲屋梁，「楹」爲舍柱。劉文典指出屋梁非「莛」本義。「莛」者，言其小也，是故莊子此句是以「莛」、「楹」對比，以說明大小之分。劉文典，《莊子補正》（合肥：安徽大學出版社，1999），頁54～55。
〔註77〕成玄英疏：厲，病醜人也。（清）郭慶藩，《莊子集釋》，頁71。
〔註78〕（清）郭慶藩，《莊子集釋》，頁70。
〔註79〕（日）池田知久著，黃華珍譯，《《莊子》——「道」的思想及其演變》，頁201～205。
〔註80〕（清）郭慶藩，《莊子集釋》，頁590～591。
〔註81〕（清）郭慶藩，《莊子集釋》，頁309。
〔註82〕（清）郭慶藩，《莊子集釋》，頁621。
〔註83〕（清）郭慶藩，《莊子集釋》，頁317。
〔註84〕（清）郭慶藩，《莊子集釋》，頁577。
〔註85〕另外莊子也從身體缺陷的角度談用與無用，就世俗來看，身體殘缺似乎是無用，殊不知「無用」因而「無害」，其實正是一種「大用」，莊子便是以此說

爲不管有無缺陷，人只要順著自己的自然性，不再受外在的束縛，最後經過
轉化，便可跟宇宙取得具體的和諧，這就能眞正稱爲一個完整的人。楊儒賓
在〈支離與踐形〉一文中比較莊子「支離」與孟子「踐形」，他認爲二人的身
體觀有同有異，主要是因爲二人的基本關懷不同。莊子重身體的返虛內斂，
孟子則重自我擴充，莊子重虛靈不沾的身心合一體驗，孟子則主張良知良能
流行及其最後證成之際，莊子的支離觀預設著對人經驗性身體的一種否定，
表示對現實身體解構；孟子的踐形觀則是認爲經由氣的貫注，身體可凝聚並
呈現道德的光輝。但兩者皆反對將身心視爲截然不同之物，同樣主張身心連
續性，同樣主張氣貫乎其中，也都認可身體自我擴充至盡，便會體現一種遊
乎一氣的超越境界。簡言之，孟莊的身體觀，都是由不完整走向完整的轉化
過程。〔註 86〕楊儒賓此說極爲精采，但本文要特別指出的是，莊子的「支離」
並不是一種絕對的說法，而是一種寓言式的批判，畢竟莊子之所以使用支離
式的人物，只是本著「齊物」的出發點，認爲萬物應歸其自然而已。支離與
否，與其最後得證超越逍遙之境沒有必然關係。

　　從莊子修身的身體觀來看，此中關鍵在於「形」──「氣」──「心」。
徐復觀指出莊子言論中的「心」本爲虛靜、同時也是生命的關鍵，但往往因
受外物牽引，緣物逐境而終於人爲造作。反之，若心不與外物奔馳，則此時
心則是人身神明發竅之所在。〔註 87〕換句話說，也由於心的虛靈清明，才得
以使生命回歸和諧與寧靜。〔註 88〕

　　那麼要如何修心呢？這就要「聽之以氣」：〔註 89〕

　　　仲尼曰：「若一志，无聽之以耳而聽之以心，无聽之以心而聽之以氣。
　　　聽止於耳，心止於符。氣也者，虛而待物者也，唯道集虛。虛者，
　　　心齋也。」〈人間世〉

　　　壹其性，養其氣，合其德，以通乎物之所造。〈達生〉
莊子所談的，其實就是氣與修身的關係。莊孟子皆重氣，〔註 90〕但道家之

　　　明全身保身之理。可參顏崑陽，《莊子的寓言世界》（臺北：漢藝色研，2005），
　　　頁 113～114。
〔註 86〕楊儒賓，〈支離與踐形〉，收於楊儒賓編，《中國古代思想中的氣論及身體觀》，
　　　頁 415～449。
〔註 87〕徐復觀，《中國人性論史》（先秦篇），頁 341。
〔註 88〕張灝，《時代的探索》，頁 15～16。
〔註 89〕（清）郭慶藩，《莊子集釋》，頁 147、634。

言氣,不若儒者較注意人的形體之氣、氣充於身的德性美,而是廣及天地萬物,與天地自然合流的通乎一氣。〔註91〕畢竟莊子認為虛心養氣,心氣合流,連帶地也會影響外形,這樣過程他則稱之為「化」,「與化為人」是莊子的根本理想,錢穆指出其中真義:〔註92〕

> 「與化為人」者,化是宇宙界,是人生外面之大環,在此大環中得安放便是「與化為人」。人生之大患,在只認此有限之人生,而不認此無限之大化。在只認此有限人生之中心,而不認此無限大化之外環。如此便不是「與化為人」。

循此修身,莊子則稱之為真人、至人、神人,〔註93〕這當然不是指得道成仙之人,而是指一種齊物逍遙的境界。畢竟萬物皆種,雖通乎一氣,皆由氣化而生,卻以不同形相禪,〔註94〕如莊周夢蝶、又如匠石夢櫟樹,「不知周之夢為胡(蝴)蝶與,胡(蝴)蝶之夢為周與?」〔註95〕「且也若與予也皆物也,奈何哉其相物也?」〔註96〕此當非身形產生異變,像是人變蝴蝶之類,而是指心靈的超越提升,〈齊物論〉南郭子綦說顏成子游所見不過地籟、人籟,殊不知大塊噫氣是名為風,風作則萬竅怒號,其中地籟不過眾竅而成、人籟亦只是比竹之聲,欲有所進悟,吹萬不同,而使其自己,此即天籟。天地人籟固然同出一源(風),但心靈層次不同,所觀所思之視野亦有不同。〔註97〕換句話說,當內心修養到了某個境界、不再執著於「形軀我」,〔註98〕連帶地形

〔註90〕 余英時,《人文與理性的中國》,頁 11。
〔註91〕 唐君毅,《中國哲學原論:原道篇》,頁 242~250。
〔註92〕 錢穆,《中國思想史》,頁 34。
〔註93〕 真人、至人、神人、聖人、德人等等,都是對《莊子》對於精神境界的描繪,其中或有差異,崔大華以「聖人」為分析對象,提出「同一說」與「不同說」。前者是說這些名號都是莊子形容理想人格的語言,用語或異,實情則同;後者則認為「聖人」是莊子後學批判的對象,因此「聖人」不能與「真人」、「神人」等並觀。陳佩君延續這種法,指出「聖人」為孔、老等並用,因此才會有「同一說」,後來「聖人」為儒家所推廣,聖人形象已落入儒家詮釋的體系裡,所以在莊子後學中就有了「不同說」。可參陳佩君,《先秦道家的心術與主術──以《老子》、《莊子》、《管子》四篇為核心》,頁 151~152。
〔註94〕 王曉波,《道與法:法家思想和黃老哲學解析》,頁 272~273。
〔註95〕 (清)郭慶藩,《莊子集釋》,頁 112。
〔註96〕 (清)郭慶藩,《莊子集釋》,頁 170~172。引文見頁 172。
〔註97〕 龔鵬程,《江西詩社宗派研究》(臺北:文史哲,1983),頁 423。
〔註98〕 勞思光的分析極為深入,他認為「形軀」是萬物之一,只是對象、只是物,並不是作為主體性的「我」,但當誤認「形軀」為「自我」時,即不免受困於

體也將轉化，與化爲人，合通天地：「與造物者爲人，而遊乎天地之一氣」，〔註99〕或是平時各自獨立的感官，此時已是混然一氣，彼此流通，以致於「忘其肝膽，遺其耳目，芒然彷徨乎塵垢之外，逍遙乎无事之業」〔註100〕，忘身忘我，以聽天籟，得通天地之大道，如「墮肢體，黜聰明，離形去知，同於大通，此謂坐忘」、「汝徒處无爲，而物自化。墮爾形體，吐爾聰明，倫與物忘；大同乎涬溟，解心釋神，莫然无魂」之類，〔註101〕此時已可謂處於「物我難分」、「物我可齊」、「是非可泯」的境界。這就是莊子修身最重視的「心齋」與「坐忘」，如此一來，自然能夠自由自在、「逍遙遊」了。

　　莊子修身的特色，還可以再從生死觀的角度來分析。「氣」是萬物共同的原質，聚合而產生「形」，有「形」之後又有生命現象。而生命既然由氣聚而生，自會隨著氣散而逝，離散合聚毋寧是一件自然至極之事。因此人之生死，乃自然而然的無可奈何，此屬於「天」的層面。但莊子亦有從「人」的層面來看生死，明白人之限度與天的不可逆度，即是明天人相分，經由天與人的不斷辯證，亦能引出積極意義，從消極安之若命到超越俗見、拋棄知識進路，然後以修身方式「以道觀之」而體證「天人合一」之理。〔註102〕順著這種脈絡，我們亦可由天人之際來看莊子的身體觀：身體（形）的完整與否，非人力所能爲，此屬「天」。但人可「心齋」、「坐忘」而修養身心，修身是自己可以掌控的部分，屬於「人」的層面。至於「氣」，一方面氣隨著生命消逝而離散，實屬自然，但另方面人卻又可藉由修身，將氣滲透於形，心氣合流，與天地融爲一氣，而達天人合一的境界，〔註103〕因此氣可謂在天人之間。

　　莊子的身體觀當然也與政治有關。首先，莊子認爲治世之極可謂至德，至德之世正是萬物自然生長而不因外力斲喪的美好世界：〔註104〕

　　故至德之世，其行塡塡，其視顛顛。當是時也，山无蹊隧，澤无舟

　　形軀感受之中。反之，若能體認此點則無處而不逍遙。勞思光，《新編中國哲學史》（一），頁，246。
〔註99〕（清）郭慶藩，《莊子集釋》，頁 268。
〔註100〕（清）郭慶藩，《莊子集釋》，頁 663。
〔註101〕（清）郭慶藩，《莊子集釋》，頁 284、390。楊儒賓對此境界論之甚詳，可參楊儒賓，〈支離與踐形〉，《中國古代思想中的氣論及身體觀》，頁 433～440。
〔註102〕鄭鈞瑋，《莊子生死觀研究》，頁 34～55。
〔註103〕余英時，《人文與理性的中國》，頁 9～11。
〔註104〕（清）郭慶藩，《莊子集釋》，頁 334、336。

> 梁；萬物羣生，連屬其鄉；禽獸成羣，草木遂長。是故禽獸可係羈
> 而遊，鳥鵲之巢可攀援而闚。〈馬蹄〉

> 夫至德之世，同與禽獸居，族與萬物並，惡乎知君子小人哉！
> 〈馬蹄〉

至德之世，泯是非、齊物逍遙，此爲莊子的理想規畫。但世上有君則是客觀的事實，因此只好退而求其次，〔註105〕先講治世之術、再講治世之美。但治術並非一般的治國之法，莊子自創了一個名詞叫「在宥」：〔註106〕

> 聞在宥天下，不聞治天下也。在之也者，恐天下之淫其性也；宥之
> 也者，恐天下之遷其德也。天下不淫其性，不遷其德，有治天下者
> 哉！〈在宥〉

> 故君子不得已而臨莅天下，莫若無爲。〈在宥〉

雖然〈在宥〉屬外篇，可能成於莊子後學之手，但不能完全否定其中就沒有莊子本人的觀點，因爲「在宥」其實就是無爲的另種講法。〔註107〕〈在宥〉秉持的無爲觀點也與《莊子》其他篇章多有類似。像是莊子就說無爲即可成明王之治，以此而進，就能成爲前述所言萬物天然自化的至德之世：〔註108〕

> 陽子居蹵然曰：「敢問明王之治？」老聃曰：「明王之治，功蓋天下
> 而似不自己，化貸萬物而民弗恃；有莫舉名，使物自喜；立乎不測，
> 而遊於无有者也。」〈應帝王〉

無爲是治國的原則，可是治國之理並非憑空而來，仍是本基於莊子的修身。莊子在內篇〈應帝王〉藉無名人之口道破其中關鍵：「汝遊心於淡，合氣於漠，順物自然而無容私焉，而天下治矣」〔註109〕，外篇〈天地〉亦由反面立言：「而身之不能治，而何暇治天下乎？」〔註110〕要能修身，心氣合流，順物自然，以無爲治身，才能以無爲治國，這就是莊子的身體政治論。但莊子並非僅僅只是論述自己的主張而已，他的許多說法更是針對「爲政以德」的身體政治

〔註105〕此亦爲老莊不同之處。《老子》用世入深，不離人事，未有篾視君位之意；莊子則淡漠沖隱、寧爲曳尾於塗之龜，故其頗有輕天下、輕君位之說。可參何澤恆，《先秦儒道舊義新知錄》，頁364～365。

〔註106〕（清）郭慶藩，《莊子集釋》，頁364、369。

〔註107〕梁啟超，《先秦政治思想史》（臺北：東大，1993），頁120。

〔註108〕（清）郭慶藩，《莊子集釋》，頁296。

〔註109〕（清）郭慶藩，《莊子集釋》，頁294。

〔註110〕（清）郭慶藩，《莊子集釋》，頁435。

論而發，故司馬遷說其「作漁父、盜跖、胠篋，以詆訿孔子之徒，以明老子之術」，當非無據。〔註111〕莊子在〈漁父〉篇中子貢說孔子：「性服忠信，身行仁義，飾禮樂，選人倫，上以忠於世主，下以化於齊民，將以利天下，此孔氏之所治也」，這是標準的政以德式的身體政治論描述，可是漁父卻批評：「仁則仁矣，恐不免其身；苦心勞形以危其眞。嗚呼，遠哉其分於道也！」〔註112〕同篇又續道：「子審仁義之間，察同異之際，觀動靜之變，適受與之度，理好惡之情，和喜怒之節，而幾於不免矣。謹脩而身，愼守其眞，還以物與人，則无所累矣」，〔註113〕說仁義、講禮樂，就莊子看來，未免是費心勞形、徒勞而無功了。事實上不止是批評儒家孔子而已，〔註114〕莊子在它處亦連帶論及孔墨：〔註115〕

> 昔者黃帝始以仁義攖人之心，堯舜於是乎股無胈、脛無毛，以養天下之形，愁其五藏以爲仁義，矜其血氣以規法度。……夫施及三王而天下大駭矣。下有桀跖，上有曾史，而儒墨畢起。於是乎喜怒相疑，愚知相欺，善否相非，誕信相譏，而天下衰矣。〈在宥〉

> 今世殊死者相枕也，桁楊者相推也，刑戮者相望也，而儒墨乃始離跂攘臂乎桎梏之間。〈在宥〉

莊子的重點恐非黃帝、亦非堯舜，〔註116〕而是批評專以「仁義」、「股無胈、脛無毛」爲修身治國之道的之人。綜合這幾段話，既言孔子身行仁義，又舉出黃帝堯舜，然後說明治國之勞，其後儒墨繼之並起，更是強調此舉，於是愚知相欺而天下衰，以此而觀，可推斷此等人當以孔（儒）墨爲代表。莊子認爲孔墨二人的學說毋寧使人身處桎梏，因而善否相非、誕信相譏，所以下

〔註111〕（日）瀧川龜太郎，《史記會注考證》，頁855。亦可見丁四新，《郭店楚墓竹簡思想研究》，頁28。
〔註112〕（清）郭慶藩，《莊子集釋》，頁1025。
〔註113〕（清）郭慶藩，《莊子集釋》，頁1031。
〔註114〕《莊子》書中的孔子形象，可參王叔岷，〈論莊子所了解之孔子〉，收於氏著，《草廬雜稿》（臺北：大安，2001），頁1～25。吳悅禎，《先秦兩漢孔子形象演變之研究》（臺北：輔仁大學中國文學研究所博士論文，2005），頁90～96。
〔註115〕（清）郭慶藩，《莊子集釋》，頁373、377。
〔註116〕以過去的歷史事件或是人物作爲論述的具體基礎，從其中析取哲理，一向是中國歷史思維的特色之一。可參 Chun-Chieh Huang, "The Defining Character of Chinese Historical Thinking" History and Theory, Vol. 46, No. 2（May 2007），pp.185～186.

文又引《老子》「絕聖棄知而天下大治」爲證。〔註117〕也就是說,孔墨主張培養仁義、爲政以德,講道德實踐,勤政不倦而以仁義治國,都不是莊子所能認同的,他在〈應帝王〉批判政由己出、身在政先的爲政理念:「以己出經式義度,人孰敢不聽而化諸」,〔註118〕莊子藉狂接輿之口,說這是「欺德」,其所謂的治天下,猶如涉海鑿河、使蚉負山,皆非正理。此皆爲莊子反對的身體政治論,所以莊子才批評說這是苦心勞形、遠離大道,並認爲這種做法只爲導致衰亡,而不會達到所謂的至德、明王之治。〔註119〕

前已言之,莊子許多說法皆自《老子》而來。當然莊子的修身觀不可能全同於《老子》,因此我們可以這麼說,莊子繼承《老子》而又有另有發揮,這點是可以肯定的。可是繼承《老子》非止莊子而已,尚有黃老、申韓等學說,所論所述又與莊子頗有不同,司馬遷後來歸納出這種現象:〔註120〕

> 老子所貴道,虛無,因應變化於無爲,故著書辭稱微妙難識。莊子散道德,放論,要亦歸之自然。申子卑卑,施之於名實。韓子引繩墨,切事情,明是非,其極慘礉恩。皆原於道德之意,而老子深遠矣。

同傳中又講韓非與申不害:〔註121〕

〔註117〕 （清）郭慶藩,《莊子集釋》,頁 377。

〔註118〕 （清）郭慶藩,《莊子集釋》,頁 290〜291。

〔註119〕 楊儒賓指出先秦思想存有兩種理想天子觀的原型,一是儒家之於堯舜,重在人倫典範與禪讓,代表道德政治,而儒家與墨家基本上共同承受了「堯舜禹」的政治符號;另一則是結合黃老,以「黃」爲主,但也受《老子》影響,並積極改造《老子》的黃老學派,此學派標舉黃帝,目的在於建構君王壟斷通天的資格,以及執行刑德的能力,代表的是權力政治。可參楊儒賓,〈黃帝與堯舜──先秦思想的兩種天子觀〉,《臺灣東亞文明研究學刊》第四期（2005年 12 月）,頁 99〜136。本文要進一步指出,黃老儒墨天子觀的不同,也正是他們身體政治論差異所在。畢竟天子觀是他們理想中君王的投射,其中當然反映了他們的修身治國理論。關於黃老之學的分析,可詳下節。至於莊子此處以黃帝堯舜爲論,可能是因爲莊子使用人物形象較廣之故,這與莊子寓言方式有關,可參顏崑陽,《莊子的寓言世界》,頁 192〜196。
另外,莊子此處論儒墨,是認爲以「修身──治國」的角度並論二者,認爲二者確有相似之處,但若互相比較,兩者又有不同,如《莊子‧齊物論》便以齊物觀點指出:「道隱於小成,言隱於榮華。故有儒墨之是非,以是其所非而非其所是,欲是其所非而非其所是,則莫若以明。」（清）郭慶藩,《莊子集釋》,頁 63。關於儒墨異同,可參本文第三章。

〔註120〕 （日）瀧川龜太郎,《史記會注考證》,頁 860。

〔註121〕 （日）瀧川龜太郎,《史記會注考證》,頁 856。

（韓非）刑名法術之學，而其歸本於黃老。

申子之學本於黃老而主刑名，著書二篇，號曰《申子》。

就老子之「道」的角度來看，後世引發不同的延伸。一條是莊子走的心齋坐忘、散道德，歸之於自然，在政治方面，莊子也講應帝王、也講治國，〔註122〕只是這條路子仍會產生一些質疑，那就是當為政者面對龐大而煩瑣的行政事物，面對高漲的權力、複雜的官僚體系，除了虛靜自正之外，究竟還要如何才能做到無為？《尹文子》裡的幾段話已提出了解答：「道不足以治則用法，法不足以治則用術，術不足以治則用權，權不足以治則用勢，勢用則反權，權用則反術，術用則反法，法用則反道，道用則無為而自治」、「老子曰：『以政治國，以奇用兵，以無事取天下。』政者，名法是也，以名法治國。萬物所不能亂，奇者，權術是也，以權術用兵，萬物所不能敵。凡能用名法權術，而矯抑殘暴之情，則己無事焉。己無事則得天下矣。故失治則任法，失法則任兵，以求無事。」〔註123〕從道到法，再到術、勢與權，然後又反過來依此體道，又或是以名法治國，名法權術正是「無事」的條件之一，這就指出了從《老子》無為學說逼出刑名法術的可能與原因。黃老、法家講的「君佚臣勞」，就是在這樣原則之下建構而成，並對日後秦漢政治思潮影響極為深遠。

第三節　黃老與法家

前一節裡我們提到了黃老思想，但黃老既然並稱，其來源自然不會限於《老子》。關於黃帝的事蹟與傳說，或說黃帝與赤帝戰於阪泉之野、或是視黃帝為兵家始祖、或是說黃帝得道而登雲天、又或是說黃帝立史官造火食等等，〔註124〕而依託黃帝的種種學說，則以陰陽與道家著力最深，齊學中託名黃老、

〔註122〕牟宗三，《政道與治道》，頁35～36。余英時，《中國知識階層史論》（古代篇）（臺北：聯經，1980），頁56。值得一提的，莊子雖亦言治道，但基本上還是以個體生命治身之道與自我實現為優先考量，此為莊子關懷的核心。陳佩君，《先秦道家的心術與主術──以《老子》、《莊子》、《管子》四篇為核心》，頁166。

〔註123〕錢基博，《名家五種校讀記・尹文子校讀記》（臺北：廣文書局，1970），頁3、7。《尹文子》的學派傾向與成書年代，參閱王曉波，《道與法：法家思想和黃老哲學解析》，頁313～324。

〔註124〕陳麗桂，《戰國時期的黃老思想》，頁1～38。李零，〈說黃老〉，收入陳鼓應編，《道家文化研究》（第五輯）（上海：上海文化，2001），頁142～146。

特別是稷下學派《管子》有關的理說，更可視爲黃老的進一步發展，且在楚國亦可見到黃老的影響。〔註125〕在 1973 年長沙馬王堆出土文獻中，帛書《老子》前有四篇古佚書，原題篇名爲〈經法〉、〈十六經〉（或稱十大經）、〈稱〉、〈道原〉。關於這四篇的總稱，最初是稱爲《黃帝四經》，只是因爲內容涉及黃帝，篇數又剛好是四篇，但光以這兩點來看，實在沒有證據可說明一定就是《漢書·藝文志》說的《黃帝四經》，以《黃帝四經》稱之或理有未當，倒是四篇又與帛書《老子》連接，黃、老合卷，因此《黃老帛書》可能是較爲適當的稱呼。〔註126〕

　　《黃老帛書》是否眞的就是《黃帝四經》，仍未可知。若就內容來看，《黃老帛書》充份展現了黃老思潮對於《老子》學說的運用與改造，也反映了黃帝的形象與特色，可以說是與黃老之學最直接相關的文獻之一。〔註127〕至於《黃老帛書》成於何時，學者爭論亦多，戰國早、中、晚期，乃至出於秦漢，各有支持者。〔註128〕但我們也必須明白一點，考證《黃老帛書》成書時限，不代表也解決了黃老學說起源的時間，畢竟我們並沒有任何證據可證明《黃老帛書》就一定是黃老學說的始祖。〔註129〕而就《黃老帛書》呈現文字內容、思想性質而觀，其成書時間可能還是以戰國時期的可能性較大，〔註130〕但恐非成於一人一時，四篇的內涵也未必絕對等同。〔註131〕話雖然此，也有學者指出像是天道、〔註132〕爲治〔註133〕之說，同時也是《黃老帛書》的共同主題，貫穿四篇宗旨。本文則再更進一步指出，在某種程度上兩者（天道與爲治）指向的目的其實是一致的。就如之前不斷提到的，先秦諸子論治國往往與修

〔註125〕陳鼓應，《管子四篇詮釋——稷下道家代表作》（臺北：三民，2007），頁 6～26。亦可參黃漢光，《黃老之學析論》，頁 53。關於稷下學派的發展可參白奚，《稷下學研究——中國古代的思想自由與百家爭鳴》。
〔註126〕陳麗桂，《戰國時期的黃老思想》，頁 49～50。
〔註127〕閻鴻中，〈試論《黃老帛書》的理論體系〉，《臺灣大學歷史學報》15 期（1990年），頁 1～2。
〔註128〕張增田，《黃老治道及其實踐》，頁 24～27。
〔註129〕張增田已指出此點，可參張增田，《黃老治道及其實踐》，頁 24。
〔註130〕閻鴻中，〈試論《黃老帛書》的理論體系〉，《臺灣大學歷史學報》15 期，頁 19～20。
〔註131〕鍾宗憲，《先秦兩漢文化的側面研究》（臺北：知書房，2005），頁 166～167。
〔註132〕楊儒賓，〈黃帝與堯舜——先秦思想的兩種天子觀〉，《臺灣東亞文明研究學刊》第四期，頁 110～111、120～124。
〔註133〕張增田，《黃老治道及其實踐》，頁 33～36。

身合觀，《黃老帛書》也是如此，因此我們也可從這個角度上來解釋天道與爲治。因爲從單篇來看，怎麼修身，就怎麼治國，儘管其中論述比重不一，但脈絡卻仍顯然可見；從整體來看，《黃老帛書》將修身治國視爲一體，這也呼應了先秦諸子的共同立場。因此本節前段將以《黃老帛書》爲主，以此分析突顯黃老學派身體政治論的特點，並說明爲何這樣的修身治國立場可以歸納入「君佚臣勞」的類型裡。

此外，本文中段則是以《管子》四篇爲主要文獻，並參酌其它言論來論證「君佚臣勞」的合理性，其中有黃老派的《管子》四篇、亦有其它像是法家的作品。後段則是論述法家集大成者韓非的觀點，韓非生當戰國末世，承接先秦諸子面對天下局勢的見解，將各家主張的生命理想放置在政治權力的運作中，或批判檢討或是融合吸納。在思想上，韓非師承荀子，爲學又本於黃老，並發揮老子道德之說，轉益多師而自成大師，因此形成了一套突出的政治理論。但黃老固爲豐富韓非思想的資源，但論其本質，韓非思想的骨架仍然是法家。也因爲如此，韓非才可以在融合多家的基礎上不致於滅頂、失去自身的特色，〔註134〕因此本節除了處理韓非的身體政治論之外，也試圖疏理他與荀子、黃老的異同。

黃老思想與《黃老帛書》

在《黃老帛書》中，強調（天）道的文句極多。道雖無具體形象，卻是萬物共通的質素，也是萬物存有的本然狀態，同時更象徵著天地秩序。聖人若能理解此道，其實也就理解了「一」、「虛」，這些辭彙與「道」是共通的。〔註135〕可是黃老帛書的道並非僅僅是爲了建構形上哲學，而是就人事秩序來談，〔註136〕這就一轉爲治世之道，其中最重要的則是法度與刑名：〔註137〕

法度者，正之至也。而以法度治者，不可亂也。

欲知得失，請必審名察刑（形）。刑（形）恒自定，是我俞（愈）靜。

前已言之，道既然爲天地自然所依循，法由道而生，法當然也有了權威與神

〔註134〕王邦雄，《韓非子的哲學》，頁29～93。
〔註135〕陳麗桂，《戰國時期的黃老思想》，頁54～63。
〔註136〕閻鴻中，〈試論《黃老帛書》的理論體系〉，《臺灣大學歷史學報》15期，頁4～5。
〔註137〕陳鼓應，《黃帝四經今註今譯》，頁123、401。

聖性，爲政者依道，當然也要依法。法同時也是一切客觀的基準，〔註138〕法的推行又有賴於形名。〔註139〕形名，戴君仁認爲「形」、「刑」互通，「形」亦包涵「實」之意，是物之實，名則是人所賦予的稱呼，形與名是一物的兩面。「形」另外也有「刑罰」的意思，形與刑亦可互通。〔註140〕《黃老帛書》裡的形名觀非常符合這種解釋，其中有作「形」字解，乃徵象之意，此外如〈十六經‧觀〉裡也有解爲刑罰的用法，〔註141〕特別是其中有「先德後刑」之說。乍看之下，「先德後刑」正是爲政以德式身體政治論的主張，可是此說內涵顯然與儒墨相差甚遠，畢竟《黃老帛書》的德不止是德政的意思，主要是指物質利益的恩惠。〔註142〕而且這句話在《黃老帛書》的脈絡裡中是以德、刑搭配陰陽四時，春夏爲德，秋冬爲刑，春夏在前秋冬在後，是以先德後刑，〔註143〕用意仍是說明應遵守天道自然秩序，不該以人逆天，陳鼓應解釋此句頗爲的當：「自然之四時節序之交替更迭而長養萬物，人事之德賞刑罰相互爲用以教化眾生」。〔註144〕進一步來講，《黃老帛書》首重的畢竟仍是法而非德，即便是說「先德後刑」，也仍然是就法治之下而言。〔註145〕畢竟君王若能執法守法，此即君王之「德」，〈經法‧六分〉：「主上執六分以生殺，以賞〔罰〕，以必伐。天下大〔太〕平，正以明德……，故王天下」〔註146〕，六分就是六順

〔註138〕陳鼓應，《黃帝四經今註今譯》，頁48。

〔註139〕形名之說可能出現得很早，據說春秋時的鄧析便「好刑名，操兩可之說，設無窮之辭」，而老莊雖多次分別使用形、名，但並未連接並用，形名亦非其主要思想，到了黃老與法家手上，才變成重要概念。陳鼓應，《黃帝四經今註今譯》，頁55～58。

〔註140〕戴君仁，《梅園論學集》，頁301～305。

〔註141〕閻鴻中認爲此足以證明〈十六經〉可能較〈經法〉晚出。可參閻鴻中，〈試論《黃老帛書》的理論體系〉，《臺灣大學歷史學報》15期，頁19～20。

〔註142〕金春峰，《兩漢思想史》（增補第三版），頁30。

〔註143〕「春夏爲德，秋冬爲刑，先德後刑以養生」。陳鼓應，《黃帝四經今註今譯》，頁276。

〔註144〕陳鼓應，《黃帝四經今註今譯》，頁278。另外在〈經法‧論約〉中又可見到「三時成功，一時刑殺」之說，此與前說「春夏爲德，秋冬爲刑」又有不同，這也是《黃老帛書》的不嚴謹之處。另外〈稱〉也提到「無刑」之說，但較屬理想性質，基本上是在肯定刑罰功用之餘，再加上若干憧憬的說法。可參閻鴻中，〈試論《黃老帛書》的理論體系〉，《臺灣大學歷史學報》15期，頁14～15。

〔註145〕王曉波，《道與法：法家思想與黃老哲學解析》，頁182～186。

〔註146〕陳鼓應，《黃帝四經今註今譯》，頁138。

與六逆的標準，掌握此標準，自然就能夠賞罰分明，這還是得靠法，有了法才能「明德」、「王天下」。

不止如此，無為也得依據形名而行，〈十六經·觀〉說：「是故為人主者，……，毋亂民功，毋逆天時」〔註147〕，要如何才能不亂民功？不逆天時呢？所依據的仍還是形名之法，前引〈十六經·名刑〉：「欲知得失，請必審名察刑（形）。刑（形）恒自定，是我俞（愈）靜」，下句則續曰：「事桓自施，是我無為」，〔註148〕透過形名來重新詮解無為，這就是黃老無為與老莊無為的最大差異之處。

形名並用，〔註149〕其實就是循名責實，凡事物皆有名指涉之，物有其形，命其形者則為名，也就指此物之實，是講究具體事實與命物之名的相符合，形名即包涵了名實之意，〔註150〕〈經法·名理〉：故曰：「刑（形）名出聲，聲實調合」，〔註151〕「聲」即是指具體名稱，事物都是由形名而組成，而一事物皆有其「聲」（具體稱呼），兩者相成，即是「聲實調合」。〔註152〕再從語意學來看，「名形已定」，〔註153〕就是使用的詞語已具有指謂定義，因此只要符合這個「名」的事物皆可為此「名」所稱，進一步來說，更可以用「名」來認識此具體事物，依名而探究其物其理，〔註154〕〈經法·名理〉：「故執道者之觀於天下，見正道循理，能與曲直，能與冬（終）始，故能循名廄（究）理」，〔註155〕即是此意。

綜合而觀，形名即是要連繫名與實的關係，稽實以定名，反過來講，就是制名意在指實。也就是說，名之所以為名，就是此物之所為此物之理，因此名與實是一體、密不可分的。〈經法·道法〉：「凡事無大小，物自為舍。逆順生死，物自為名。名刑（形）已定，物自為正」，〔註156〕藉由透過定立名分

〔註147〕陳鼓應，《黃帝四經今註今譯》，頁282。
〔註148〕陳鼓應，《黃帝四經今註今譯》，頁401。
〔註149〕郭梨華認為「形名」正是黃老學繼承老子發展的重要觀念之一。郭梨華，《出土文獻與先秦儒道哲學》，頁111～112、130～133。
〔註150〕陳麗桂，《戰國時期的黃老思想》，頁74。龔鵬程，《文化符號學》，頁135～137。
〔註151〕陳鼓應，《黃帝四經今註今譯》，頁245。
〔註152〕陳鼓應，《黃帝四經今註今譯》，頁247。
〔註153〕陳鼓應，《黃帝四經今註今譯》，頁74。
〔註154〕王曉波，《道與法：法家思想與黃老哲學解析》，頁167。
〔註155〕陳鼓應，《黃帝四經今註今譯》，頁245。
〔註156〕陳鼓應，《黃帝四經今註今譯》，頁74。

的方法，推諸事理，然後遵行天道之法，則萬物自被安排在既定的秩序之中，國家當可治理。進一步來看，君王若能因循此道，自然可以無爲而無不爲，〔註157〕《黃老帛書》稱這種治國之術爲王術。知王術者，雖驅騁馳獵、飲食喜樂亦不會沉淪其中：「知王術者，驅騁馳獵而不禽芒（荒），飲食喜樂而不面（湎）康，玩好嬛（嬿）好而不惑心……。」〔註158〕

關於形名與無爲，必須要再多作解釋。勞思光曾指出先秦論名之說，可分爲兩支派：一是以孔子「正名」爲始，而終於韓非「刑名」，重在以名爲標準，而建立秩序，可謂「實踐旨趣」。另一支則始於老子，後轉爲名家辯者之言，終於墨辯，其特色在於「理論旨趣」。〔註159〕基本上勞思光是就「理論」（思辯）與「實踐」的角度出發，孔子意在指出名與實的明確性，故強調名實合一者如孟子、荀子、韓非，都是在政治社會的層面上論說名學，其特色爲「實踐旨趣」。而老子則以「無名」爲論，認爲名是障蔽，因此以道爲無名，萬物爲有名（「道常無名，始制有名」），其後公孫龍、墨辯學者都是在思辯學理上澄清名實問題，但爲思辯而思辯，此非老莊所能贊同，是以此一支並未在道家內部發展，反而轉成另一學派（名家）爲中心，然其形上學旨趣，皆頗近似，故勞思光稱此爲「理論旨趣」。

勞思光所言，雖已就名實問題澄清儒道差異，但其所言或有再值得探討之處。首先，老子論無名，同時也是指復性歸根的體道自然，其過程亦是由無爲而行，老子則稱之爲「無名之樸」：〔註160〕

> 道常無爲而不爲。侯王若能守之，萬物將自化，化而欲作，吾將鎮
> 之以無名之樸。無名之樸，夫亦將不欲。不欲以靜，天下將自正。

無爲、無名其實都是歸之於道的方式或是狀態，若按照勞思光的定義，同樣也是一種「實踐旨趣」，而老子又明言：「天下將自正」，這也正是個人修身到社會政治秩序的返本歸初，是故老子既有「理論旨趣」，亦有「實踐旨趣」。再者，勞思光並未分析《黃老帛書》或是《管子》四篇等黃老之學的文獻，只是指出「所謂『刑』或『形』，皆指實際成績而言，亦與『實』相似，……此乃法家之『形名』觀念」、「又因韓非利用老子『無爲』一觀念，而以權術

〔註157〕鍾宗憲，《先秦兩漢文化的側面研究》，頁170～173。
〔註158〕陳鼓應，《黃帝四經今註今譯》，頁142。
〔註159〕勞思光，《新編中國哲學史》（一），頁378～382。
〔註160〕陳鼓應，《老子今註今釋及評介》，頁188。

釋之」、「故漢人多有習『黃老刑名之術』者，其實皆韓非一系之『刑名』也」，
〔註161〕勞思光已明言形名與無爲皆是承自韓非詮釋而來，兩者構成了「黃老
刑名之術」，則形名與無爲息息相關，此亦與本文在上段言及的「無爲也得依
據形名而行」一致。以此觀之，不管是《黃老帛書》或是韓非，他們論形名，
都是由「無爲」而產生的「實踐旨趣」。不止如此，在思考形與名關係時，是
以無爲來講形名，正如上段所分析的，同樣也有著「理論旨趣」。因此與其說
形名是孔子「名實」一派的說法，不如說這是引用老子無爲而無不爲來解釋
形名，其傳承關係與道家反而較爲近切，並非儒家。〔註162〕

　　再回到《黃老帛書》，就法與形名來看，上下關係其實也就是穩定的君臣
關係。〈經法・六分〉提出的「六順」，主不失其位、主惠臣忠、主主臣臣、
上下不（走斥）、主執度臣循理、主得位臣楅（輻）屬，〔註163〕都是就君臣名
分來談，名份是不能動搖的，甚至「君臣易立（位）冐（謂）之逆」。〔註164〕
不止如此，《黃老帛書》一方面要求臣子必須盡忠、一方面又要求君王必須「重
士」，〈稱〉甚至以師、友、賓來稱呼帝、王、霸的臣子。〔註165〕而這兩方面
又同歸之於君主的無爲：〔註166〕

> 王天下者有玄德，有〔玄德〕獨知〔王術〕，〔故而〕王天下而天下
> 莫知其所以。王天下者，輕縣國而重士，故國重而身安……，賤身
> 而貴有道，故身貴而令行。

「賤身」與老子說的「後其身」類似，都是指以退爲進、以無身而貴身的原
則，即是「無爲」，〔註167〕「輕縣國」則是不吝分賞縣國，因此爲政者又應
賤財，〔註168〕前所舉的師、友、賓也應該以這種角度來看：以無爲之法重士、

〔註161〕勞思光，《新編中國哲學史》（一），頁381。
〔註162〕另外，不管是公孫龍或是墨辯學者，其實都是就名的方法來正名實，其目的
　　　　仍在於名實合一，只是他們使用的論證方法與儒、道、黃老皆有不同，但論
　　　　名實相符，反而較近於孔子而非老莊，因此把公孫龍等名學視爲孔子一支，
　　　　其說恐可再議。可參徐復觀，《公孫龍子講疏》（臺北：學生，1966），頁12、
　　　　40。錢穆，《中國學術思想史論叢》（卷三）（合肥：安徽教育出版社，2004），
　　　　頁155～156。
〔註163〕陳鼓應，《黃帝四經今註今譯》，頁136～137。
〔註164〕陳鼓應，《黃帝四經今註今譯》，頁153。
〔註165〕陳鼓應，《黃帝四經今註今譯》，頁419。
〔註166〕陳鼓應，《黃帝四經今註今譯》，頁148。
〔註167〕王曉波，《道與法：法家思想與黃老哲學解析》，頁191。
〔註168〕王曉波，《道與法：法家思想與黃老哲學解析》，頁192。

制臣，則下者自能盡忠報上。換言之，以祿位財貨給賜，以求臣子盡心盡力、忠於主上，〈稱〉：「不受祿者，天子弗臣也，祿泊（薄）者，弗與犯難。」〔註169〕君王本身也應賤身而貴道，如此一來君王就能法天因道、循名責實而無爲了，這就從《老子》的「無爲」發展成「君佚臣勞」，而在強調佚勞的同時，也將無爲收納於內，並且對無爲作了一些改造。〔註170〕無爲就能君佚，君佚又建立在臣勞之上，雖然《黃老帛書》通篇未見此四字，但就其主張的君臣關係、王術、乃至於接下來要談的修身而言，君佚臣勞顯然是《黃老帛書》的重要思想。此說不止是《黃老帛書》獨有，在《莊子》也有類似的說法：〔註171〕

> 上无爲也，下亦无爲也，是下與上同德，下與上同德則不臣；下有爲也，上亦有爲也，是上與下同道，上與下同道則不主。上必无爲而用天下，下必有爲爲天下用，此不易之道也。〈天道〉
>
> 无爲而尊者，天道也；有爲而累者，人道也。主者，天道也；臣者，人道也。〈在宥〉

第一則引文是說君臣皆無爲，則臣失其職，君臣皆有爲，則君失其位，因此君無爲臣有爲才是正理。第二則是用天道無爲、人道有爲以明君臣之分。關於這類的說法，由於在書中僅此數見，且屬外篇，故究竟是莊子還是莊子後學的黃老派所言，仍未可知，但以莊子後學的可能性較大。〔註172〕況且此說亦與老莊對待賢才的觀點不同，此處所言顯然是注重人才的。基本上「尚賢」是先秦諸子的共同議題，可是儒墨與法家看待賢才的定義不同，前者混同道德與才幹爲一，韓非則明分兩者，以強調尊君的必要性。另外老莊則是主張「反尚賢」，其中《老子》屢言反尚賢，用意乃在使民不爭，莊子則是企圖消泯材（賢）與不材（賢）而任自然。〔註173〕但是引文中明見君臣之分，君無爲而臣有爲，因此君王自然要「尚賢」才能無爲，這與《莊子》言

〔註169〕陳鼓應，《黃帝四經今註今譯》，頁419。

〔註170〕這也正是黃老學說的特徵之一，可參張增田，《黃老治道及其實踐》，頁230～235。

〔註171〕（清）郭慶藩，《莊子集釋》，頁465、401。

〔註172〕劉笑敢與張增田都認爲這是莊子後學中的黃老派所言。劉笑敢，〈莊子後學中的黃老派〉，《哲學研究》（1985年第6期）。張增田，《黃老治道及其實踐》，頁233～234。

〔註173〕黃俊傑，《春秋戰國時代尚賢政治的理論與實際》。

齊物以消除材與不材、用與無用的對立頗不相同，似可見莊子後學的進一步發展。換個角度來講，這種「君佚臣勞」式的觀點並非莊子本有觀點，而是後學的推衍，可是這種說法仍是由《老子》「無爲」之說而引發出來的潛議題，君要無爲，就必須建立在「臣有爲」之上，從老莊到黃老，其中發展脈絡清晰可見。

　　那麼，究竟要如何講求形名與道法呢？這仍舊得從修身／治國上來講，「上用□□而民不糜（迷）惑，上虛下靜而道得其正，……上信無事，則萬物周扁，分之以其分，而萬民不爭，授之以其名，而萬物自定」，〔註174〕修身之道，即是「虛」，則是「后中實而外正」的「正靜」：〔註175〕

　　　　（閹冉）對曰：「始在於身，中有正度，後及外人。外內交綏（接），
　　　　乃正於事之所成。」黃帝曰：「吾既正既靜，吾國家寙（愈）不定，
　　　　若何？」對曰：「后中實而外正，何患不定？左執規，右執矩，何患
　　　　天下？……」

修身既然可以治國，但黃帝反問自己早已既正且靜，國家卻未因此而治，此爲何故？就閹冉看來，顯然黃帝對修身之道仍未明，於是閹冉又再進一步解釋，必修求內刑，「後〔乃〕自知屈其身」，屈是抑退，「屈其身」似發揮《老子》「知其雄，守其雌，爲天下谿」之意，即是以退爲進、以弱爲強，〔註176〕而「身」既是指內的自身，故曰：「內刑」，亦能指外在的身體，這從之後閹冉的回答可見：〔註177〕

　　　　（閹冉）對曰：「……，今天下大爭，時至矣，后能愼勿爭乎？」黃
　　　　帝曰：「勿爭若何？」對曰：「怒者血氣也，爭者外脂膚也。怒若不
　　　　發，浸廩是爲癰疽。后能去四者，枯骨何能爭矣。」黃帝於是辭其
　　　　國大夫，……，談臥三年以自求也。

怒氣不發，浸潤皮膚就會變成癰瘡，而失此四者（血、氣、脂、膚）則與枯骨無異。試問，枯骨又如何能爭天下？因此黃帝辭別大臣，上博望山修身，修身目的在於能夠妥善掌握四者、內外一如，以期日後可與蚩尤爭勝決戰。顯然地，這裡是指黃帝必先以退爲進，退是內刑、屈其身，內在影響外在，「后

〔註174〕陳鼓應，《黃帝四經今註今譯》，頁481。
〔註175〕陳鼓應，《黃帝四經今註今譯》，頁292。
〔註176〕魏啓鵬，《馬王堆漢墓帛書《黃帝書》箋證》（北京：中華書局，2004），頁
　　　　119。
〔註177〕陳鼓應，《黃帝四經今註今譯》，頁295。

中實而外正」，就是修身，先修身其後方能進能爭，而內外兼顧，也正是中國身體觀的特色。

相較《管子》或是其它黃老著作而言，《黃老帛書》雖也言修身治國，但對於修身的直接描述則不多，[註178] 究竟該如何修身，或也語焉未詳。相形之下，同爲黃老思潮影響下的《管子》四篇對此則多有著墨，其論心術與主術，顯然便是修身治國兼具的說法。因此我們接下來不妨也從《管子》四篇的角度來看「君佚臣勞」式的身體政治論。

黃老思想與《管子》四篇

《管子》一書內容博雜，學者大多認爲是眾家學說的整理總匯，[註179] 其中內容或有矛盾，像是有主張先刑後德與「刑治派」與德先後刑的「德治派」、又或是法與禮究竟誰源於誰，在〈樞言〉與〈任法〉二篇中卻有不同說法。[註180] 儘管如此，在這些博雜多家的理說之中，有些篇章的內涵仍然是極爲類似的，其中最受學者重視的莫過於《管子》四篇，分別是〈心術上〉、〈心術下〉、〈白心〉、〈內業〉。關於《管子》四篇的作者，學者爭議亦多，郭沫若曾發表〈宋銒尹文遺著考〉，考證《管子》四篇是宋銒、尹文二人著作，[註181] 裘錫圭最初認爲是愼到、田駢一派的作品，其後再經檢討，認爲郭說與己說證據都嫌不足。[註182] 在這幾種說法之下，學者又各有批評與推衍，如張岱年否定兩說、又或是孫開泰對宋銒、尹文之說提出補充論證等等，[註183] 因此《管子》四篇作者究竟爲何，言人人殊，尚未可知。但我們如果就歷

[註178] 陳麗桂指出《黃老帛書》修養術即是「正靜」與「因時」。陳麗桂，《戰國時期的黃老思想》，頁 100～106。但與同是黃老學說密切相關的《管子》四篇、《尹文子》相比，《黃老帛書》既未言心亦未言氣，更無論形之轉化，並未對修身提出比較細膩的看法，因此《黃老帛書》雖也認爲修身治國同爲一體，但其身體政治論是著重於治道而非修身。

[註179] 葉適、朱熹都認爲《管子》一書雜染諸家，非一人一時之筆，可參胡家聰，《管子新探》，頁 424～427。

[註180] 王曉波，《道與法：法家思想與黃老哲學解析》，頁 273～289。

[註181] 郭沫若，《青銅時代》（北京：中國人民大學出版社，2005），頁 184～204。郭沫若，〈稷下黃老學派的批判〉，收入氏著，《十批判書》，（臺北：古楓出版社，1986），頁 154、160～163。

[註182] 裘錫圭，《文史叢稿——上古思想、民俗與古文字學史》（上海：遠東，1996），頁 69～74、17。

[註183] 關於各學者論證，請參閱張固也，《管子研究》，頁 275～277。

來討論求其同處，基本上目前學界普遍認爲《管子》四篇可以視作黃老之學的文獻，這是沒有問題的。〔註184〕因此本節便以《管子》四篇爲主，其它相關篇章爲輔，分析黃老學說的身體政治論。

《管子》四篇中的〈心術〉就佔了兩篇。「心術」一詞在古籍中已出現，根據張舜徽的看法，兩者是息息相關的，所謂的主術就是闡明君王南面之術，以言治國之理，可是主術又歸之於心，不僅《管子》四篇如此，乃至於百家之言，就其同處而看，無不如此，只是用語各有不同罷了。〔註185〕楊儒賓也從身體觀的角度指出「心術」與「白心」、「內業」一樣，都是指內心之學、都是指修心，而身心一如，身形的轉化又賴於心的修養，心的修養也必定呈現在外在形體，內外兼論，因此修心其實就是在講修身。〔註186〕更進一步來講，《管子》四篇講的是內心之學，其中內容又多是針對君王之道而開展，這就使得修身與治國有了連結關係。而綜合張舜徽與楊儒賓的觀點，我們可以歸納出《管子》四篇的共同趨向，那就是主術與心術，相對來講，因爲主術就是治國、心術就是修身，但是兩者又是密切相關，是一種連續性、由內而外的覺醒過程，也是由身體小我擴及政體大我的論點，〔註187〕用本文的話來講，就是「身體政治論」了。

〈心術上〉的「經」一開頭就明言：「心之在體，君之位也，九竅之有職，官之分也」，〔註188〕心就像君王是國家的重心，而九竅各有職責功能，就好像大臣百官一樣，也因爲心的地位優於其它器官，所以修心就能連帶轉化身形：〔註189〕

> 定心在中，耳目聰明，四枝堅固，可以爲精舍。

> 所以脩心而正形也。

那麼要如何定心修心呢？關鍵在於虛靜：「無求無設，則無慮。無慮則反覆虛矣」。〔註190〕虛是保持心靈的空靈清明，虛其欲，以掃除心受外物的干擾，靜

〔註184〕陳鼓應，《管子四篇詮釋──稷下道家代表作》，頁54。
〔註185〕張舜徽，《周秦道論發微》，頁202。
〔註186〕楊儒賓，《儒家身體觀》，頁219、248～249。
〔註187〕陳佩君，《先秦道家的心術與主術──以《老子》、《莊子》、《管子》四篇爲核心》，頁59～61。
〔註188〕黎翔鳳，《管子校注》，頁759。
〔註189〕黎翔鳳，《管子校注》，頁937、935。
〔註190〕黎翔鳳，《管子校注》，頁776。

則是讓心止於安和無擾,「動則失位,靜乃自得」, 〔註191〕因此虛靜不但是治心的重要步驟,虛與靜更是心的理想狀態,心靜與虛心方能「心全於中,形全於外」。〔註192〕可是心的理想狀態其實是與「氣」同流的,前引文「精舍」云云,即是指此,〈內業〉解釋道:〔註193〕

> 精也者,氣之精者也。

氣之精也,即是指精氣。精氣之說,在〈心術下〉與〈內業〉隨處可見,由於兩篇文字極爲相同,郭沫若比較兩者,認爲前者是後者的副本。〔註194〕裘錫圭繼承了這樣的看法,並對「精氣」說作了更細膩的研究,他指出稷下道家認爲氣存在於天地之間,其中特別精微的氣就叫作精,人得到精氣才能思能知,而爲了要保持精氣,就應該要正靜寡欲,因此精氣成爲修身的重要關鍵。〔註195〕裘錫圭的說法極爲精彩,但是我們在〈內業〉中同時也可以看到民氣、善氣、寬氣、雲氣、靈氣、摶氣、血氣、惡氣的用法,〔註196〕這些詞語與「精氣」有著怎麼樣關聯呢?在此我們必須要一一分析。丁士涵認爲「民氣」乃「此氣」之誤,「氣」仍是指「精氣」,黎翔鳳否定這種說法,認爲民與聖人不異,民氣登天入淵,此正可見上下與天地同流之意,所以「民氣」並沒有誤寫。〔註197〕「寬氣」,房玄齡注曰:「當寬舒其氣,而廣有所容」。〔註198〕「雲氣」,房玄齡解爲「比之於雲氣之行氣,似天之布雲」,安井衡反對此說,認爲「雲」應該是「云」才對,云是運行之意。〔註199〕房玄齡解釋未必爲誤,「雲氣」在《墨子》時已可見,多以占望雲氣以卜吉兇,不止如此,甚至《史記》、《淮南子》仍可見此說。〔註200〕而純粹使用雲氣,以表達處境,不含有問卜意思的則有宋玉〈高唐賦〉:「望高唐之觀,其上獨有雲氣」、《莊子‧逍遙遊》:「乘雲氣,御飛龍」、〈齊物論〉:「乘雲氣,騎日月,而遊乎四海之外」,皆可見雲氣的用法。〔註201〕〈內業〉雖未言占卜,但採用古代雲氣

〔註191〕黎翔鳳,《管子校注》,頁 759。
〔註192〕黎翔鳳,《管子校注》,頁 939。
〔註193〕黎翔鳳,《管子校注》,頁 937。
〔註194〕郭沫若,《青銅時代》,頁 189～192。
〔註195〕裘錫圭,《文史叢稿——上古思想、民俗與古文字學史》,頁 16～25。
〔註196〕黎翔鳳,《管子校注》,頁 931、943、948、950。
〔註197〕黎翔鳳,《管子校注》,頁 932。
〔註198〕黎翔鳳,《管子校注》,頁 948。
〔註199〕黎翔鳳,《管子校注》,頁 949。
〔註200〕黃俊傑,《孟學思想史論》(卷一),頁 42～43。
〔註201〕(清)郭慶藩,《莊子集釋》,頁 14、28。

一詞，以人體內運行之氣類比天之雲氣，故曰：「大心而敢，寬氣而廣，其形安而不移，……，見利不誘，見害不懼，寬舒而仁，獨樂其身，是謂雲氣，意行似天」〔註202〕，意行似天，即說明其類比之用，況且古代云、雲互通，云是古文，小篆加雨爲雲。在先秦諸子的使用裡，「云」亦無運行意涵。〔註203〕「靈氣」，陳鼓應釋爲「精氣在心已生爲智慧者」〔註204〕，陳鼓應所言大致無誤，但未必是指精氣而言，靈有可能只是指空靈、靈明之心，氣落於心上則成「靈氣」。〔註205〕房玄齡解「摶氣」爲結聚純氣，黎翔鳳考證「摶」即古「專」字，意與房玄齡同。〔註206〕

　　經由上述的分析，我們大致可以歸納出這些「氣」：血氣是指人之血液氣類，並無價值判斷，惡氣則是指氣之下者。其它諸如善氣、寬氣、雲氣、靈氣、摶氣都是指在「氣」之前加上理想性的形容或是狀詞，皆是指氣之上者、善者，雖未必絕對精確等同於「精氣」，但實可互爲詮解，同時也和精氣一樣，是修身必須掌握利用的氣。（民氣文字校勘尚有可議，故不列入）

　　前已言之，氣的理想狀態既然與心合流，心氣合形，自能貫充於全身，轉化身體：〔註207〕

　　　　氣者，身之充也。行者，正之義也。充不美，則心不得。行不正，
　　　　則民不服。

從心氣到「身」——到「行」——再到「民」。〈內業〉亦云：「氣意得而天下服。心意定而天下聽」，〔註208〕顯然地，此處所言，正是修身可以治國的路數。〔註209〕而無爲正是其中關鍵，〈心術上〉：「心術者，無爲而制竅者也」，〔註210〕

〔註202〕　黎翔鳳，《管子校注》，頁948。
〔註203〕　（漢）許愼著，（清）段玉裁注，《說文解字注》，收於《漢小學四種》，頁585。康有爲亦引桂馥之語，以證云與雲互通，只是康有爲的用意在於證明古代文字由繁入簡的「公式」。此公式當不被現今文字學研究所承認。康有爲著，朱維錚、廖梅校，《新學僞經考》（香港：三聯書店，1998），頁108～109。劉芝慶，〈論康有爲與廖平二人學術思想的關係——從《廣藝舟雙楫》談起〉，《中國歷史學會第五屆研究生論文發表會》（2008），頁24。
〔註204〕　陳鼓應，《管子四篇詮釋——稷下道家代表作》，頁123。
〔註205〕　楊儒賓，《儒家身體觀》，頁221～222。
〔註206〕　黎翔鳳，《管子校注》，頁943～944。
〔註207〕　黎翔鳳，《管子校注》，頁778。
〔註208〕　黎翔鳳，《管子校注》，頁943。
〔註209〕　馬耘就指出「治國之本在於治身」是連接「精氣說」與「治天下」的接合點。馬耘，〈稷下道家各派的交流與昇華——《管子》〈內業〉等四篇學術內涵淺議〉，《哲學與文化》廿六卷第五期（1999年5月），頁488。

九竅各有其職，而心術則以無爲而制之，也正因爲心術與主術是密切相關的連續關係，內心之學可擴展當治國之術，所以《管子》四篇才說心術其實就是無爲之法，關於無爲之說，詳下。當然修身不止是求之於心而已，同時也可依於外在的禮樂詩教，此則「內靜外敬」：〔註211〕

> 凡人之生也，必以平正；所以失之，必以喜怒憂患，是故止怒莫若詩，去憂莫若樂，節樂莫若禮，守禮莫若敬，守敬莫若靜，內靜外敬，能反其性，性將大定。

而禮義等規範，與法一樣，都出自於道：〔註212〕

> 虛無無形謂之道，化育萬物謂之德。君臣父子人間之事謂之義。登降揖讓，貴賤有等，親疏之體，謂之禮。簡物小未（大）〔註213〕一道，殺僇禁誅謂之法。

虛而無形的道，展現在萬物化育之中，即是「德」。德者，得也，「其謂所得以然也」。〔註214〕這段話是說，透過「德」的中介，道得以落實在世界萬物，成爲君臣父子名分的義、又或是社會階級秩序的禮、以及統一人事物理規範的法，〔註215〕因此道不但是修身之理，更是治國的準則、〔註216〕是人事生死敗成的關鍵：「道也者，⋯⋯，人之所失以死，所得以生也，事之所失以敗，所得以成也。」〔註217〕

前面已經提過，《管子》四篇的心術主術，最重無爲。與《黃老帛書》類似的，無爲仍是藉由「因」而制定「形名」：〔註218〕

> 無爲之道，因也。因也者，無益無損也。以其形，因爲之名，此因之術也。名者，聖人之所以紀萬物也。

「形名」是制度萬物名實間的關係，這與前引文的禮樂是一致的，都是要固定天地萬物的名分，使其秩序井然，然後循名責實，以此治國。〔註219〕也就

〔註210〕黎翔鳳，《管子校注》，頁767。
〔註211〕黎翔鳳，《管子校注》，頁947。
〔註212〕黎翔鳳，《管子校注》，頁759。
〔註213〕丁士涵疑「未」爲「大」之誤，張舜徽繼之，且又加以分析論證，認爲此確是「大」字。可見張舜徽，《周秦道論發微》，頁209。
〔註214〕黎翔鳳，《管子校注》，頁770。
〔註215〕陳鼓應，《管子四篇詮釋──稷下道家代表作》，頁138～144。
〔註216〕陳鼓應，《管子四篇詮釋──稷下道家代表作》，頁34～39。
〔註217〕黎翔鳳，《管子校注》，頁935。
〔註218〕黎翔鳳，《管子校注》，頁771。
〔註219〕王曉波，《道與法：法家思想與黃老哲學解析》，頁267。

是說，君王藉由虛靜修心，保持精氣，如此自然能耳目聰明，然後循名責實，以行無爲之道，在此無爲與形名是息息相關的。

此間尚有一個關鍵，那就是君佚臣勞。在一開頭所引〈心術上〉的「經」，明言以身心喻君臣，事實上也就指出了君無爲而臣必須有爲的觀點，因爲下面一段話續道：〔註220〕

> 上離其道，下失其事。毋代馬走，使盡其力；毋代鳥飛，使獒其羽
> 翼；毋先物動，以觀其則；動則失位，靜乃自得。

君若不遵無爲之術，則臣必定失去原有職事。因此〈心術上〉主張爲政者不該越位干涉，故〈心術上〉的「解」說：「無代馬走，無代鳥飛，此言不奪能，能（而）（上）不與下誠（成）〔註221〕也」，明指君臣異道，君不應有爲，而臣則如九竅一般，應該要循理、勤於事務。〔註222〕〈宙合〉、〈九守〉也呼應這樣的說法：〔註223〕

> 君出令佚，故立于左。臣任力勞，故立于右。〔註224〕

> 心不爲九竅，九竅治，君不爲五官，五官治。……。君因其所以來，
> 因而予之，則不勞矣。聖人因之，故能掌之，因之修理，故能長久。
> 〔註225〕

因爲君佚臣勞才是正理，所以對於君王必須以身作則、先之勞之的做法非常不以爲然，認爲有害於政事，《管子・七臣七主》更將其稱爲不明職分的「勞主」：〔註226〕

> 勞主不明分職，上下相干，臣主同，則刑振以豐，豐振以刻。去之
> 而亂，臨之而殆，則後世何得？

君王不守無爲，身在政先的結果，就是上下相干，不明分職，因此勞主是不對的。更進一步來看，君王應該要善「因」，要能因順、因循、因勢，「君因

〔註220〕黎翔鳳，《管子校注》，頁 759。

〔註221〕張汝綸改「誠」爲「成」，于省吾認爲第二個「能」應爲「而」，張舜徽不認同于說，認爲「能」應該是「上」。張舜徽，《周秦道論發微》，頁 218～219。

〔註222〕陳佩君，《先秦道家的心術與主術——以《老子》、《莊子》、《管子》四篇爲核心》，頁 231～233。

〔註223〕黎翔鳳，《管子校注》，頁 211、1044。

〔註224〕陳鼓應認爲〈宙合〉亦可視爲黃老學說的文獻。陳鼓應，《管子四篇詮釋——稷下道家代表作》，頁 60～61。

〔註225〕胡家聰認爲〈九守〉提出了九種守則，是〈心術上〉理論具體化的發展。胡家聰，《管子新探》，頁 345～346。

〔註226〕黎翔鳳，《管子校注》，頁 982。

其所以來，因而予之，則不勞矣」，〔註227〕行賞罰要善因，治國亦是如此，「因」就是「無爲之事」。〔註228〕

　　綜合前面數節的看法，從心術到主術、從修身到治國，再從《老子》的無爲到《管子》四篇的無爲，漸漸突顯了「君佚臣勞」的主題，並且成爲一種重要的身體政治論類型。此不獨爲黃老學派的《黃老帛書》與《管子》四篇爲然，在與黃老、法家相關的人物與文獻中多有可見。《慎子》：

> 臣事事而君無事，君逸樂而臣任勞，臣盡智力以善其事，而君無與焉，仰成而已，故事無不治，治之正道然也。人君自任，而務爲善以先下，則是代下負任蒙勞也，臣反逸矣。

《申子・大體》：〔註229〕

> 明君如身，臣如手；君若号，臣如响。君設其本，臣操其末。君治其要，臣行其詳；君操其柄，臣事其常……。

《呂氏春秋・審分覽・任數》亦引申不害語：〔註230〕

> 古之王者，其所爲少，其所因多。因者，君術也；爲者，臣道也。爲則擾矣，因則靜矣。因冬爲寒，因夏爲暑，君奚事哉？故曰：「君道無知無爲，而賢於有知有爲，則得之矣。」

《商君書》：〔註231〕

> 聖人非能知萬物之要也，故其治國，舉要以致萬物，故寡教而多功。
>
> 聖人之治國，審壹而已矣。
>
> 是以明君之使其臣也，用必出於其勞，賞必加於其功。
>
> 權者，君之所獨制也，……，權制獨斷於君則威……。

君無事、或是君無爲，都必須建立在臣下的有事、有爲之上，君術是因，臣者是爲，君主所重者則是權威，所施之道則爲舉要與審壹，這些說法都可歸結到一個目的：君佚臣勞。

　　除此之外，思想傾向於法家的尹文，也有著與法家韓非類似的說法。《尹文子》：〔註232〕

〔註227〕黎翔鳳，《管子校注》，頁 1044。
〔註228〕黎翔鳳，《管子校注》，頁 771。
〔註229〕（清）嚴可均輯，《全上古三代文》（北京：商務，1999），頁 53。
〔註230〕王利器，《呂氏春秋注疏》（成都：巴蜀書社，2002），頁 1993～1994。
〔註231〕蔣禮鴻，《商君書錐指》（北京：中華書局，2006），頁 105、106、64、82。
〔註232〕錢基博，《名家五種校讀記・尹文子校讀記》，頁 7。

> 慶賞刑罰，君事也；守職效能，臣業也。君科功黜陟，故有慶賞刑
> 罰，臣各所務。故有守職效能。君不可與臣業，臣不可侵君事。上
> 下不相侵與，謂之名正，名正而法順也。

在《商君書》、《尹文子》與韓非的觀念裡，人主掌控權威，明賞罰、主刑術，人主自能夠無爲，〔註233〕而臣下則應遵守明分，守職效能，不能逾越階級，如此一來，自然也就形成「君佚臣勞」了。而法家集大成者韓非，綜合多家思想，特別是在吸收了黃老的學說之後，將「君佚臣勞」式的身體政治論更推向另一種極端。

法家：另種類型的君佚臣勞

　　我們還是先從韓非的修身講起。相較於之前諸子，《韓非子》通篇既無修身的篇章，在他的言論裡也不見太多「修（脩）身」的字眼。〔註234〕可是這不代表韓非不重視修身之術，因爲他是以另外的涵義來講修身，相較之下，韓非雖然不像孔孟荀或是《管子》四篇般多就心與氣的觀點來講內心之學，但在某些篇章中我們仍可看出一些端倪，而以這些篇章出發，再綜合其它的言論，我們也可以一探韓非的修身觀點。

　　這些篇章就是專門爲解釋《老子》文句而作的〈解老〉、〈喻老〉。

　　自民國以來，相繼有胡適與容肇祖等人認爲〈解老〉、〈喻老〉並不是韓非的作品，此說近來已少有學者遵從。〔註235〕從前引司馬遷的話得知，申不害、韓非「原於道德之意」，可見得老子之學對韓非是有影響的。司馬遷又說韓非的刑名法術之學「歸本於黃老」，黃老之學亦與《老子》有關。綜合上說，因此韓非有〈解老〉、〈喻老〉之作是毋寧是很自然之事。〔註236〕只是〈解老〉、〈喻老〉雖明言是解釋《老子》，但實與《老子》本身的說法已有差距，因此目前學者多認爲兩篇其實是韓非以自己的哲學立場解釋《老子》。〔註237〕這個

〔註233〕王曉波，《道與法：法家思想與黃老哲學解析》，頁 229～330。
〔註234〕根據中研院漢籍資料庫的檢索，《韓非子》全書「修身」僅兩見，分別是〈飾邪〉與〈說疑〉。「脩身」則只出現一次，見於〈解老〉。
〔註235〕陳奇猷，《晚翠園論學雜著》（上海：上海古籍出版社，2008），頁 69～77。眾學者對此問題的討論，可參李甦平，《韓非》（臺北：東大，1998），頁 19～20；劉文星，《君人南面之術：先秦至西漢中葉黃老思潮影響下的修身思想與治國學說》，頁 11～12。
〔註236〕王曉波，《道與法：法家思想與黃老哲學解析》，頁 432、454。
〔註237〕王曉波，《道與法：法家思想與黃老哲學解析》，頁 432～434。陳麗桂，《戰國時期的黃老思想》，頁 199。

理解至為重要，因為韓非正是透過兩篇來說明他的修身觀念，可以視為韓非論修身的出發點，所以我們不妨先以這兩篇開頭，其次再接續引用其它篇章，以供證明。

《韓非子》書中言氣的次數不多，全書僅八見，分別見於〈解老〉四次、〈內儲說〉三次、〈五蠹〉一次，都是指天地自然之氣，沒有太特殊的用法。〈解老〉論氣的言論分別是：〔註238〕

（1）知治人者其思慮靜，知事天者其孔竅虛。思慮靜，故德不去。孔竅虛，則和氣日入。故曰：「重積德。」

（2）人處疾則貴醫，有禍則畏鬼。聖人在上則民少欲，民少欲則血氣治，而舉動理則少禍害。

（3）稽萬物之理，故不得不化；不得不化，故無常操；無常操，是以死生氣稟焉，萬智斟酌焉，萬事廢興焉。天得之以高，地得之以藏，維斗得之以成其威，日月得之以恆其光，五常得之以常其位，列星得之以端其行，四時得之以御其變氣，……。

其中（2）是指人的血氣，為一般用法，並無太多深意。其它（1）、（3）的氣較為重要，但指的仍是人必須藉由某些修養原則以納外氣為己用，故曰「和氣日入」、「以御其變氣」。可見得氣在韓非的修身思想中雖不至完全沒有地位，但顯然不是最重要的因素。

與氣類似的，還有「心」。《韓非子》全書言心之處雖甚多，但多就是心的官能與心的狀態而言，並無太多義蘊，更不把心視為修身的重要關鍵，前如者「心欲富貴全壽，而今貧賤死夭，是不能至於其所欲至也」、〔註239〕「人有禍則心畏恐」，〔註240〕是指心作為人的思考或行動基礎的官能性質，後者如姦詐之心、民心、凡心、驕心等等，則是形容心的狀態與傾向。〔註241〕

韓非論修身，重視的是「德」與「虛靜」，總歸來說又可歸於體道。修身

〔註238〕陳奇猷，《韓非子新校注》（上海：上海古籍出版社，2000），頁 396、402、411。

〔註239〕陳奇猷，《韓非子新校注》，頁 388。

〔註240〕陳奇猷，《韓非子新校注》，頁 386。

〔註241〕曾春海就指出，韓非所述及的心較欠缺先驗的形上本心，而在實人之心的趨利避害與對經驗界的認知參驗上較能發揮。曾春海，〈《管子》四篇與《韓非子》的道法論及對比研究〉，《輔仁學誌。人文藝術之部》第 31 期（2004 年 7 月），頁 226。

即是爲了體道，這個基本原則與先秦諸子基本上並無二致，但韓非顯然有他自己的內涵，他說：〔註242〕

> 德者，內也。得者，外也。上德不德，言其神不淫於外也。神不淫
> 於外則身全，身全之謂德。德者，得身也。

德是存身於內，得是從外部而來，可是內外是一體的，不是分離的。當德充於內自然會影響外在身形，韓非稱此爲「身全」，所以韓非才說：「德者，得身也」。那麼要怎麼「身全」呢？韓非主張要「積德」，「積德」是《老子》的語句，《老子》說：〔註243〕

> 早服謂之重積德。

韓非解釋這句話爲：「孔竅虛，則和氣日入」、「能令故德不去，新和氣日至者，蚤服者也」〔註244〕，因爲「和氣」、「新和氣」注入的結果，則「德」不離自身，而「虛靜」又是養德的首要原則，虛則德盛，思慮靜則德不去，虛靜則和氣注於身，注於身則可謂德（得）。虛靜養德又是爲了體道，體道才能保其身治其國。〔註245〕因爲道才是天地萬物遵守的中心，明君守道，當然就能夠治國了，〈主道〉：〔註246〕

> 道者，萬物之始，是非之紀也。是以明君守始以知萬物之源，治紀
> 以知善敗之端。故虛靜以待令，令名自命也，令事自定也。

道是萬物之始，分遍於萬物則是理。理是道的分殊，是特殊的規律，道則是理的總成，是普遍規律，〈解老〉：〔註247〕

> 道者，萬物之所然也，萬理之所稽也。理者，成物之文也；道者，
> 萬物之所以成也。

可是並非任何事物皆可成理，理必須經過「參驗」、「毄理」方可證實爲眞，否則的話就是非愚則誣，當然不能作爲治身治國的原則，〈揚權〉：〔註248〕

> 夫道者，弘大而無形。德者，毄理而普至。

從以上分析可知，「德」在這裡有兩層意思，對修身而言，德就是以虛靜而自

〔註242〕陳奇猷，《韓非子新校注》，頁66。
〔註243〕陳鼓應，《老子今註今釋及評介》，頁264。
〔註244〕陳奇猷，《韓非子新校注》，頁396。
〔註245〕「夫能有其國，保其身者，必且體道。」陳奇猷，《韓非子新校注》，頁397。
〔註246〕陳奇猷，《韓非子新校注》，頁66。
〔註247〕陳奇猷，《韓非子新校注》，頁411。亦可參陳麗桂，《戰國時期的黃老思想》，頁206。王曉波，《道與法：法家思想和黃老哲學解析》，頁444。
〔註248〕陳奇猷，《韓非子新校注》，頁152。

德，可謂身全。就治國而言，則是以「德」治國，治國之德則有賴於「覈理」，如此才能證明德足以遍布天下。其中關鍵則是修身與治國體一不二，這裡就從修身轉向治國的階段──那麼要如何證明以德治國是可行的？〈二柄〉：「殺戮之謂刑，慶賞之謂德」，〔註249〕刑、德是國君控制臣下的兩項利器，就治國之「德」來看，慶賞建構了「德」的內涵，同時也是「覈理」、「參驗」之後確實可行的主張。韓非對此是深具信心的，〈姦劫弒臣〉：〔註250〕

> 人主誠明於聖人之術，而苟於世俗之言，循名實而定是非，因參驗
> 而審言辭。

道落萬物則為理，對於人事物情當然要循名責實、參驗而審，〈二柄〉也說：「審合刑名者，言與事也」，〔註251〕形名就是刑名，形刑通用，既有名實的意思、也有賞罰的意思，此說前已辨之，此處不再重覆。韓非這段話主要是在說為政者要禁止臣下姦行，則應審合刑（形）名。換句話說，即是參驗臣下是否言行一致，因此接下來才說：「為人臣者陳而言，君以其言授之事，專以其事責其功。功當其事，事當其言，則賞；功不當其事，事不當其言，則罰」，〔註252〕賞罰分別，則有賴於參驗、覈理的循名責實。說穿了，這就是「法」、「術」、「勢」的施行運用。為政者依於各種法紀而行賞罰，是謂「法」；以種種治國之術而用刑德，就是「術」，這兩者又依據為政者身處的地位運作，此即「勢」，勢是指權力與威嚴的政治淵源，所以君主應該「任勢」，然後以法、術來保障或是擴張勢的權威性。〔註253〕

法是一切客觀的標準，也是治國的準則，要明於天下，為臣民共同遵守。術則是為政者藏於心中的治國之術，應藏於心中，不讓臣下得知：〔註254〕

> 法者，編著之圖籍，設之於官府，而布之於百姓者也。術者，藏之
> 於胸中，以偶眾端而潛御群臣者也。故法莫如顯，而術不欲見。
> 〈難三〉

〔註249〕陳奇猷，《韓非子新校注》，頁120。
〔註250〕陳奇猷，《韓非子新校注》，頁284。
〔註251〕陳奇猷，《韓非子新校注》，頁126～127。王先慎依盧文弨、顧廣圻之意，認為「異」為「與」的字誤，故應為「言與事」才對，陳奇猷從之。王先慎說可見（清）王先慎，《韓非子集解》（北京：中華書局，2006），頁40。
〔註252〕陳奇猷，《韓非子新校注》，頁126。
〔註253〕林緯毅，《法儒兼容：韓非子的歷史考察》，頁138。
〔註254〕陳奇猷，《韓非子新校注》，頁922～923、957。

> 術者，因任而授官，循名而責實，操殺生之柄，課群臣之能者也，
> 此人主之所執也。法者，憲令著於官府，刑罰必於民心，賞存乎慎
> 法，而罰加乎姦令者也，此臣之所師也。〈定法〉

韓非以歷史發展為例，上古競於道德，故仁義可治；中古逐於智謀，則辯智可行；現今爭於氣力，唯有法可治，〔註255〕因此法是現今最可靠的治國準則。同時為政者也應秉持著虛靜的修身工夫，以靜制動、以一馭多：〔註256〕

> 用一之道，以名為首。名正物定，名倚物徙。故聖人執一以靜，使
> 名自命，令事自定⋯⋯。〈揚權〉

> 人主之道，靜退以為寶。不自操事而知拙與巧，不自計慮而知福與
> 咎。是以不言而善應，不約而善增。〈有度〉

這還是先秦諸子修身等於治國的路子，韓非解釋《老子》「治人事天莫若嗇」〔註257〕，他說：〔註258〕

> 書之所謂治人者，適動靜之節，省思慮之費也。所謂事天者，不極
> 聰明之力，不盡智識之任。⋯⋯，是以嗇之。嗇之者，愛其精神，
> 嗇其智識也。〈解老〉

「嗇」與虛靜、無為一樣，既能治身也能治國，都是術的一種。法、術必有賴於勢，反過來講，勢也不能脫離法、術而獨存。勢是政治權力的重心，法家言勢有廣狹之分，廣義是指一切形勢而言，狹義是以權勢來說，韓非則是由廣入狹，以客觀的形勢轉而說明國君號令的權勢，〔註259〕人君威嚴在於客觀的地位與其所掌有的權力：「千鈞得船則浮，錙銖船則沈，非千鈞輕錙銖重也，有勢之與無勢也。故短之臨高也以位，不肖之制賢也以勢」。〔註260〕君王地位的維持仰賴於勢，所以韓非不斷強調君臣間的關係必須牢固不可動搖，君王也不應放給臣下太多權力：〔註261〕

> 費仲曰：「冠雖穿弊，必戴於頭；履雖五采，必踐之於地⋯⋯。」

> 勢重者，人主之淵也；臣者，勢重之魚也。

〔註255〕陳奇猷，《韓非子新校注》，頁1092。
〔註256〕陳奇猷，《韓非子新校注》，頁145、81。
〔註257〕陳鼓應，《老子今註今釋及評介》，頁264。
〔註258〕韓非引為「治人事天莫如嗇」。陳奇猷，《韓非子新校注》，頁394。
〔註259〕張純、王曉波，《韓非思想的歷史研究》，頁116～117。
〔註260〕陳奇猷，《韓非子新校注》，頁552。
〔註261〕陳奇猷，《韓非子新校注》，頁737、622、615。

權勢不可以借人，上失其一，臣以爲百。

就君臣關係來看，臣子就好像是君王的手足，是受控制而不能自主的，韓非說這種人就是賢臣，〈六度〉：〔註262〕

> 賢者之爲人臣，北面委質，無有二心，朝廷不敢辭賤，軍旅不敢辭難，順上之爲，從主之法，虛心以待令而無是非也。故有口不以私言，有目不以私視，而上盡制之。爲人臣者，譬之若手，上以脩頭，下以脩足……。

也因爲身體耳目等器官的有限性，眼睛不可能看遍天下萬物，耳朵也不可能聽到所有意見：「夫爲人主而身察百官，則日不足，力不給。且上用目則下飾觀，上用耳則下飾聲，上用慮則下繁辭」，〔註263〕因此韓非才主張利用虛靜以修身，因而延伸法、術來擴張身體的能見度，這就是「任勢」：〔註264〕

> 明主者，使天下不得不爲己視，天下不得不爲己聽。故身在深宮之中而明照四海之內，而天下弗能蔽、弗能欺者何也？闇亂之道廢，而聰明之勢興也。……。朝廷羣下，直湊單微，不敢相踰越。故治不足而日有餘，上之任勢使然也。〈姦劫弑臣〉

人主以勢控制臣民，定法以規律臣民，用術以策此臣民，君王自然可以高枕無憂，無爲而治。〔註265〕換言之，爲政者秉持法術勢治國，臣子就好像耳目四肢等器官，是爲了整個身體（君王）而存在。因此君術是靜、是一、是無爲，臣子就是動、是多、是有爲。以靜制動，以一馭多，臣子爲君王盡忠盡力，〔註266〕結果自然就是「君佚臣勞」了，〈難三〉：〔註267〕

> 且夫物眾而智寡，寡不勝眾，智不足以徧知物，故因物以治物。下眾而上寡，寡不勝眾，者言君不足以徧知臣也，故因人以知人。是以形體不勞而事治，智慮不用而姦得。

綜合前述所言，賢臣北面委質，盡力盡力而不敢有二心，可謂臣勞；而明主因物以治物，形體不勞而事治，可謂君佚，此皆源之於韓非以虛靜、以「德」修身，從虛靜守德到君佚臣勞，此正爲韓非的身體政治論。

〔註262〕陳奇猷，《韓非子新校注》，頁99。
〔註263〕陳奇猷，《韓非子新校注》，頁107。
〔註264〕陳奇猷，《韓非子新校注》，頁283。
〔註265〕薩孟武，《中國政治思想史》（臺北：三民，2007），頁155。
〔註266〕王曉波，《道與法：法家思想和黃老哲學解析》，頁453。
〔註267〕陳奇猷，《韓非子新校注》，頁914。

　　當然，韓子講法術勢、講刑名法治，都是在爲了要鞏固既有的君臣關係。照理講，韓非的君臣上下應該是穩固而有序的，可是爲何古往今來會有君亡國滅的情況？這樣的君臣關係又怎麼會是不變的？韓非對此的回答是：得道。得道者國興，反之則滅，「道與堯、舜俱智，與接輿俱狂，與桀、紂俱滅，與湯、武俱昌。」〔註268〕要得道就必須取決於是否依照韓非所規畫的修身治國之術，因此在韓非的理論中並不會發展出如孔孟般互爲主體性的君臣關係，湯、武取代桀、紂是因爲一者得道，一者失道，要避免失道就必須死守「君佚臣勞」身體政治論的原則，韓非此處用「得道與否」巧妙地避開了湯武革命之類的問題，因此韓非刻意著重的是如何鞏固君臣關係，而不會像孔孟般有著君若無道則臣應取而代之或退隱之類的想法。

　　不僅如此，韓非對爲政以德式的身體政治論也有著嚴厲的批評，其中又以儒墨爲代表。韓非主要從三方面來談：儒墨二家俱道堯舜，以法先王之學行世，說仁義、講兼愛、爲政以德，爲政者推而行之，以此治國。韓非認爲這些通通都是錯的，並說這是「亂國之俗」，〔註269〕此其一。韓非又說孔墨之後，儒分爲八、墨離爲三，各家所言皆有不同，孔墨既不能復生於世，試問世人又如何判定各家眞假？誰又眞能證明自己得孔墨眞義？既然如此，今人言道孔墨又怎能是眞？此其二。最後，墨子主張儉葬而服喪三月，此正與孔子強調的孝親而服喪三年衝突：「夫是墨子之儉，將非孔子之侈也；是孔子之孝，將非墨子之戾也」，〔註270〕兩者既矛盾又衝突，爲政者又何必採行呢？

　　從第二、三點看來，雖然韓非說明孔墨的不同，但韓非倒不是眞的非常仔細論證兩者差別，〔註271〕畢竟分辨儒墨的內在衝突，只是他論證的手段之一，他的眞正用意還是在於反對當時的顯學儒墨。更進一步來講，他反對的是儒墨的「寬緩之政」：〔註272〕

　　　夫古今異俗，新故異備，如欲以寬緩之政治急世之民，猶無轡策而

〔註268〕陳奇猷，《韓非子新校注》，頁411。
〔註269〕「是故亂國之俗，其學者則稱先之道，以籍仁義，盛容服而飾辯說，以疑當世之法而貳人主之心。其言古者，爲設詐稱，借於外力，以成其私而遺社稷之利。」陳奇猷，《韓非子新校注》，頁1122。
〔註270〕陳奇猷，《韓非子新校注》，頁1124～1130。
〔註271〕韓非藉由說明儒墨的矛盾，用意是要以此提醒君主不該冒然採行。其實韓非的批評也未必是正確的，如墨子並未主張服喪三月、以「戾」與「孝」分判孔墨也不恰當。可參周富美，《墨子、韓非子論集》，頁596～616。
〔註272〕陳奇猷，《韓非子新校注》，頁1096。

> 御駻馬，此不知之患也。今儒、墨皆稱先王兼愛天下，則視民如父
> 母。……。〈五蠹〉

如前所言，上古競於道德，因此才可以採行仁義，但現世顯非如此，君臣之間既無仁義可言、民亦服勢而不服仁義，這時若還要以仁義治國，則不免「猶無轡策而御駻馬」。因此韓非在〈外儲說右下〉又以造父御馬為喻：「故國者，君之車也，勢者，君之馬也，無術以御之，身雖勞猶不免亂，有術以御之，身處佚樂之地，又致帝王之功也」。〔註273〕換言之，以法、術、勢而行的「佚」才是治國大道，相較之下，舉堯舜禹等先王之教的儒墨則未免太「勞」了：〔註274〕

> 堯之王天下也，茅茨不翦，采椽不斲，糲粢之食，藜藿之羹，冬日
> 麑裘，夏日葛衣，雖監門之服養，不虧於此矣。禹之王天下也，身
> 執耒臿以為民先，股無胈，脛不生毛，雖臣虜之勞不苦於此矣。以
> 是言之，夫古之讓天子者，是去監門之養而離臣虜之勞也，古傳天
> 下而不足多也。〈五蠹〉

上古仁義道德可治，故堯禹勤於修身治國尚可行，但猶不免勞苦而讓天下於他人。就韓非看來，「去監門之養而離臣虜之勞」，去勞離苦，這才是所謂「禪讓」說的真義。但不管如何，禪讓之說離今已遠，那些都只是指以前的時代罷了，今世今日已不同於往，時移事易，又何必再言「為政以德」？

　　《史記》裡說韓非求學於荀子，但相較於韓非與黃老的關係，韓非與荀子在很多重要觀點上差異極大。荀子雖然也尊君，並未如韓非般致力於擴大君王的身體主體性，〔註275〕對於治國的原則更是相差甚遠，〔註276〕更何況荀子屬為政以德式的身體政治論，這也正是韓非大力批評的類型。

　　從以上的討論來看，韓非主張的是另一種的類型：「君佚臣勞」的身體政治論。但是再進一步來看，韓非也為此種理想類型的權力深度作了過度加強，也因為太過強調法術、刑罰，所以使得後世繼承理想君佚臣勞類型者，如《淮南子》、《春秋繁露》等書，它們在肯定法家君臣之分的同時，鑑於秦過度濫法、耗損民力而亡，因此也批判法家過於嚴刑峻法、寡恩少義，不符合真正君佚臣勞的真義。

〔註273〕陳奇猷，《韓非子新校注》，頁 830。
〔註274〕陳奇猷，《韓非子新校注》，頁 1088。
〔註275〕黃俊傑，《東亞儒學史的新視野》，頁 392。
〔註276〕韋政通，《荀子與古代哲學》，頁 218～238。

第四節　小結

這種由《老子》無爲自正、道法自然而開展出的身體政治論，後繼者亦多有發揮，莊子如此，黃老的《管子》四篇、《黃老帛書》，又或是法家如韓非等亦如是，綜合這些觀點，同樣也成爲另種足以與「爲政以德」式類型抗衡的身體政治論。只是《老子》雖也講無爲，但並未如黃老、法家等明確發展出「君佚臣勞」的思想，但是黃老等說法卻又是由《老子》的無爲之說而引發，並且改造了無爲的內涵，換言之，《老子》的無爲隱藏了類似的潛命題，而引發後繼者開拓。因此就身體政治論而言，儘管其中仍有異同，但就大脈絡來看，我們仍可把老莊黃老道等視爲同一類、是一種連續性的發展，環環相扣，缺一不可。

相較於孔子以來「爲政以德」的理想類型，這個由《老子》無爲之說出發，漸漸走向「君佚臣勞」的身體政治論，亦足以於前者分庭抗禮。前者認爲「勞」是修身的階段之一，以身率民，人在政先，唯有如此才有德政可言；後者剛好相反，虛靜、深藏，守一體道，政在人先，君無爲臣有爲才是他們的重心。至於無爲而治的手段就是刑名相參、循名責實，「佚」可以說是他們理論的總歸納。在文獻中我們也可以看到兩種理想類型的對立、或是各分主次的情況。如果再從細部來比較兩者的觀點，其實對於「爲政以德」的理想類型而言，固然不排斥「無爲」，但正如第三章所分析的，這已是「政教之極」、是「德治」之下的不擾民而已，並非一開始就把無爲視爲修身治國的目標而追求，畢竟這種身體政治論類型追求的仍然還是道德實踐，而不是虛靜因循。再從「君佚臣勞」類型的角度來看，講仁義、勤修身、行德治，其實並沒有眞正抓住身國共治的重點，他們認爲無爲才是關鍵，也唯有虛靜無爲才能修身治國，當然「佚」不是什麼事都不做，而是掌握幾項基本原則，以此伸展到整個政治。至於「爲政以德」的做法，就他們看來則是脫離了治國大道，未免勞而無功、愁形勞神了。

就如前面幾章提到的，在這種原則下的君臣關係，「爲政以德」比較具有彈性、並不是一個穩定不變的秩序。「君佚臣勞」則不然，這種類型的身體政治論本身就是爲鞏固君臣地位而發，君臣關係是一個既定的事實，有了這個既定的事實才能朝理想（君佚臣勞）邁進，因此君臣關係往往較爲絕對，往往是下對上的服從原則。

在先秦諸子時漸漸形成兩種身體政治論，持續發展，其間又經歷變化。

勞佚的爭論更是不時出現在秦漢政治思想之中,影響極爲深遠。下一章我們
將以這兩種觀點爲主軸,切入秦代與西漢前期的政治思想史,以此觀察史實
與思想的互動關係。

第五章　秦代到西漢前期政治思想析論
——兩種身體政治論的發展

第一節　君佚臣勞：從《呂氏春秋》到《淮南子》

《呂氏春秋》的身體政治論

　　在第三、四章裡我們分析了兩種身體政治論類型的產生與形成。但值得注意的是這兩種身體政治論並非鐵板一塊，同樣的主旨重心，在不同學派學人的理說之下，也會滲入不同的細節內容。換句話說，即使這個中心思想是不變的，可是因為時代、人物的背景不同，身體政治論的相應內涵也會產生變化。戰國末期成書的《呂氏春秋》〔註1〕與《韓非子》就代表了這樣的訊息，兩者都屬「君佚臣勞」類型的身體政治論，但同樣也讓此類型增添不同的內涵。就後者來說，因為韓非重名刑法、講法術勢的學說使其產生改變，但秦朝君王並不完全繼承這種身體觀，只是秦以法治國，仍然採用了法家的多數主張，而秦的建立又如一顆隨閃即逝的流星，敗不旋踵，漢初人物鑑於秦任法而亡，因此也批評法家過於強調嚴刑峻法；另外一方面，在《呂氏春秋》這部書裡，開始出現了「君佚臣勞」、「為政以德」兩種身體政治論互相引用的情況，互用並不是說兩者合為一體、顯微無間，而是以一方為中心基礎去吸納另一方，可是這種吸納是有限度的，不可以動搖本質。《呂氏春秋》就是

〔註1〕根據《史記》記載，此書雖由呂不韋命門客編纂而成，但其中因記有六國滅亡之事，是以呂不韋死後，其書仍可能還在繼續修補。徐復觀，《兩漢思想史》（卷一）（臺北：學生，1999），頁127。

以無爲式的君佚臣勞爲中心，然後融會道德、仁義、好學的說法爲己用。這樣的傾向在《呂氏春秋》首先出現，漢初延續了這種思潮，而且對於秦亡的歷史歷歷在目，思以改之，因此又重新詮釋了「君佚臣勞」的身體政治論，對於前說，既有繼承、亦有改造，這表現在漢初人物的言論與《淮南子》中。本節即是說明這兩路政治思想路線各自的經歷發展與影響。

　　《呂氏春秋》，《漢書‧藝文志》歸類爲雜家。〔註2〕正如蕭公權所言，雜家之雜或有二義：一是流派之中門戶各異，二是一書中兼採眾說，〔註3〕《呂氏春秋》顯然是屬於後者，但雜取各家，亦有輕重之分。那麼《呂氏春秋》究竟是以何者爲主體呢？吳光、陳鼓應、熊鐵基與陳麗桂等人從黃老的角度分析《呂氏春秋》，他們綜合前說，都認爲《呂氏春秋》基本上是以黃老思想爲主體，廣納百川，吸收各家思想。《呂氏春秋》的思想主體，正是司馬談〈論六家要旨〉裡所說的「道家」，也就是秦漢黃老之學。〔註4〕本文同意這樣的看法，可是必須先作一些原則上的澄清，基本上《呂氏春秋》作爲一部包羅廣泛的大書，所謂「以何者爲主體」這樣的問題就顯得頗爲重要，可是這種問法基本上往往要有一個觀察的角度作爲切入點，因爲從不同的角度很有可能會看出不同的主體性，今天我們如果以多引六經之文、孔子曾子之言的角度來看《呂氏春秋》的思想主體，那顯然就是儒家。〔註5〕如果從《十二紀》

〔註2〕　（漢）班固撰，（唐）顏師古注，《漢書》，頁1741。

〔註3〕　蕭公權，《中國政治思想史》（上冊），頁356。

〔註4〕　吳光指出《呂氏春秋》並非無明確指導思想，相反的，《呂氏春秋》是以道家黃老之學的「道」與「無爲無不爲」爲中心。可參吳光，〈論《呂氏春秋》爲道家黃老學之著作〉，收入氏著，《儒道論述》，頁63。熊鐵基認爲《呂氏春秋》基本上是把「各序其意」的黃老學說「集論」起來，是黃老新道家形成的標誌。可參熊鐵基，〈《呂氏春秋》的中心思想〉，收入陳鼓應編，《道家文化研究》（第十四輯），頁315～337。其後陳鼓應又在熊鐵基、王范之等人的基礎上繼續推衍，另外自己也從《呂氏春秋》的指導思想與篇章來考察，也得出類似的結論。可參陳鼓應，〈從《呂氏春秋》到《淮南子》論道家在秦漢哲學史上的地位〉，《臺大文史哲學報》第五十二期（2000年6月），頁45～91。陳麗桂則是找出了畢沅、顧實的觀點佐證己說，同時又以養生、刑名的角度分析《呂氏春秋》的黃老思想。可參陳麗桂，《秦漢時期的黃老思想》，頁7～59。

〔註5〕　《四庫全書總目》就說《呂氏春秋》，「大抵以儒爲主，而參以道家、墨家，故多引六籍之文，與孔子、曾子之言。」（清）紀昀總纂，《四庫全書總目提要》（石家庄：河北人民出版社，2000），頁3035。關於《四庫全書總目》與《四庫全書總目提要》之間的關係，可參曾守正，《權力、知識與批評史圖像──《四庫全書總目》「詩文評類」的文學思想》，頁4。

中陰陽如何對應天地四時，然後以此安排社會政治秩序來看，主體又會變成了陰陽家。〔註6〕同樣的道理，如果從多引諸子之言來看，那《呂氏春秋》可能就會成爲無中心思想的代表。〔註7〕上述這些說法或各有其理據，學者也各有意見、互相批駁，但是我們也可以因此看到這樣的現象：那就是不同的角度可能會有不同主體，所以高誘〈呂氏春秋序〉才說：「此書所尚，以道德爲標的，以無爲爲綱紀，以忠義爲品式，以公方爲檢格⋯⋯。」〔註8〕既言道德、又說無爲，但也講忠義公正等條目，包羅眾多。

　　既然如此，前面又爲何同意陳鼓應、熊鐵基等人的說法？那是因爲我認爲《呂氏春秋》固然包涵甚廣，如社會、祭祀、飲饌、音樂等等，皆屬其內，卻正如上述這些學者所言，政治其實仍是此書宗旨。據《史記》所言，呂不韋門客甚多，當時又多有著書風氣，呂不韋欲效法之，因此集結門客而成書。當然呂不韋編書並非如此單純，而是企圖改革秦政，以成新法。這也正是《漢書・藝文志》說雜家「兼儒、墨，合名、法，知國體之有此，見王治之無不貫，此其所長也」的意思，〔註9〕《呂氏春秋・序意》說：〔註10〕

> 嘗得學黃帝之所以誨顓頊矣，爰有大圜在上，大矩在下，汝能法之，爲民父母。蓋聞古之清世，是法天地。凡十二紀者，所以紀治亂存亡也，所以知壽夭吉凶也。上揆之天，下驗之地，中審之人，若此則是非可不可無所遁矣。

「汝能法之，爲民父母」，已明確說出《呂氏春秋》的目的。章學誠也看到了這一點，他在《文史通義・言公》說「呂氏將爲一代之典要」，〔註11〕因此不以集眾書而諱。錢穆更是進一步推論，說明《呂氏春秋》：〔註12〕

〔註6〕徐復觀與賀凌虛皆主持說。可見徐復觀，《兩漢思想史》（卷二），頁5～8。賀凌虛，《呂氏春秋的政治理論》（臺北：商務，1970），頁34～38。

〔註7〕馮友蘭，《中國哲學史新編》（第二冊）（北京：人民出版社，1984），頁508～514。

〔註8〕王利器，《呂氏春秋注疏》，頁28～29。

〔註9〕（漢）班固撰，（唐）顏師古注，《漢書》，頁1742。班固又接著說「及盪者爲之，則漫羨而無所歸心」，雜家類的其它著作或許如此，但《呂氏春秋》則未必如班固所言。可參吳光，〈試論黃老之學的理論特點與歷史作用〉，收於氏著，《儒道論述》，頁33。

〔註10〕王利器，《呂氏春秋注疏》，頁1209～1211。

〔註11〕章瑛校注，《文史通義校注》（北京：中華書局，2004），頁170～171。

〔註12〕錢穆，《先秦諸子繫年：外一種》（石家庄：河北教育出版社，2002），頁521。

儼以一家《春秋》，托新王之法，而歸諸呂氏。如昔日晉之魏、齊之
田。爲之賓客舍人者，未嘗不有取秦而代之意。

呂氏或其賓客是否有代秦之意，因與本主題無關，故不討論。但錢穆說「托
新王之法」確實說中了《呂氏春秋》的出發點。既明於此，那麼《呂氏春秋》
又是何種角度論政？

這一問，就回到之前提到的黃老無爲、虛靜、因任……等說，根據本節
的分析，這些確實都是《呂氏春秋》政治理論的重要觀點，陳鼓應、熊鐵基
與陳麗桂等人都將之歸類爲黃老思潮的影響，當然是很恰當的說法。可是根
據第四章的討論，黃老無爲之說可以成立的最大目的之一，其實是在「君佚
臣勞」的身體政治論。有了這樣的預設立場，才可以接下來談其它相應作法。
《呂氏春秋》的無爲理論亦是建基於此，這仍是先秦身體政治論的延續發展，
只是《呂氏春秋》在這樣的中心立場之上又多採用它家說法、甚至是另種類
型的身體政治論。因此就修身治國的觀點來看，《呂氏春秋》政治理論的主體
固然是黃老思潮，但其展現的理論意義，則是「君佚臣勞」的身體政治論。

從前引〈序意〉可知，天、地、人都在四時遞嬗的大循環中共生共毖，
以四季十二月的順序來安排天地萬物秩序。宇宙世界輪轉，又是源於太一，
太一在先秦時便已出現。就目前所傳世文獻所見，似乎以《楚辭》等書較早，
郭店簡亦有〈太一生水〉的出土，「太一」一詞約出現在戰國中期左右。〔註
13〕而先秦時期對於太一大置上有三種說法：一：太一星，或是天一星，即是
北極星；二是指太一神（或稱泰皇），三是指宇宙本體。〔註14〕葛兆光認爲太
一、北極、太極與道可以構成一個循環的詮釋圈，多互相援引使用。〔註 15〕
在此，《呂氏春秋》說的太一其實就是「道」的另外一種說法，〔註16〕〈大樂〉
就說太一的陰陽變化，離或復合，形成天文地理：〔註17〕

日月星辰，或疾或徐，日月不同，以盡其行。四時代興，或暑或寒，
或短或長。或柔或剛。萬物所出，造于太一，化于陰陽。

〔註13〕 丁四新，《郭店楚墓竹簡思想研究》，頁 87～88。
〔註14〕 朱心怡，《天之道與人之道》，頁 58～59。
〔註15〕 葛兆光，《古代中國的歷史、思想與宗教》（北京：北京師範大學，2006），頁
12～47。亦可見蕭登福，《先秦兩漢冥界及神仙思想探原》（臺北：文津，2001），
頁 169～171。
〔註16〕 陳麗桂，《秦漢時期的黃老思想》，頁 9～11。
〔註17〕 王利器，《呂氏春秋注疏》，頁 498～499。

太一（道）出兩儀，兩儀又出陰陽，陰陽變化，是合或離，天地又是稟陰陽而生，天地又對應君臣，君臣構成了政治國家，而天有四時，地有五行，四時再加上一個長夏，因此又與五行彼此相對，再加上五種味道、五種顏色、五種音階、人的五藏、五方神祇等等，互構互感，構成了一個龐大的聯繫結構，葛兆光曾作過如下圖示：〔註18〕

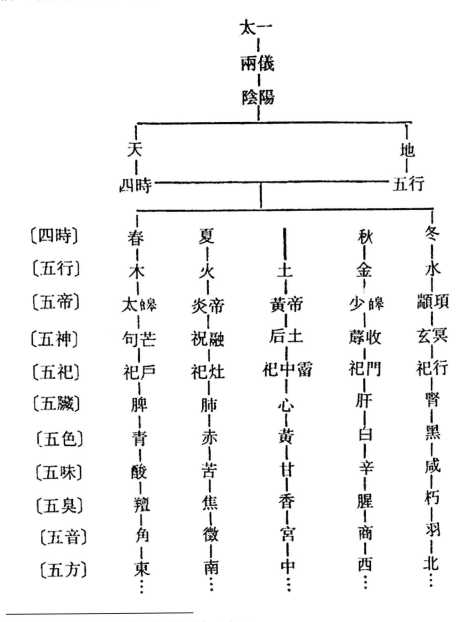

　　基本上《呂氏春秋》就是以四時運行爲中樞，吸收諸如《夏小正》與《逸周書》的〈周月〉、〈時訓〉等說法，再加上陰陽五行、共源共生的結構，建構了一個同氣的政治系統，彼此同源共感。〔註 19〕而君王作爲政治的中心，自然應該要法天而行，致虛守靜、涵養己身而與天地同氣，因爲修身才能治國，〈審分〉：「治身與治國，一理之術也」、〔註 20〕〈先己〉：「昔者先聖王，成其身而天下成，治其身而天下治」、〔註 21〕〈審分〉：「古之治身與天下者，必法天地也」、〔註 22〕〈執一〉：「故曰：『以身爲家，以家爲國，以國爲天下，此四者，異位同本』。」〔註 23〕皆是此意。

　　這樣的方式，事實上就是看重個人生命的保存與修養。因此〈本身〉、〈重己〉、〈貴生〉、〈情欲〉、〈先己〉、〈論人〉等等，都是以養生、重生的立場出發：〔註 24〕

　　　　凡事之本，必先治身，嗇其大寶。用其新，棄其陳，腠理遂通。精氣日新，邪氣盡去，及其天年。此之謂眞人。〈先己〉

　　　　古人得道者，生以壽長，聲色滋味，能久樂之，奚故？論早定也。論早定則知早嗇，知早嗇則精不竭。〈情欲〉

那麼要如何養生貴生呢？原則就是要妥善培養與保存精氣。也因爲精氣是氣的精微者，故萬物都應致力於集結精氣：〔註 25〕

　　　　精氣之集也，必有入也。集於羽鳥與爲飛揚，集於走獸與爲流行，集於珠玉與爲精朗，集於樹木與爲茂長，集於聖人與爲夐明。〈盡數〉

就人而言，精氣聚集則有賴於飲食、音樂、情欲的適當的節制。因爲五色、五音，又或是鮮衣美食、高臺宮室等很容易使人陰陽失調，多陰則蹶，多陽則痿，這些都是廣義的欲望，因此〈重己〉提出「適欲」、或是〈貴生〉說的「六欲得宜」。這些說法的背後意涵，其實也就是肯定欲望的合理性，像情欲是與生俱來的，不必消滅，只要適度恰當，就可以「得情」。〔註 26〕基本上《呂

〔註 19〕徐復觀，《兩漢思想史》（卷二），頁 9～10。
〔註 20〕王利器，《呂氏春秋注疏》，頁 1925。
〔註 21〕王利器，《呂氏春秋注疏》，頁 311～312。
〔註 22〕王利器，《呂氏春秋注疏》，頁 196。
〔註 23〕王利器，《呂氏春秋注疏》，頁 2102。
〔註 24〕王利器，《呂氏春秋注疏》，頁 310～311、195～196。
〔註 25〕王利器，《呂氏春秋注疏》，頁 295。
〔註 26〕陳鼓應，〈從《呂氏春秋》到《淮南子》論道家在秦漢哲學史上的地位〉，《臺大文史哲學報》第五十二期，頁 62～63。

氏春秋》對於欲望的處理，除了強調飲食情欲等欲求應該要適可而止之外，對於太過極端的事物像是大甘、大苦、大喜、大怒、大寒、大熱等等都應避免。〔註27〕也唯有如此修身，君王治理國家時才可因應天地運行，不必費心傷神而身在政先，也不必孜孜不倦而勞於政事。〔註28〕

這就是《呂氏春秋》強調的無為了，〈分職〉說的「無智、無能、無為，此君之所執也」、〔註29〕〈有度〉：「正則靜，靜則清明，清明則虛，虛則無為而無不為也」、〔註30〕〈君守〉：「君也者，以無為為當」，〔註31〕皆是就無為而發。無為既是修身也是治國的原則。一如「君佚臣勞」的身體觀，《呂氏春秋》也反對「勞」：〔註32〕

> 聖王之所不能也，所以能之也，所不知也，所以知之也。養其神、脩其德而化矣，豈必勞形愁弊耳目哉？〈勿躬〉

「勞」強調修身的磨練，這一向是「君佚臣勞」最反對的觀點。所以〈貴生〉才說帝王之功是聖人的餘事，「帝王之功，聖人之餘事也，非所以完身養生之道也」，〔註33〕此舉並非反對君王的存在、亦非勸人莫作君王，而是說為了政治勞心費神、心力交瘁是不必要的，高誘注曰：「堯、舜、禹、湯之治天下，黎黑瘦瘠，過家門而不入。故曰：『非所以完身養生之道』，趨濟民而已」，即是此意。反過來講，修身無為之後，自然也能以無為治國，修身為治國之本，此可謂「聖人之餘事」，〔註34〕這是一種連續性的主從關係。同樣的觀點亦見於同篇的另個例子，堯要讓天下給子州支父，子州支父說當天子自是無妨，但必先修身才行，若未修身，則不可治天下，《呂氏春秋》稱讚此舉是：「惟不以天下害其生者也，可以託天下。」〔註35〕

從這個觀點切入，我們才可以理解《呂氏春秋》所謂的「公」是什麼意思。〈貴公〉說天下非一人之天下，而是天下之天下。〔註36〕〈用眾〉也說君

〔註27〕王利器，《呂氏春秋注疏》，頁293～294。
〔註28〕葛兆光，《七世紀前中國的知識、思想與信仰世界》（中國思想史第一卷），頁348～350。
〔註29〕王利器，《呂氏春秋注疏》，頁2983。
〔註30〕王利器，《呂氏春秋注疏》，頁2981。
〔註31〕王利器，《呂氏春秋注疏》，頁1962。
〔註32〕王利器，《呂氏春秋注疏》，頁2011～2012。
〔註33〕王利器，《呂氏春秋注疏》，頁174。
〔註34〕以上引文皆引自王利器，《呂氏春秋注疏》，頁174。
〔註35〕王利器，《呂氏春秋注疏》，頁166～167。
〔註36〕王利器，《呂氏春秋注疏》，頁105。

出於眾之所立。〔註37〕〈去私〉更以堯傳舜不傳子為例，說這是「至公也」〔註38〕。徐復觀以此推斷這是《呂氏春秋》「天下為公」的思想，並以此說明傳賢不傳子之意。〔註39〕徐復觀此處所言恐可再商榷，因為《呂氏春秋》所謂的堯舜傳賢，又或是君出乎眾，都不是指禪讓的意思，剛好相反，這都是以鞏固君臣秩序而言來講的。例如〈圜道〉整篇都在談論君該如何君、臣該如何為臣之理，又以人的四肢比喻人臣，來說明君號令臣的正當性，順著這樣的說法，於是《呂氏春秋》就以「堯、舜，賢主也，皆以賢者為後」為例，〔註40〕此句也為徐復觀所徵引，但《呂氏春秋》引用這個例子基本上是要說明「先王之立高官也，必使之方。方則分定，分定則下不相隱。」〔註41〕這段話並不是要說明傳賢不傳子的禪讓之意，而是說君王應該要明察審分，要讓對的人在對的位置上各盡其職，這就是其中「方」的文意，所以結論才是「有官各處其職、治其事以待主，主無不安矣。以此治國，國無不利矣；以此備患，患無由至矣。」〔註42〕換句話說，堯舜任賢與能，才是《呂氏春秋》所要採取的意思，而不是傳賢不傳子，徐復觀把後者誤認為前者，才會誤會《呂氏春秋》打算推翻夏禹以來傳子的傳統。另外徐復觀亦徵引〈去私〉：「堯有子十人，不與其子而授舜，……，至公也」，〔註43〕但這仍然不是要說明禪讓之意，因為《呂氏春秋》下面立刻就接著以祁黃羊「外舉不避讎，內舉不避子」為例，〔註44〕說明選官任賢的重要性，這些故事基本上都是要說明君王應該要任用賢能，去私而至公。另外《呂氏春秋》也說君出於眾所立，其說亦有二意，一是群眾聚集而有國、有國才有君，而不是先有君才有民：「群之可聚也，相與利之也。利之出於群也，君道立也」，〔註45〕而且君也是聖人見人們日夜相殘、社會失去秩序而立，若無君，則「無親戚兄弟夫妻男女之別，無上下長幼之道，無進退揖讓之禮，無衣服履帶宮室畜積之……」，〔註46〕君是

〔註37〕「凡君之所以立，出乎眾也。」王利器，《呂氏春秋注疏》，頁468。
〔註38〕王利器，《呂氏春秋注疏》，頁129。
〔註39〕徐復觀，《兩漢思想史》（卷二），頁33～34。
〔註40〕王利器，《呂氏春秋注疏》，頁373。
〔註41〕王利器，《呂氏春秋注疏》，頁372。
〔註42〕王利器，《呂氏春秋注疏》，頁375。
〔註43〕王利器，《呂氏春秋注疏》，頁129。
〔註44〕王利器，《呂氏春秋注疏》，頁128～134。
〔註45〕王利器，《呂氏春秋注疏》，頁2422。
〔註46〕王利器，《呂氏春秋注疏》，頁2423、2435。

爲了照顧萬民而立，所以不能無君，故「君臣之義，不可不明也」；〔註47〕二是指君之本是民，古之聖王必因得民而興，斷無棄民而國治者，故曰：「立已定而舍其眾，是得其末而失其本。得其末而失其本，不聞安居」，〔註48〕因此君王若要身安國治，則必需照顧百姓、體民所需。

由此而觀，任賢爲官，以百姓爲本，這是「公」的一層意思。另層涵義則就是修身而說。前已言之，不以天下害其生、不爲天下過勞者，方可託天下於他，〈貴公〉裡記載了一則故事：〔註49〕

> 荊人有遺弓者，而不肯索，曰：「荊人遺之，荊人得之，又何索焉？」
>
> 孔子聞之曰：「去其『荊』而可矣。」
>
> 老聃聞之曰：「去其『人』而可矣。」
>
> 故老聃則至公矣。天地大矣，生而弗子，成而弗有，萬物皆被其澤、
> 得其利，而莫知其所由始，此三皇、五帝之德也。

故事中荊人、孔子、老聃都展現了「公」普遍性與全體性的無私態度，而又層層深入，荊人尚有國家的分別，孔子消除了這種分別，老聃則更進一步，連「人」都泯除了。把這個故事寓意代入君王政治，即是指不君王不以個人欲望而殘害天下，應該要無智、無能、無私，以無爲之道理身視物，則天地萬物皆被其德澤，故曰：「此三皇、五帝之德也」。這樣的人當然也不會自私自利，而是以天下爲天下、以公克私〔註50〕的君王了。當然《呂氏春秋》言公並非特例，根據陳弱水的研究，事實上「公」在戰國中晚期以後大興於思想界，不同思想流派都嘗試用「公」發展其政治理論，或是以提供理想、約束君王（儒家），又或是建立威權、強化國家（法家）等等，《呂氏春秋》正是站在這樣的思想背景之上而有〈貴公〉、〈去私〉之作。〔註51〕

而唯有這樣的君王，才可以把國家治理好，因此就治術來看，以上所言的傳賢傳子、又或是君出乎眾等等，都是爲了要以「公」來約束君王，限制君王私欲，反過來講，也是藉由「公」來鞏固君王地位、君臣秩序，並沒有主張禪讓的意思。

〔註47〕王利器，《呂氏春秋注疏》，頁2424。
〔註48〕王利器，《呂氏春秋注疏》，頁468。
〔註49〕王利器，《呂氏春秋注疏》，頁107～109。
〔註50〕黃俊傑，《東亞儒學：經典與詮釋的辯證》，頁399。
〔註51〕陳弱水，《公共意識與中國文化》，頁79～80。

但是在這種的情況下,《呂氏春秋》為何又言湯武,並稱其為「義兵」,似乎不以其弒君為非?湯武以下代上,這樣又要如何談君臣關係?〈簡選〉說武王伐紂,因此「天下美其德,萬民說其義,故立為天子」,〔註52〕這也是天子立於眾的另種講法,此不正為臣代君之說?既然如此,君臣又何來既定的關係?《呂氏春秋》在此用了比較曲折的論證,桀紂雖不仁,但若不遇湯武則未必會亡,湯武雖賢,若非桀紂在位亦未必能王,也就是說,此之亡正是彼之王,在亡與王之間,這就是一種遇,是天時也是際遇,因此湯武伐桀紂,並非是下者取代上者,而是天時之遇:〔註53〕

> 凡治亂存亡,安危強弱,必有其遇,然後可成,故桀、紂雖不肖,其亡遇湯、武也,遇湯、武,天也,非桀、紂之不肖也;湯、武雖賢,其王遇桀、紂也,遇桀、紂,天也,非湯、武之賢也。若桀、紂不遇湯、武,未必亡也……。若使湯、武不遇桀、紂,未必王也。……。譬之若良農,辯土地之宜,謹耕耨之事,未必收也;然而收者,必此人也始在於遇時雨,遇時雨,天也,非良農所能為也。
> 〈長攻〉

此處《呂氏春秋》以良農耕田為例,有好的土地、技術,未必就能豐收,還得看上天下不下雨,這就是「天」與「遇」的重要。同理,桀紂不肖,再加上湯武適得其時,所以才能王天下。〈舉難〉也說湯武之此舉是「故任天地而有餘」,〔註54〕因此湯武是尊天而行、得遇而進,並不是君臣不分、以下代上,而湯武之得,除了天時際遇之外,也是因為他們秉公義而得人心。桀紂之衰亡如此,治國存國亦是如此,因此君王只好盡其在己,虛靜修身,行道體道以俟可然之治。〔註55〕《呂氏春秋》就是在這樣的情況下講君臣地位的鞏固,在人力可及的部分,這樣的君臣關係仍然是「君佚臣勞」式的,而不是互為主體性的鬆動關係。

除此之外,《呂氏春秋》也吸收各家之說,例如儒家學說中關於道德、倫理、禮樂,表現在〈勸學〉、〈制樂〉、〈貴信〉、〈孝行〉中;墨子的節葬、兼愛,亦可見諸〈當染〉、〈節喪〉,乃至於〈順說〉也見到戰國名辨之術等等,

---

〔註52〕 王利器,《呂氏春秋注疏》,頁806~808。
〔註53〕 王利器,《呂氏春秋注疏》,頁1498~1501。
〔註54〕 王利器,《呂氏春秋注疏》,頁2401。
〔註55〕 蕭公權,《中國政治思想史》(上),頁363。

其中特別是在刑與德的關係上，《呂氏春秋》主張先德後刑，這種明顯偏向「德義」，〔註56〕正與爲政以德的身體政治論一致。《呂氏春秋》之所以採用這樣的觀點，除了包羅百家的性質之外，可能也與反對秦政過於注重刑罰有關。〔註57〕除此之外，引用經籍與諸子語文者，更是多不勝數，〔註58〕基本上都納入以天道與無爲爲主幹的天地秩序裡。但《呂氏春秋》對於這些學說，特別是儒墨二家，基本上都是以教化的德政而言，是政治細節的調整，但這並不足以支撐無爲，畢竟無爲的原則還是必須依靠內心的修養，〈有度〉：〔註59〕

> 孔墨之弟子徒屬充滿天下，皆以仁義之術教導於天下，然而無所行，教者術猶不能行，又況乎所教？是何也？仁義之術外也。夫以外勝內，匹夫徒步不能行，又況乎人主？唯通乎性命之情，而仁義之術自行矣。

致虛守靜，以達性明之情，由內而外，如此自也能行仁義之術，仁義是治國的基礎之一，前言所謂「政治細節的調整」云云，即是指此。可以仁義並不足以修身，修身要靠的還是重生養氣、清靜無爲的修養，修身即可變化身形、增加形體的能見度，〈本身〉：「天全則神和矣，目明矣，耳聰矣，鼻臭矣，口敏矣，三百六十節皆通利矣」，〔註60〕如此一來君王自然也可以善察聽說與辨別名分：〔註61〕

> 故有以聰明聽說，則妄說者止；無以聰明聽說則堯、桀無別矣。
> 〈別類〉
> 聽言不可不察。不察則善不善不分。善不善不分，亂莫大焉。〈聽言〉
> 凡爲治必先定分。君臣、父子、夫婦、君臣、父子六者當位，則下不踰節而上不苟爲矣，少不悍辟而長不簡慢矣。……。故異所以安同也，同所以危異也。同異之分，貴賤之別，長少之義，此先王之所愼，而治亂之紀也。〈處方〉

〔註56〕陳麗桂，《秦漢時期的黃老思想》，頁53～54。
〔註57〕徐復觀，《兩漢思想史》（卷二），頁25。
〔註58〕王范之，《呂氏春秋研究》，第一、二篇。亦可參韋政通，《中國思想史》（上冊），頁424～434。
〔註59〕王利器，《呂氏春秋注疏》，頁2977～2978。
〔註60〕王利器，《呂氏春秋注疏》，頁66。
〔註61〕王利器，《呂氏春秋注疏》，頁2964、1306、3000～3001。

刑名法度也在這種原則下而發，〔註62〕《呂氏春秋》雖然也不排斥刑法，但刑法不可單獨而存，必須依靠仁義德治雙軌並行才可。

前已言之，要掌握這些治術，就必須先從內心修養做起，由內而外，身修則國治：「故善爲君者，矜服性命之情，而百官已治矣，黔首已親矣，名號已章矣」〔註63〕。這些的原則與方法，在在都導致了一個可能，也就是君無爲而臣有爲──君佚臣勞。也唯有如此，君王的察說聽言、辨別名分、虛靜清明、完身養生等等行爲才有了著落，此時的君臣關係已經變成一種既定的事實，像〈貴生〉就以官員比喻耳目口鼻，皆不得擅行擅爲，必有制於君，〔註64〕君才是控制掌握的源頭，因此審守職分的臣民，已經在君王無爲的控制之下，按照不同層級而行事，務必使整個國家運行得當。〈分職〉：「夫君也者……，能執無爲，故能使眾爲也」〔註65〕、〈任數〉：「因者，君術也；爲者，臣道也」，〔註66〕也因爲君佚臣勞才是治國王道，因此〈情欲〉便以孫叔敖遇楚王爲例，世人多以爲孫叔敖得君行道，是孫叔敖之幸。其實並非如此，楚王「盡傳其境內之勞與諸侯之憂孫叔敖」，結果孫叔敖日夜不息，楚王卻得以逸樂而遊，孫叔敖因此無法養生，但是楚王卻因孫叔敖而流名後世。〔註67〕

從以上的分析中，我們可以發現《呂氏春秋》雖包羅多家，但君佚臣勞仍是其說的基本內涵，君無爲而臣有爲，這也是《呂氏春秋》的身體政治論著主軸。而此類型的身體政治論大體是透過戰國至秦漢發展的法家與黃老之學而體現。這種以黃老之學爲中心，在天道的無爲、虛靜、自然之下，通過十二紀的安排，涵括各家學說，或強調仁義、又或是反對過度刑罰，這是「君佚臣勞」式身體政治論的一條發展，這一條路子，在《淮南子》與許多漢初人物中皆可見到。另外一條則是法家韓非的路子，韓非之學本於黃老，但在韓非的學理中其實也將此類型的身體政治論作了改變，這樣的治術在秦代卻又產生一些變化。以下我們將順著時代，以秦朝先講起。

〔註62〕「故雖不疑，雖已知，必察之以法，揆之以量，驗之以數。若此則是非無所失，而舉措無所過矣。」王利器，《呂氏春秋注疏》，頁1319。
〔註63〕王利器，《呂氏春秋注疏》，頁2014。
〔註64〕王利器，《呂氏春秋注疏》，頁163～165。
〔註65〕王利器，《呂氏春秋注疏》，頁2983。
〔註66〕王利器，《呂氏春秋注疏》，頁1993。
〔註67〕王利器，《呂氏春秋注疏》，頁199～202。

秦朝與法家

　　基本上秦政是以法家爲主。〔註 68〕但兩者又不完全等同，畢竟思想常常會因不同的詮釋者而添進不同的成分，同樣地，不同的實行者也可能產生不同的結果。也因爲秦始皇的個人性格〔註 69〕與時代風氣使然，所以在他統治下的秦政顯然與法家理論有些落差，例如韓非反對神鬼占卜之說，秦始皇卻好祭祀與封禪，又欲得不死之藥；〔註 70〕韓非主張儉於財用、節於衣食，秦始皇及二世建阿房宮，窮極奢侈；法家論法，固然強調法的權威與神聖，但仍要有一些彈性，《韓非子·八經》：「凡治天下，必因人情」，〔註 71〕並非一昧地高壓殘酷，而是「明主立可爲之賞，設可避之罰」（《韓非子·用人》），〔註 72〕但秦政卻非如此。〔註 73〕可是儘管有著種種差異，但秦朝依舊採用了法家的多數主張，如以法爲教、以吏爲師，〔註 74〕其中以「焚書」爲手段的反智論更是秦朝貫徹法家的明證之一，〔註 75〕除此之外尙有行郡縣、尙耕戰等等，因此秦政主要是以法家爲體，這已是學界的普遍共識，〔註 76〕《漢書·刑法志》：

　　　　至於秦始皇，兼吞戰國，遂毀先王之法，滅禮誼之官，專任刑罰，
　　　　躬操文墨，晝斷獄，夜理書，自程決事，日縣石之一。而姦邪生，
　　　　赭衣塞路，囹圄成市，天下愁怨，潰而叛之。

可是秦始皇雖以法家理論爲治國基礎，但並未繼承「君佚臣勞」的主張。除上引「躬操文墨，晝斷獄，夜理書，自程決事」之外，《史記》也說：「天下

〔註 68〕　張有智、李亞峰，〈論法文化在先秦時期的孕育〉，收於柳立言編，《中國史新論：法律史分冊》（臺北：中央研究院／聯經出版社共同出版，2008），頁 47～48。亦可參陳啓雲，《中國古代思想文化的歷史論析》，頁 172～174。

〔註 69〕　尉繚說秦始皇：「秦王爲人，蜂準，長目，摯鳥膺，豺聲，少恩而虎狼心，居約易出人下，得志亦輕食人。」侯生與盧生也說：「始皇爲人，天性剛戾自用，起諸侯，并天下，意得欲從，以爲自古莫及己。」從這些描述，皆可見秦始皇的性格特徵。（日）瀧川龜太郎，《史記會注考證》，頁 114、125。

〔註 70〕　秦始皇好鬼神、求仙人，此亦與戰國已來的民間信仰有關。可參蒲慕州，《追尋一己之福》（臺北：麥田，2004），頁 194。

〔註 71〕　陳奇猷，《韓非子新校注》，頁 1045。

〔註 72〕　陳奇猷，《韓非子新校注》，頁 543。

〔註 73〕　張純、王曉波，《韓非思想的歷史研究》，頁 192～195。

〔註 74〕　邢義田，《秦漢史論稿》，頁 261～271。

〔註 75〕　余英時，《歷史與思想》，頁 29～31。

〔註 76〕　關於秦任法爲治，政策與法家理論的異同。可參徐復觀，《兩漢思想史》（卷一），頁 116～128。亦可參蕭公權，《中國政治思想史》（上冊），頁 281～287。

之事無小大皆決於上，上至以衡石量書，日夜有呈……」，〔註77〕歌功誦德的
石刻也講到秦始皇「既平天下，不懈於治，夙興夜寐」，〔註78〕顯然地都與「君
佚臣勞」不符，這也可視爲前述秦政與法家理論的落差之一。

秦在後世雖被視爲「暴政」的代表，〔註79〕事實上從始皇二十六年統一
全國（前221），直到始皇三十二年（前215）發兵擊胡，這五、六年的時間，
天下倒也相安無事，可是這樣的狀況維持不了多久，終因過度役使民力與混
亂的政局而滅亡。〔註80〕值得注意的是在秦二世二年（前208），此時陳勝等
已在東方起兵，眼看叛亂無法一時平定，二世責備李斯、馮去疾、馮劫，他
說：〔註81〕

> 吾聞之韓子曰：「堯舜采椽不刮，茅茨不翦，飯土塯，啜土形，雖監
> 門之養，不觳於此。禹鑿龍門，通大夏，決河亭水，放之海，身自
> 持築臿，脛毋毛，臣虜之勞不烈於此矣。」凡所爲貴有天下者，得
> 肆意極欲，主重明法，下不敢爲非，以制御海內矣，……。今朕即
> 位二年之間，羣盜竝起，君不能禁，……，何以在位？

一般多以爲胡亥替自己的奢侈欲望找藉口，企圖合理化自己的行爲。顯然此
處二世是有所本，此即韓非所論的「君佚臣勞」之說，因此又說：「夫虞、夏
之主，貴爲天子，親處窮苦之實，以徇百姓，尚何於法？」就胡亥看來，身
爲君主而「勞」是不對的，「佚」才是合理的，而佚則有賴於臣下的奉法循理、
維繫帝國統治。胡亥此言一出，李斯擔心恐懼，於是順著胡亥的話回答，「乃
阿二世意，欲求容」：〔註82〕

> 夫賢主者，必且能全道而行督責之術者也。督責之，則臣不敢不竭
> 能以徇其主矣。此臣主之分定，上下之義明，則天下賢不肖莫敢不
> 盡力竭任以徇其君矣。……，夫不能脩申、韓之明術，行督責之道，
> 專以天下自適也，而徒務苦形勞神，以身徇百姓，則是黔首之役，
> 非畜天下者也，何足貴哉！

〔註77〕 （日）瀧川龜太郎，《史記會注考證》，頁125。
〔註78〕 （日）瀧川龜太郎，《史記會注考證》，頁119。
〔註79〕 林劍鳴，《秦史》（臺北：五南，1992），頁588～602、614～621。
〔註80〕 王健文，〈學術與政治之間：試論秦皇漢武思想政策的歷史意義〉，收於王健
文編，《政治與權力》，頁116～117。
〔註81〕 （日）瀧川龜太郎，《史記會注考證》，頁130。
〔註82〕 （日）瀧川龜太郎，《史記會注考證》，頁1041。

此雖非李斯本意，若與胡亥之言合觀，顯然是把申、韓之說又更推進到另個極端：對於君而言，「勞」是錯誤的治國方法，君王要行督責之術，才是佚、才是無為，也才能「專以天下自適也」，所謂苦形勞神、以身徇百姓者，皆為錯誤之政。但是這種君佚臣勞的身體政治論與韓非所言實在大有差異，韓非絕非主張君主可以不斷地奢侈享樂：「好宮室、臺榭陂池，事車服器玩好，罷露百姓，煎靡貨財者，可亡也」、〔註83〕「儉於財用，節於衣食，宮室器械周於資用，不事玩好則入多」，〔註84〕這都與二世所言極為不符。李斯自己也明白這點，二世所言確然是推展太過、也扭曲了韓非的說法，但情勢逼人，身不由己，李斯不得不說出違心之論。可是李斯最後仍被趙高陷害，身陷囹圄，自己也只能仰天長嘆：〔註85〕

> 不道之君，何可為計哉！⋯⋯，且二世之治豈不亂哉！⋯⋯。凡古
> 聖王，飲食有節，車器有數，宮室有度，出令造事，加費而無益於
> 民利者禁，故能長久治安。今行逆於昆弟，不顧其咎；侵殺忠臣，
> 不思其殃；大為宮室，厚賦天下，不愛其費：三者已行，天下不聽。

李斯痛陳胡亥的罪惡，其中之一就是「凡古聖王，飲食有節，車器有數，宮室有度，出令造事，加費而無益於民利者禁，故能長久治安」，胡亥卻反其道而行，自取滅亡。李斯所言與韓非一致，相較之下，胡亥把「君佚臣勞」的觀點扭曲，並且合理化自己的行為，這已非韓非或是李斯原意。

西漢前期與黃老

秦朝滅亡，群雄逐鹿中原，最後由劉邦統一天下，史稱劉邦建立的政權為西漢，以別於漢光武帝劉秀的東漢。西漢王朝的建立，有鑑於秦任法嚴苛、過度損耗民力，以致快速滅亡。且時當戰亂之後，社會民生凋敝：「漢興，接秦之敝，諸侯並起，民失作業，而大饑饉。凡米石五千，人相食，死者過半」，〔註86〕因此西漢政府注重養民休息、清靜無為。在政治上的表現則是因循秦制，推行黃老治術，王鳴盛說：〔註87〕

> 漢初黃老之學極盛，君如文、景，宮闈如竇太后，宗室如劉德，將

〔註83〕　陳奇猷，《韓非子新校注》，頁300。
〔註84〕　陳奇猷，《韓非子新校注》，頁888。
〔註85〕　（日）瀧川龜太郎，《史記會注考證》，頁1043～1044。
〔註86〕　（漢）班固撰，（唐）顏師古注，《漢書》，頁1127。
〔註87〕　（清）王鳴盛，《十七史商榷》（南京：鳳凰出版社，2008），頁38。

　　相如曹參、陳平，名臣如張良、汲黯、鄭當時、直不疑、班嗣，處

　士如蓋公、鄭章、王生、黃子、楊王孫等，皆宗之。

王鳴盛這段話說明了在西漢前期，黃老之學確實是西漢政治思想的重心理
論。當然西漢在許多政策上雖然仍因循秦制，也注重刑名之說，但卻有異於
秦所奉行的商、韓等法家思想。西漢政府更多的則是採取無爲清靜、仁義顧
民之法，這表現在漢初減稅、賑民、節用的政策裡，〔註88〕且與《呂氏春秋》
表現的傾向類似，都是在刑名、督責、法度之外，更融合了儒、陰陽等家的
觀點，講求惠民、養民，以完成「君佚臣勞」的無爲政治觀。

　　可是反過來看，西漢固然反對秦的苛政苛法，但這是就秦法過濫過苛、
而且不注重與民休養而言。西漢政府針對這兩點都做了改善，後者就是前頭
所講的清靜無爲。至於前者，西漢政府本身其實也甚爲注重刑法，其先劉邦
約法三章，但法不足用，於是蕭何集取秦法可爲時宜者，作《律九章》，《晉
書・刑法志》說律九章分別是盜、賊、囚、捕、雜、具、戶、興、廄，又說
「叔孫通益律所不及，傍章十八篇。」〔註89〕此時死罪尚有夷三族之令，且
仍存黥、劓、斬左右止、斷舌等肉刑，《律九章》雖已汰除許多秦法，但依舊
不免繁瑣之弊，又或是可能已廢除的刑法，實際上仍在執行，故後人樊遜稱：
「漢律九章，違之如覆手。」〔註90〕文帝時雖除肉刑，但衍生了更多的問題，
以致於「外有輕刑之名，內實殺人」，〔註91〕同時《漢書・儒林傳》也說文帝
「本好刑名之言」，〔註92〕景帝時有酷吏郅都、甯成。這都反映了西漢前期仍
是相當注重刑名法令的，只是在因循秦制的同時，西漢政府又不斷地改革刑
法，企圖讓清靜無爲與刑名法治兩者得到更充份的結合——更何況兩者的施
用並行本來就是黃老之學一向主張的觀點。

　　西漢前期注重刑法的現象，我們在 1983 底至 1984 年初張家山漢簡的出
土也可以看得很清楚。特別是其中的《二年律令》，由於簡文有優待呂宣王與
其親屬的條文，《二年律令・具律》：「呂宣王內孫、外孫、內耳孫玄孫……。」
〔註93〕呂宣王是呂后元年（前 187 年）贈與其父的諡號，而與《二年律令》

〔註88〕　林劍鳴，《秦漢史》（上海：上海人民出版社，2003），頁 264～273。

〔註89〕　（唐）房玄齡等，《晉書》（北京：中華書局，2003），頁 922。

〔註90〕　（唐）李百藥，《北齊書》（臺北：世界書局，1974），頁 612。亦可參林劍鳴，
　　　　《秦漢史》，頁 272～273。

〔註91〕　（漢）班固撰，（唐）顏師古注，《漢書》，頁 1099。

〔註92〕　（漢）班固撰，（唐）顏師古注，《漢書》，頁 3117。

〔註93〕　朱紅林，《張家山漢簡《二年律令》集釋》，頁 75～76。

共存的《曆譜》所記最後年限是呂后二年，因此許多學者據此推斷《二年律令》是呂后二年以後施行的法律。但也有學者持不同意見，認爲所謂的「二年」，應該是惠帝二年（前193年）或是高祖二年（前205年）才對，呂宣王云云，只是一條法律而已，不足以代表全體。〔註94〕這些說法尚待進一步的證實，但不管如何，上述都說明了《二年律令》是西漢前期、特別是文景之前的法律，這是沒有問題的。

　　《二年律令》基本上反映了西漢前期法律是以「繁法」與「嚴刑」爲特色，〔註95〕內容涉政治、社會、經濟等各個層面，其中有就訴訟程序的規定如《具律》、《告律》等一部份的內容，也有諸如防範諸侯的措施，也有借貸、田制、津關、集市交易、群盜、鬥毆、貪污、渡河管理、贖罪、持有毒品、誣告、亂倫、婚外情、劫人、匿罪人……等等法例條文。而在刑罰方面也有連坐、腰斬、棄市、磔、黥、城旦舂、耐、完、隸臣妾、罰金、贖……等等處罰，在具體的判例方面，例如簡三四、三五、三六、三七就有子女傷害父母，或是奴婢傷害主人或是主人的父母妻子，都應斬首並懸卦於市的記載（《賊律》），簡一三二更說自首者亦不能減輕刑罰（《告律》）；〔註96〕又或是簡九一、九二是對累犯從重量刑的記載，《具律》：〔註97〕

　　　　城旦刑盡而盜臧（贓）百一十錢以上，若賊傷人及殺人，而先自告
　　　　也，皆棄市。

「刑盡」，邢義田釋爲服刑期滿，支強則認爲是肉刑執行完畢。〔註98〕對那些已受「城旦」處罰的人，若再犯竊盜一百一十錢以上，又或是傷、殺人者，即使是自首，亦處以棄市，這是對累犯的處罰。

　　根據前面第四章的分析，注重刑名、法治同時也是黃老的主張。因此漢初行黃老之治，除了清靜無爲的一面，尚有注重刑名法術的一面，這在《二

〔註94〕關於《二年律令》的年代爭議，可參閱李力，〈關於《二年律令》題名之再研究〉，收於卜憲群、楊振紅編，《簡帛研究二〇〇四》（桂林：廣西師範大學出版社，2006），頁144～157。

〔註95〕南玉泉，〈張家山漢簡《二年律令》所見刑罰原則〉，收於中國社會科學院簡帛研究中心編，《張家山漢簡《二年律令》研究文集》，頁247～263。曾加，《張家山漢簡法律思想研究》，頁25～58。值得一提的，曾加認爲《二年律令》並未體現清靜無爲、約法省刑的黃老思想痕跡，此說恐非。

〔註96〕朱紅林，《張家山漢簡《二年律令》集釋》，頁38～39、100。

〔註97〕朱紅林，《張家山漢簡《二年律令》集釋》，頁80。

〔註98〕朱紅林，《張家山漢簡《二年律令》集釋》，頁81。

年律令》裡便可以充份得到證明。換句話說，黃老清靜無爲與刑法條例並不矛盾，而是相輔相成、互倚而立的，清靜無爲有賴於刑名法治，政治力才得以徹底執行，反過來看，刑名法治也有賴清靜無爲，才不致於任法過嚴過濫。〔註99〕錢穆說得好：〔註100〕

> 要是漢初政局，大體因襲秦舊，未能多所改革。……蓋漢廷君臣，崛起草野，粗樸之風未脫，謹厚之氣尚在。又當久亂後厭倦之人心，而濟之以學者間冷靜之意態。三者相合，遂成漢初寬簡之治。故漢初之規模法度，雖全襲秦制，而政令施行之疏密緩急，則適若處於相反之兩極焉。其一動一靜，一寬一密之間，秦政乃戰國緊張局面之掉尾，而漢治則爲以後原氣恢復之開端。

以黃老治國，這樣的做法除了體現在西漢政府的各種政策之外，〔註101〕也展現在當時一些人物的言論或著作裡，這點接下來還會再講到，此處先不多談。總之，清靜無爲的目的，對於社會民生而言，是修養生息；可是對於君主而言，那就是君佚臣勞了。但當我們以這樣的角度來看西漢前期的歷史，我們立刻會出現一些疑惑，因爲君佚臣勞其實就是君無爲而臣有爲，這是既定的君臣關係。可是睽諸史實，曹參、汲黯，乃至於地方太守都以無爲著稱。例如曹參相齊即採蓋公無爲之術：〔註102〕

> 參盡召長老諸生，問所以安集百姓，如齊故諸儒以百數，言人人殊，參未知所定。聞膠西有蓋公，善治黃老言，使人厚幣請之。既見蓋公，蓋公爲言治道貴清靜而民自定，推此類具言之。……，故相齊九年，齊國安集，大稱賢相。

其後曹參又代蕭何爲相，一遵前法而行，不妄改動，死後百姓則歌之：「蕭何爲法，顜若畫一。曹參代之，守而勿失。載其清淨，民以寧一。」此皆可見曹參行清靜無爲之治。

《漢書・汲黯傳》則說：〔註103〕

〔註99〕 金春峰，《漢代思想史》（增補第三版），頁 42～43。
〔註100〕 錢穆，《秦漢史》（臺北：東大，2006），頁 45～46。
〔註101〕 除了前面提到的刑罰與一些政令之外，尚有關於漢代黃老治術與社會經濟、民生需求等等的關係，因與本文要處理的主題（思想學術）無關，故此處不多著墨。主要可參金春峰，《漢代思想史》（增補第三版），頁 42～49。賀凌虛，《西漢政治思想論集》，頁 15～24。
〔註102〕 （日）瀧川龜太郎，《史記會注考證》，頁 801。
〔註103〕 （漢）班固撰，（唐）顏師古注，《漢書》，頁 2316。

　　黯學黃老言，治官民，好清靜，擇丞史任之，責大指而已，不細
　　苟。……。歲餘，東海大治，稱之。上聞，召爲主爵都尉，列於九
　　卿。治務在無爲而已，引大體，不拘文法。

汲黯曾任東海太守，亦以無爲而治。這也是司馬遷理想中的「循吏」。若然如此，臣無爲、循吏亦無爲，又如何可稱爲「臣勞」？再者，「君佚臣勞」的對象，是否只是指君王呢？就前面的分析來看，「君佚臣勞」的身體政治論都理論是指君王，這點是沒有問題的，畢竟這些文獻話語都是針對政權中心的人主而言，人主是國家的心脈，因此當然要針對君王來講。可是當這樣的政治觀落實到整個帝國的統治時，「君佚臣勞」就變成了一種原則性的說法，不可以拘泥字面解釋。

　　在此必須先作分解，就統一帝國而言，權力最初也是最終的來源當然是皇帝。皇帝既尊且貴，君尊臣卑是皇權政治的基本結構，〔註104〕所謂的「君佚臣勞」的「君」當就是指皇帝而言，但皇帝終究無法單以一人之力治天下，因此他必須依賴一套官僚制度，由上而下，層級分類，以確保政治力的暢行。在此之下的官制階級，因此也有了各自的職分。對皇帝的無爲而言，臣下必須有爲，因此照理來說作爲輔佐皇帝的丞相應該是要「臣勞」的，可是丞相也須統領百官、運籌帷幄，本身也須要一套統治之術，此時「無爲」也派上了用場。因此丞相同樣也可以運用「君佚臣勞」的原則來作管理，文帝問周勃：〔註105〕

　　孝文帝既益明習國家事，朝而問右丞相勃曰：「天下一歲決獄？」勃
　　謝曰：「不知。」問：「天下一歲錢穀出入幾何？」勃又謝不知，汗
　　出沾背，愧不能對。

周勃無法回答，於是文帝轉而問陳平，陳平的答案是：〔註106〕

　　平曰：「有主者」。上曰：「主者謂誰？」平曰：「陛下傳問決獄，責
　　廷尉；問錢穀，責治粟內史。」上曰：「苟各有主者，而君所主者何
　　事也？」平謝曰：「主臣！陛下不知其駑下，使待罪宰相。宰相者，
　　上佐天子理陽，順四時，下育萬物之宜，外鎮撫四夷諸侯，內親附
　　百姓，使卿大夫各得任其職焉。」

〔註104〕王健文，〈學術與政治之間：試論秦皇漢武思想政策的歷史意義〉，收於王健
　　　　　文編，《政治與權力》，頁117。
〔註105〕錢穆，《秦漢史》，頁45～46。
〔註106〕（日）瀧川龜太郎，《史記會注考證》，頁816。

顯然地，對於皇帝而言，「上佐天子……使卿大夫各得任其職焉」云云，這就是陳平的「爲」、「勞」，陳平之勞，是爲了成就皇帝的「君佚」。對於陳平來說，他的治理原則也是另一種形式的「無爲」，故不須察察爲明、專就小處治事，此非丞相所該爲，而是應該掌握政理的大經大脈。也唯有如此，丞相之下的百官才能奉法循令、遵命而行。同理，作爲管理地方的官員也是如此，所以司馬遷在〈循吏列傳〉裡推崇「奉法循理，無所變更」的官員，並稱其爲「循吏」。〈循吏列傳〉所列人物都屬漢以前，但根據宋人葉夢得所言，〈循吏列傳〉傳後即是汲黯、鄭當時二人的傳記（〈汲鄭列傳〉），而二人正符合司馬遷的循吏定義，瀧川龜太郎、岡崎文夫承繼此說，因此不可謂漢無循吏，只是司馬遷另增列傳以述二人、不附在〈循吏列傳〉而已。余英時在這些線索上又更一步推論，他認爲積極從事教化的儒家型循吏在司馬遷時代尚未成爲普遍典型，因此司馬遷所謂的循吏主要是指黃老無爲式的人物，這些人共同特色就是「因循」、「奉公循理，亦可以爲治」、「奉法循理之吏，不伐功矜能」。〔註107〕我們從這個結論來觀察，儘管都是無爲，但就官位階層而言，卻是不同程度的「爲」。〔註108〕換句話說，不同的職位有不同的職分，用陳平的話說就是「各有主者」，在不同的位置上行使無爲，上下之間也會有不同的效果，因此可謂「無爲而不爲」。畢竟無爲雖然是漢前期政治的理想的原則，可是無爲不是什麼事都不做，而是因循理法、遵從上令，然後講求形名法治，不妄爲、不伐功矜能。這種無爲，對於在上者而言，其實還是下者某種程度上的有爲，司馬談〈論六家要旨〉：「群臣並至，使各自明也」，〔註109〕亦是此意。郭象注《莊子》「上與下同道則不主」、「上必无爲而天下，下必有爲爲天下用」等句，就深明此理，他說：〔註110〕

……故各司其任，則上下咸得而無爲之理至矣。

無爲之言，不可不察也。夫用天下者，亦有用之爲耳。率性而動，故謂之無爲也。今之爲天下用者，亦自得耳。但居下者親事，故雖

〔註107〕 余英時，《中國思想傳統的現代詮釋》，頁191～194。

〔註108〕 張增田說「這些處於下的、當『有爲』的爲治者，既然『奉法循理』以爲務，那麼，他們的『有爲』實際上也是一種『無爲』。」張增田，《黃老治道及其實踐》，頁271～272。

〔註109〕 （日）瀧川龜太郎，《史記會注考證》，頁1368。

〔註110〕 （清）郭慶藩，《莊子集釋》，頁465～466。

> 堯舜爲臣猶稱有爲。故對上下，則君靜而臣動……。然各用其性而
> 天機玄發，則古今上下無爲，誰有爲也！

群臣各自明，各任其事，從君對臣來看，此即臣有爲，但此有爲卻又是各用
其性而順自然，對君臣本身而言又是無爲而無不爲。《管子・君臣上》說得好：
「主畫之，相守之；相畫之，官守之；官畫之，民役之」，房玄齡注：「畫，
謂分別其所授事。君既畫其事，相則守而行之也」。守而行之，即是前面所言
奉法循理之類，君與相，是主畫相守；就相與官來講，則是相畫官守，以此
類推。民役之，房玄齡注：「官既畫之，人則役力以行其事」，〔註111〕民以下
已無官職，故有此言，這是從上到下的描述。反過來看，如果是由下而上，
由地方中央，再從臣到君，自然就是君佚臣勞了，《淮南子・詮言》所言：「位
愈尊而身愈佚，身愈大而事愈少」，〔註112〕即是此意，這也正是漢代政治思想
的特徵。

　　這種特徵，後來被司馬談〈論六家要旨〉歸納爲無爲而無不爲的「道家」：
〔註113〕

> 道家使人精神專一，動合無形，瞻足萬物。其爲術也，因陰陽之大
> 順，采儒墨之善，撮名法之要，與時遷移，應物變化，立俗施事，
> 無所不宜，指約而易操，事少而功多。

根據日人金谷治的研究，漢初所謂的「道家」思潮，實包涵多種向度，有以
注重清靜無爲、治國安民的修身治國之術，也有以全身保身、韜光養晦以求
政治上的安全，也有以陰謀策畫、權謀行世的一面。不止如此，在以實際爲
政治中心的「黃老派」之外，尚有對政治漠不關心的一派，他們或注重養生
而接近神仙家，又或是崇尚無爲而體道自然、以求養身等等。〔註114〕至於司
馬談〈論六家要旨〉說的道家，其實正是以黃老爲政治中心的說法，〔註115〕
因此〈論六家要旨〉也不止是一篇純粹的學術論文，而是包涵了許多政治意
見在內。〔註116〕換句話說，司馬談要表達就是這種以「佚」爲中心的身體政

〔註111〕黎鳳翔，《管子校注》，頁553。
〔註112〕劉文典，《淮南鴻烈集解》，頁482。
〔註113〕（日）瀧川龜太郎，《史記會注考證》，頁1367。
〔註114〕（日）金谷治，〈漢初道家的派別〉，收於劉俊文主編，《日本學者研究中國史論著選譯》（第七卷），頁28～34。
〔註115〕余明光，《論六家要旨》所述「道論」源於「黃學」——讀漢墓帛書《黃帝四經》，《湘潭大學學報》（社會科學版），第一期（1987年），頁36。
〔註116〕李長之，《司馬遷之人格與風格》（臺北：里仁，1997），頁29～30。

治論，「因陰陽之大順，采儒墨之善，撮名法之要」，涵括各家觀點，然後完成「君佚臣勞」而國治的政治目的。爲什麼說是「君佚臣勞」呢？雖然引文中司馬談未明言「君佚臣勞」，但顯然可以在他的批判中見到他的正面主張。畢竟司馬談反對爲政以德式的身體政治論，他以儒墨兩家爲代表，認爲這種修身觀雖然也可以明上下之分、崇君臣父子之禮，或是強本節用，但過度強調節儉、或是以言行實踐道德，未免不近人情，是儉而難遵、難以盡用。其中儒家的主張甚至會導致「主勞臣佚」，結果則是「勞而無功」。「君佚臣勞」當然就是相對於「主（君）勞臣佚」來講的：〔註117〕

> 墨者儉而難遵，是以其事不可徧循，然其彊本節用，不可廢也。
>
> 儒者博而寡要，勞而少功，是以其事難盡從；然其序君臣父子之禮，
> 列夫婦長幼之別，不可易也。
>
> 儒者則不然，以爲人主天下之儀表也，主倡而臣和，主先而臣隨，
> 如此則主勞而臣逸。至於大道之要，去健羨，絀聰明，釋此而任術。
>
> 夫神大用則竭，形大勞則敝。形神騷動，欲與天地長久，非所聞也。

司馬談的批評有其合理與不合理之處，畢竟儒家也推崇無爲而治，其言無爲，自有其階段性。司馬談只看到儒家修身治國的前段，未見其無爲主張，因此言論未免偏頗。但確實也說到了「爲政以德」式身體政治論的一些缺陷：試問，所謂道德實踐的修身觀，究竟何時才算完成？修身是否有終止的一天？若無終止之日，豈不容易落入「勞而少功」、「形大勞則敝」、「形神騷動」的地步？人主過於強調修身，因而費心勞形，這種修身治國的主張結果將是「主勞臣佚」，這當然是「君佚臣勞」式身體政治論所反對的。

這種思想傾向，我們在《淮南子》裡也可以看到很完整的發揮。

治國如治身：《淮南子》

目前學界大多認爲《呂氏春秋》與《淮南子》在思想史上密切相關，胡適曾說：〔註118〕

> 《淮南王書》與《呂氏春秋》性質最相似，取材於呂書之處也最多。
> 但淮南之書編制更精審，文字也更用氣力，的是後來居上了。

〔註117〕（日）瀧川龜太郎，《史記會注考證》，頁 1367。
〔註118〕胡適，《中國中古思想史長編》（下）（臺北：遠流，1994），頁 7。

胡適此言確實合理，但是胡適對道家卻有偏見，他認爲《淮南子》與道家東拉西扯、廣收各家的結果就是雜亂無章，於是成了一部垃圾馬車，這部馬車的垃圾堆積太高，於是自己的中心思想——自然主義的宇宙觀便因此埋沒了。〔註 119〕胡適此說未必成立，因爲《淮南子》其實是有選擇地吸收各家，也並未把中心思想埋沒。〔註 120〕至於《呂氏春秋》與《淮南子》在思想史上的延續關係，除胡適之外，徐復觀、李澤厚、陳鼓應、葛兆光、陳麗桂等人，或以成書規模與綜合學術的觀點而論、又或以歸本黃老的角度來談，〔註 121〕牟宗鑒則是把《呂氏春秋》視爲秦漢道家的初創之作，《淮南子》則是秦漢道家興盛時期的結晶，可稱作是秦漢黃老道家的代表作品。〔註 122〕對於《淮南子》性質的析論，前人研究極爲精彩，成果亦相當豐碩，值得參考之處甚多。因此本節的目的即是在採取不一樣的角度：身體政治論（修身——治國），同時也希望能以此觀點來看兩書在學術思想上的內在聯繫，以求在前人的基礎上再做發揮。

　　《淮南子》原名《鴻烈》，「鴻」是大、「烈」是明的意思，高誘說這是：「以爲大明道之言也」，又說此書「其旨近《老子》，淡泊無爲，蹈虛守靜，出入經道」。〔註 123〕《淮南子》近於《老子》之說，主要是無爲虛靜的部分。在此之外，《淮南子》與《呂氏春秋》的立場類似，同樣都吸收了其它各家的說法，卻不同於《呂氏春秋》十二紀過於機械式的分門別類，〔註 124〕《淮南子》顯得比較圓融與成熟。另一個相似之處，是《淮南子》同樣企圖建構一個完整的宇宙框架，在這個框架裡面，天地萬物互相關聯而又彼此涉入。《淮南子》首先以〈原道〉開頭，說明道的終極意義與普遍性，接下來〈俶眞〉論述天地宇宙的演進次序，〈天文〉、〈墜形〉則是這樣的基礎之下，分別描述

〔註 119〕　胡適，《中國中古思想史長編》（下），頁 67～68。

〔註 120〕　葛兆光，《中國經典十種》（北京：中華書局，2008），頁 109～110。

〔註 121〕　可參徐復觀，〈《淮南子》與劉安的時代〉，收於氏著，《兩漢思想史》（卷二）。李澤厚，《中國古代思想史論》，頁 142～150。陳鼓應，〈從《呂氏春秋》到《淮南子》論道家在秦漢哲學史上的地位〉，《臺大文史哲學報》第五十二期，頁 73～76。陳麗桂，《秦漢時期的黃老思想》，頁 136。葛兆光，《七世紀前中國的知識、思想與信仰世界》（中國思想史第一卷），頁 356～367。

〔註 122〕　牟鐘鑒，〈《淮南子》對《呂氏春秋》的繼承和發揮〉，收入陳鼓應編，《道家文化研究》（第十四輯），頁 338～352。

〔註 123〕　劉文典，《淮南鴻烈集解》，高誘敘目。

〔註 124〕　徐復觀，《兩漢思想史》（卷二），頁 20～26。

上下空間與人文自然的相對應關係，其中天象與地象、星宿與州郡各自呼應，在這種天地人互爲關聯的世界體系裡，人們或是像〈時則〉按照自然時序行事，或是像〈精神〉一樣與天地同氣，修身如虛融、寧靜般地與物隨化，而政治中心的君王也應該要循此原則而行無爲之治、符合自然之道，但同時也應廣納賢士、循名責實，這樣的觀點在〈主術〉、〈脩務〉隨處可見，另外《淮南子》關於社會、政治、倫理的討論，尙可見於〈本經〉、〈繆稱〉、〈齊俗〉、〈道應〉等篇，這些篇章或討論君子與小人的名實問題、又或是社會移風易俗的重要性，以上篇章大多都強調了「道」的具體層面。除此之外，〈兵論〉論兵，〈說山〉、〈說林〉則是以取譬喻說的方式論述著社會政治與人生的哲理，最後再回到〈泰族〉，重新說明這個完整架構之下的一切天地自然與人事物理，敷豐曼衍，發微闡幽，以此明道求理。〔註125〕而作爲《淮南子》序言的〈要略〉，許愼說此篇之作是「凡《鴻烈》之書二十篇（芝慶按：不包含〈要略〉），略數其要，明其所指，序其微妙」，接下來則就更明白指出《淮南子》企圖融合萬事萬物爲一體的特徵，許愼說：〔註126〕

> 夫作爲書論者，所以紀綱道德，經緯人事，上考之天，下揆之地，中通諸理。

> ……。故著書二十篇，則天地之理究矣，人間之事接矣，帝王之道備矣。其言有小有巨，有微有粗，指奏卷異，各有爲語。

「帝王之道備矣」，這也說明了政治目的是《淮南子》書中的重要部分之一。也因爲有了這種取向，所以《淮南子》明天道、或論性命，甚至講精神虛靜之修身、無爲因循之治國，往往都涵有經世致用的意思。〔註127〕

《淮南子》首先標舉道體，認爲道是亙古亙今，而且包裹天地、無處不在。萬物因其所生，山淵鳥獸日月星辰等萬物亦因其所顯，道是一個絕對永恆的存在，〈原道〉：〔註128〕

> 夫道者，覆天載地，廓四方，柝八極，高不可際，深不可測，包裹

〔註125〕葛兆光，《七世紀前中國的知識、思想與信仰世界》（中國思想史第一卷），頁356～363。葛兆光，《中國經典十種》，頁99～106。

〔註126〕劉文典，《淮南鴻烈集解》，頁700、707。

〔註127〕《漢書‧藝文志》著錄《淮南子》有內、外篇，《漢書‧淮南王傳》說又另有中篇八卷。但外、中篇皆佚，今只存內篇。（漢）班固撰，（唐）顏師古注，《漢書》，頁1741、2145。

〔註128〕劉文典，《淮南鴻烈集解》，頁1、2。

天地，稟授無形。原流泉浡，沖而徐盈；混混滑滑，濁而徐清。故
植之而塞于天地，橫之而彌于四海，施之無窮而無所朝夕。

山以之高，淵以之深，獸以之走，鳥以之飛，日月以之明，星歷以
之行，麟以之游，鳳以之翔。泰古二皇，得道之柄，立於中央，神
與化游，以撫四方。是故能天運地滯，輪轉而無廢，水流而不止，
與萬物終始。

道既無所不在，亦因萬物而現，而人世間能體道者，則是聖人：「今專言道，
則無不在焉，然而能得本知末者，其唯聖人也」，〔註129〕可是聖人並非虛無
飄渺的神仙或是鬼神，而是能修身養生者，因為《淮南子》認為人的身體就
是一個小宇宙，只要修身則法，自然可與外在自然發生聯繫，與天地相參：
〔註130〕

天有四時、五行、九解、三百六十六日，人亦有四支、五藏、九竅、
三百六十六節。天有風雨寒暑，人亦有取與喜怒。故膽為雲，肺為
氣，肝為風，腎為雨，脾為雷，以與天地相參也，而心為之主。是
故耳目者日月也，血氣者風雨也。〈精神〉

人與天互通互感，「夫全性保真，不虧其身，……精通於天」，〔註131〕人藉由
修身而證道體道，〔註132〕此即中國「聯繫性思維方式」的特徵，同時也與古
代醫學有關，這種以人體取象於天，或是人副天數的思想，基本上和戰國到
西漢末年的學術傾向符合，此時大趨勢多是以宇宙論對知識進行系統化、體
系化的進展，在此同時，方技、醫學也在天道與人體共生共有的格局之下完
成其系統化的工作。〔註133〕而《淮南子》藉由聯繫性思維開展的修身觀，其
修身之法的重點之一即在於心，心是身的主導，以心攝身，是修身的必要條
件。《淮南子·詮言》就說好色、好聲、好味是身體享樂適意的本能欲望，但
是耳目鼻口等五官對此又不能加以節制取捨，唯有以心為制，方能使其各得
其所，不為物欲所控。〔註134〕心的作用、活動即是神，《淮南子·詮言》有時

〔註129〕劉文典，《淮南鴻烈集解》，頁707。
〔註130〕劉文典，《淮南鴻烈集解》，頁220。
〔註131〕劉文典，《淮南鴻烈集解》，頁193。
〔註132〕「故其身治者，可以言道矣。」劉文典，《淮南鴻烈集解》，頁487。
〔註133〕可參李建民，《生命史學：從醫療看中國歷史》（臺北：三民，2005），頁81
～88。
〔註134〕劉文典，《淮南鴻烈集解》，頁476。

又稱為「精神」：「精神澹然無極，不與物散，而天下自服。故心者，形之主也，而神者，心之寶也」。〔註135〕徐復觀就指出，若以詞性來看，《淮南子・詮言》中「神」常因詞性不同而有變化，當神作形容詞時，是指微妙不測的作用，當神作名詞時，則是指精神。但徐復觀又說神其實就是心，涵意多有重覆，〔註136〕此中尚可詳論，因為當神與心合論時，心與神其實並不是對等的關係，我們不妨把心與神有關的史料列出：

> 夫聖人用心，杖性依神，相扶而得終始……。〈俶眞〉
>
> 心有所至而神喟然在之。〈俶眞〉
>
> 故至人之治也，心與神處……。〈本經〉
>
> 今夫道者，藏精於內，棲神於心……。〈泰族〉
>
> 心之精者，可以神化，而不可以導人。〈繆稱〉

第一句與第三句都是說心與神必須同處，相輔相扶；第二句是說神是心的作用、活動，神以心發，故下句即接「反之於虛則消鑠滅息」，第四、五句可與第一、三句合觀，心神雖相成，但相較之下，可以說心是神的棲所、或是指心的精微處則可以神化。我們若綜合以上五句，大致上可以這麼說：當心與神同時出現，兩者自始至終都是相扶而相成、缺一不可，此時神是心的活動，心則是神的居所，心為神棲，神以心發，心的靈妙精微往往由神而發，可是神畢竟只是個抽象的存在，形上的意義較多，而心除了是「神」的棲居之外，有具體的空間性，但同樣也有著神奇微妙的功能，〈人間〉：「發一端，散無竟，周八極，總一筦，謂之心」，〔註137〕此時所形容的心，也可以稱之為神或是精神。〔註138〕在這樣的哲學基礎上，所以《淮南子》常常又以心代神，又或是倒過來，是以神代心，高誘注「且人有戒形而無損心」一句，便說「心喻神，神不損傷也」，〔註139〕即是此意。從這個角度來看，所以（精）神或是心同樣都俱有形上意義。

但是在心、精神與形體之間，或是在形體與外物之間，往往又透過氣而交感，氣是至大無外，也是至小無內，氣流動在整個宇宙之中，人體內亦有

〔註135〕劉文典，《淮南鴻烈集解》，頁 226。

〔註136〕徐復觀，《兩漢思想史》（卷二），頁 145～147。

〔註137〕劉文典，《淮南鴻烈集解》，頁 586。

〔註138〕徐復觀，《兩漢思想史》（卷二），頁 146。

〔註139〕劉文典，《淮南鴻烈集解》，頁 230。

血氣。其中氣之精者更是化作萬物，成為萬物本身之所有：〔註140〕

> 積陽之熱氣生火，火氣之精者為日；積陰之寒氣為水，水氣之精者
> 為月，日月之淫為精者為星辰。〈天文〉

> 夫心者，五藏之主，所以制使四支，流行血氣，馳騁于是非之境，
> 而出入於百事之門戶者也。〈原道〉

> 是故血氣者，人之華也；而五藏者，人之精也。夫血氣能專於五藏
> 而不外越，則胷腹充而嗜欲省矣。〈精神〉

人藉由氣與形、心神相感，人與天地萬物同樣也藉由氣而感通：〔註141〕

> 故聖人者懷天心，聲然能動化天下者也。故精誠感於內，形氣動於
> 天，則景星見，黃龍下……。〈泰族〉

換句話說，在氣化感通的宇宙間，天地與我是互為開放的，〔註142〕如此修身，自然能夠隨時動靜，能陰能陽、能弱也能強，邪氣不生而全身保性。〔註143〕若行此理，則治身自然就能治國，畢竟《淮南子》也同樣認為修身與治國是一個連續性的關係，不可分離：「故心者，身之本也；身者，國之本也」〔註144〕、〈詮言〉亦引詹何語：「未嘗聞身治而國亂者也，未嘗聞身亂而國治者也」〔註145〕。身國共治，一向為先秦以來通義，所以君王的身體不止是個人所有，更能因修身而擴大延伸，以修身之術治國，教化萬民移風易俗：〔註146〕

> 舜修之歷山而海內從化，文王修之岐周而天下移風。使舜趨天下之
> 利，而忘修己之道，身猶弗能保，何尺地之有！〈詮言〉

也因為兩者根本是同一件事，所以《淮南子》便用身體比喻國家、以強調君王修身養生的重要性，〈繆稱〉：「主者，國之心。心治則百節皆安，心擾則百節皆亂，故其心治者，支體相遺也」，〔註147〕既然修身重心，那麼君王就是國

〔註140〕劉文典，《淮南鴻烈集解》，頁80、35、222。
〔註141〕劉文典，《淮南鴻烈集解》，頁664。
〔註142〕鄭毓瑜，〈身體時氣感與漢魏「抒情」詩——漢魏文學與楚辭、月令的關係〉，收於氏著，《文本風景——自我與空間的相互定義》，頁300～304。
〔註143〕劉文典，《淮南鴻烈集解》，頁446、476。
〔註144〕劉文典，《淮南鴻烈集解》，頁686。
〔註145〕劉文典，《淮南鴻烈集解》，頁466。
〔註146〕劉文典，《淮南鴻烈集解》，頁469。
〔註147〕劉文典，《淮南鴻烈集解》，頁318。

之心，因此更有修身的必要。對於這種修身與治國、養生與政治的關係，胡
奐湘說得好：〔註148〕

> 在《淮南子》看來，不僅治身與經世的方法相合，而且治身的過程
> 同時也是經世的過程。因爲人們反性體道，捨欲歸情，結果既強健
> 了身體，又端正了處世的態度和行爲，社會自然得到治理。特由是
> 作爲國家領導人，其心靜身治，則爲民眾樹立榜樣，「而天下自服」。

從這一點來看，我們就得再說到身國同治的治術、同時也是「君佚臣勞」式
身體政治論的核心思想：君佚臣勞。君佚臣勞的原則之一就是無爲，〔註149〕
無爲就是因循而任下，不作無益之事、亦不作有害之事，然後循名責實，善
用法度，集眾智、合眾力，因物因時而大明，這就是執一以御多的治國之術，
這裡的「一」其實就是「道」，〔註150〕以道治國，君王自然就能佚、就能不勞：
〔註151〕

> 人主之術，處無爲之事，而行不言之教，……，因循而任下，責成
> 而不勞。〈主術〉
>
> 而君人者不下廟堂之上，而知四海之外者，因物以識物，因人以知
> 人也。故積力之所舉，則無不勝也；眾智之所爲，則無不成也。
> 〈主術〉
>
> 君道者，非所以爲也，所以無爲也。何謂無爲？智者不以位爲事，
> 勇者不以位爲暴，仁者不以位爲患，可謂無爲矣。夫無爲，則得於
> 一也。一也者，萬物之本也，無敵之道也。〈詮言〉
>
> 〈主術〉者，君人之事也，所以因作任督責，使群臣各盡其能也。
> 明攝權操柄，以制群下，提名責實，考之參伍，所以使人主秉數持
> 要，不妄喜怒也。〈要略〉

相對的，君無爲則臣必有爲，臣各分其職，各任其力，而臣之有爲又受制於
君之無爲，這就是君佚臣勞，君佚臣勞才是治國正理。反之，若未行此道，
而凡事自行自爲，以上代下，則是「不正本而反自然，則人主逾勞，人臣逾

〔註148〕胡奐湘，〈《淮南子》的人體觀與養生思想〉，收於楊儒賓編，《中國古代思想
中的氣論及身體觀》，頁 512。

〔註149〕丁原明，《黃老學論綱》（濟南：山東大學，1997），頁 279～280。

〔註150〕李訓詳，〈戰國時代「壹」的觀念〉，《新史學》第四卷第三期，頁 10～11。

〔註151〕劉文典，《淮南鴻烈集解》，頁 269、279、474、703。

逸」，〔註152〕此說正與前引司馬談批判「主倡而臣和，主先而臣隨，如此則主勞而臣逸」同義，都是站在一樣的立場發言：君佚臣勞。

　　也因爲這是《淮南子》的重要主張，所以書中屢屢可見類似的言論：〔註153〕

　　　　君臣上下，官職有差，殊事而調。〈繆稱〉

　　　　君不與臣爭功，而治道通矣。管夷吾、百里奚經而成之，齊桓、秦穆受而聽之。〈繆稱〉

　　　　無爲制有爲，術也。〈詮言〉

　　　　人主者，以天下之目視，以天下之耳聽，以天下之智慮，以天下之力爭，是故號令能下究，而臣情得上聞，百官脩同，群臣輻湊，……。是故賢者盡其智，而不肖者竭其力，德澤兼覆而不偏，群臣勸務而不怠，〈主術〉

　　　　主道員者，運轉而無端，化育如神，虛無因循，常後而不先也。臣道員（方）〔註154〕者運轉而無方者，論是而處當，爲事先倡，守職分明，以立成功也。〈主術〉

而在無爲的原則之下，君王也應該苦民所苦，體民所需，取民有度，不可過奢。〔註155〕刑罰也不能過濫，而是要適度適中，因此刑罰是必要的，〈主術〉：「故法律度量者，人主之所以執下，釋之而不用，是猶無轡銜而馳也，群臣百姓反弄其上」。〔註156〕可是《淮南子》鑑於秦任法而亡，所以非常反爲對商、申、韓之法，又說秦國行商鞅之法是寡義趨利的國風使然，這是秦國的特殊之處，不能也不必效法。況且秦二世奢侈縱樂，《淮南子》對其亦多有批判：〔註157〕

　　　　今若夫申、韓、商鞅之爲治也，挬拔其根，蕪棄其本，而不窮究其所由生。何以至此也？鑿五刑，爲刻削，乃背道德之本，而爭於錐刀之末，斬艾百姓，殫盡太半，而忻忻然常自以爲治，是猶抱薪而救火，鑿竇而出水。〈冥覽〉

〔註152〕劉文典，《淮南鴻烈集解》，頁300。

〔註153〕劉文典，《淮南鴻烈集解》，頁329、333、483、293～294、283～284。

〔註154〕高誘以上下文推斷「員」應爲「方」之誤，高誘云：「者道員，臣道方，方員不同道，故下文云：『君臣異道則治，同道則亂』。」劉文典，《淮南鴻烈集解》，頁284。

〔註155〕劉文典，《淮南鴻烈集解》，頁306～308、289。

〔註156〕劉文典，《淮南鴻烈集解》，頁299。

〔註157〕劉文典，《淮南鴻烈集解》，頁215、711、499。

> 秦國之俗，貪狼強力，寡義而趨利，可威以刑，而不可化以善，可
> 勸以賞，而不可屬以名，……，孝公欲以虎狼之勢而吞諸侯，故商
> 鞅之法生焉。〈要略〉

> 二世皇帝勢爲天子，富有天下……。然縱耳目之欲，窮侈靡之變，
> 不顧百姓之飢寒窮匱也，興萬乘之駕而作阿房之宮，發閭左之戍，
> 收太半之賦，百姓之隨逮肆刑，挽輅首路死者，一旦不知千萬之
> 數……。

再者，《淮南子》也採取了類似《呂氏春秋》的做法，就是在「君佚臣勞」式
身體政治論的基礎上吸納「爲政以德」類型的理路，特別是禮樂仁義之說。
當然《淮南子》雖屢有引納，卻是都有限度的採用。其中《淮南子》認爲今
處於末世，「故上世體道而不德，中世守德而弗壞也，末世繩繩乎唯恐失仁
義」，〔註158〕因此禮樂仁義雖不是治國之本，但身處末世，禮樂仁義仍是救衰
之弊，「是故仁義禮樂者，可以救敗，而非通治之至也」、〔註159〕「國之所以
存者，仁義是也」，〔註160〕仁義當然重要，但不能以此爲治國常經、萬宗之法。
治國之正道，還是應該要依順自然，君主無爲而因循任下爲大綱大法。但是
換個方式來看，仁義之說也未必一定不能存在，只是相較於反性體道之理，
此仍屬末節。因此若是能先從根本做起，而「末」自然也能附屬於「本」。對
此本末之說，《淮南子》就以儒墨二派爲例：〔註161〕

> 孔、墨之弟子，皆以仁義之術教導於世，然而不免於僂。身猶不能
> 行也，又況所教乎？是何則？其道外也。夫以末求返於本，許由不
> 能行也，又況齊民乎！誠達於性命之情，而仁義固附矣，趨舍何足
> 以滑心！〈俶眞〉

換句話說，虛靜因循是第一要務，有本則末自然可存，因此儒、墨兩家的某
些政治理想也可以被收納進去。對此《淮南子》則是以無爲而無不爲的模式
來談，無爲是本，行無爲之道，因循自然、不爲物先，透過這樣的無爲，則
仁義禮樂這些「有爲」當然也能被歸納其內。因此〈主術〉論王道則就先以
人主「無爲」而說，無爲的方式在於「虛無因循」、「操其名以責其實」，〔註

〔註158〕劉文典，《淮南鴻烈集解》，頁319。
〔註159〕劉文典，《淮南鴻烈集解》，頁250。
〔註160〕劉文典，《淮南鴻烈集解》，頁316。
〔註161〕劉文典，《淮南鴻烈集解》，頁71。
〔註162〕劉文典，《淮南鴻烈集解》，頁283、287。

162）如此自然就可以「非道不言，非義不行，言不苟出，行不苟爲」、「據義行理而志不懾」。〔註163〕不止如此，另外在〈泰族〉也把禮樂仁義視爲「因自然」的表現，重視仁義之說充斥全篇，這都是用無爲包括有爲的的例子，林聰舜說：〔註164〕

> 透過貴「因」、貴「後」、貴「柔」的理論發展，《淮南子》的部分篇
> 章順利將「無爲」的觀念擴大，甚至轉化了「無爲」，將「有爲」、
> 積極作爲的政治思想吸納到「無爲」的觀念中。

就《淮南子》本身而言，這樣的模式或許的確是「順利」地進行，但就整體思路來看，恐怕就未必。因爲《淮南子》不止引用禮樂仁義之說而已，甚至連「爲政以德」式身體政治論所強調的「勞」也企圖要收爲己用，以無爲涵括有爲。《淮南子》的做法是說明無爲不是什麼事都不做，並且以「神農憔悴，堯瘦癯，舜黴黑，禹胼胝」爲例，解釋無爲絕非「自天子以下，至於庶人，四肢不動，思慮不用，事治求澹者，未之聞也」，同時又「以布衣徒步之人觀之」，舉出伊尹、呂望、百里奚、管仲、孔子等人事蹟，認爲他們莫不勞心勞力奔波以救世（〈脩務〉）。〔註165〕接著在〈主術〉又以堯「巡狩行教，勤勞天下」，說明堯治天下並非爲了自己享樂，而是以萬民福祉爲利，〔註166〕此皆非無事可爲的無爲，《淮南子》的結論是：〔註167〕

> 若吾所謂無爲者，私志不得入公道，嗜欲不得枉正術，循理而舉事，
> 因資而立（功），〔註168〕權（推）〔註169〕自然之勢，而曲故不得容
> 者，事成而身弗伐，功立而名弗有，非謂其感而不應，攻（迫）〔註
> 170〕而不動者。〈脩務〉

《淮南子》的用意是要強調無爲並非無所事事，而是要因順自然作爲，任物

〔註163〕劉文典，《淮南鴻烈集解》，頁312、313。

〔註164〕林聰舜，《西漢前期思想與法家的關係》，頁126。

〔註165〕劉文典，《淮南鴻烈集解》，頁633～634。

〔註166〕劉文典，《淮南鴻烈集解》，頁290。

〔註167〕劉文典，《淮南鴻烈集解》，頁634～635。

〔註168〕王念孫據〈氾論〉、〈說林〉與《文子。自然》，改「因資而立」爲「因資而立功」。今從之。劉文典，《淮南鴻烈集解》，頁364～365。

〔註169〕王念孫據〈原道〉、〈主術〉與《文子》，改「權」爲「推」。今從之。劉文典，《淮南鴻烈集解》，頁365。

〔註170〕王引之校「攻」當爲「敀」，敀，即是「迫」字。劉文典，《淮南鴻烈集解》，頁365。

而動、循事而行,這種作為其實仍是《淮南子》無為原則下的有為,是符合自然的有所為,也是不以主觀意志為動的自然而為,故《淮南子》又說:「故聖人不為物先而常制之」、〔註171〕「所謂無為者,不先物為也;所謂無不為者,因物之所為」,〔註172〕這就是無為而無不為,無為者,不以自身主觀欲念行事,有為者,因物之所為也,前述仁義禮樂之例,亦可由此而理解。可是《淮南子》此處所用的例子、形容的辭句,如勤勞天下、堯瘦臞、禹胼胝之類,幾乎都是儒、墨式「有為」的特徵,也是「為政以德」類型身體政治論一再強調的特色:主觀意志的為、刻意而非自然的為,顯然並非只是修辭學上的比喻而已。況且這些用法與前所述「虛無清靜」之類的形象差異實在太大,也是之前從未有過的情況。這種用法很容易讓人產生一些疑問:為何這些順應任物的「為」,竟要如此勤勞以致於胼胝、瘦臞?即便說這才是無為真義,可是這種形式的無為又如何能「君佚」?這種形式的「勞」與所謂的循名責實、因資立功之類的形象是否有差距?

再者,前引〈脩務〉以孔墨為論,認為二人勞形費心以救世,「由此觀之,則聖人之憂勞百姓甚矣!」〔註173〕但〈氾論〉卻又說孔墨之類的人物,「是盡日極慮而無益於治,勞形竭智而無補於主也」,〔註174〕兩相對照,又有矛盾。這就難免引發了學者的質疑,韋政通認為這代表了儒、道的爭論,〔註175〕金春峰也認為〈脩務〉代表的是儒家思想,此篇對無為所作的解釋,就是以儒家立場出發,這與《淮南子》的主導傾向是互相對立的。〔註176〕就學術思想來看,或許正如韋政通、金春峰所言,是儒與道(或是黃老)的衝突對立。但如果放到身體政治論以及前面提及的融合趨勢脈絡來觀察,會發現其實《淮南子》仍是延續《呂氏春秋》以來的傾向,企圖整合「為政以德」式的身體政治論。但重要的是,不管《呂氏春秋》或〈論六家要旨〉等言論如何整合兩種理想類型,它們始終認為「勞」與「佚」不可共存,因此往往站在「佚」的立場批判「勞」。這種情況到了《淮南子》則又作了一次轉變,《淮南子》根本是要重新詮釋「勞」的定義,以創造了一個無所不包的綜合體系,所以

〔註171〕劉文典,《淮南鴻烈集解》,頁337。
〔註172〕劉文典,《淮南鴻烈集解》,頁24。
〔註173〕劉文典,《淮南鴻烈集解》,頁634。
〔註174〕劉文典,《淮南鴻烈集解》,頁432。
〔註175〕韋政通,《中國思想史》(上卷),頁439。
〔註176〕金春峰,《漢代思想史》(增補第三版),頁210～214。

《淮南子》必須不斷強調所謂的「佚」（無爲）是建立在某種程度上的「勞」（有爲）。可是從第三章的分析可知，「爲政以德」式類型的所謂的「勞」，其實更包含了許多修身的原則，不止是治國而已、更不止是《淮南子》所提到的仁義禮樂之類的表面工夫而已。何況《淮南子》所謂的「勞」，其實都是在說治國之勞，全然未及「爲政以德」的心性修養，是以《淮南子》的修身觀始終是強調虛、平，雖然《淮南子》也講以心攝身，卻與「爲政以德」類型的道德實踐始終不同：〔註177〕

> 平者，道之素也；虛者，道之舍也。能有天下者必不失其國，能有
> 其國者必不喪其家，能治其家者必不遺其身，能脩其身者必不忘其
> 心，能原其心者必不虧其性，能全其性者必不惑於道。

此說看似與《大學》「擴充」式的修齊治平結構類似。但正如前所言，《淮南子》的修身觀基本上是屬於「君佚臣勞」式的身體政治論，重視的仍然是致虛守靜、任勢尚法，然後以無爲而無不爲治國，這與「爲政以德」式的修身觀完全不同。因此以《淮南子》本身的身體政治論來看，固然是有以「佚」的治身之術，去容納「勞」治國之理的企圖，但畢竟「勞」與「佚」不是單獨的概念，其背後各自都蘊涵了特殊的身體政治論。由此而觀，「勞」與「佚」在某種程度上而言其實是對立、不可共量的，這也不是簡單的「無爲而無不爲」可以一概而論。所以儘管《淮南子》仍然企圖自圓其說，卻依舊掩蓋不了綰合不密的痕跡，胡適說：〔註178〕

> 但這種調和論始終是很勉強的。他們一面要主張無爲，一面又承認
> 人功的必要，故把一切行得通的事都歸到「無爲」，只留那「用己而
> 背自然」的事如「以火爆井」之類的叫作「有爲」。這不過是在名詞
> 上變把戲，終究遮不住兩種不同的哲學的相違性。

胡適所謂的「兩種不同的哲學」是以有爲與無爲來講。更深一層來看，其實這也正是「勞」與「佚」的勉強調合，也顯現了「君佚臣勞」與「爲政以德」兩種理想類型身體政治間的隔閡、不可融貫的某些面相。從這個角度再回到胡適所言，確實也可以看出兩種不同哲學的相違性。

　　一方面來講，這樣的相違性、是「勞」與「佚」的競爭；但再反過看，也代表了兩種身體政治互取所用以壯大己身的情況，從《呂氏春秋》到《淮

〔註177〕劉文典，《淮南鴻烈集解》，頁467。
〔註178〕胡適，《中國中古思想史長編》（下），頁25。

南子》的「君佚臣勞」是如此，另外一種類型的身體政治論「爲政以德」也
展現了這樣的脈絡。

第二節　爲政以德：從《新語》到《春秋繁露》

　　我們在第三、四章分別分析了兩種類型的觀點，「爲政以德」式身體政治
論雖也談無爲，但這種形式的無爲與「君佚臣勞」類型完全不同。強調的還
是德治、還是以道德實踐爲主，而且即便是無爲，也是指政教之極的狀況，
絕非治國準則，治國的準則仍然是勤政養民。「君佚臣勞」則不然，無爲不但
是治國之術，同時也是修身之理，無爲而無不爲，是「君佚臣勞」身體政治
論的最大特色。

　　可是這種情形卻在秦漢之際發生許多改變。在前一節討論「君佚臣勞」
時，我們看到了這類型的身體政治論企圖開始容納「爲政以德」的一些觀點。
那麼後者本身在秦漢之際又有些什麼改變？

　　當第三章分析爲政以德類型時，主要是以儒墨爲代表，儒墨在戰國中後期
以後並稱顯學，這在《韓非子》中多處可見。至秦以後，儒家或儒學雖難免失
勢，但並未因政治壓力而消失隕滅，例如睡虎地秦簡《爲吏之道》「恭敬多讓，
寬以治之」、「寬裕忠信，和平毋怨」、「慈下勿凌」等都可見儒學的痕跡；[註
179] 又例如主張恢復封建的淳于越也是一位儒生；又有於秦時任官，其後又爲
西漢創製朝儀的叔孫通；秦始皇二十八年東行，亦與魯儒生商議封禪之事；到
了陳涉、吳廣起兵，又有「魯諸儒持孔氏之禮器往歸陳王，於是孔甲爲陳涉博
士」[註 180]⋯⋯，如此等等。皆說明儒學固然失勢於一時，但並未從此一蹶
不振，儒學之存，亦非秦政府用政治力量所能完全壓制的。[註 181]

　　相較之下，墨學似乎就顯得比較沉寂。根據學者分析，墨學消沉的原因
可能是理論上過於不切實際，缺乏深穩的基礎，也違反傳統精英文化與人類
自然感情的精神。[註 182] 就以兼愛來說，只要私有制和私有觀念還存在、只

〔註 179〕黃朴民，《董仲舒與新儒學》，頁 52。
〔註 180〕（日）瀧川龜太郎，《史記會注考證》，頁 1286。
〔註 181〕明人焦竑對此說之甚詳，可見（明）焦竑，《焦氏筆乘》（北京：中華書局，
　　　　　2008），〈秦不絕儒學〉條，頁 327～328。亦可參陳啓雲，《中國古代思想文
　　　　　化的歷史論析》，頁 173～174。
〔註 182〕（美）史華慈（Benjamin L.Schwartz）著，程鋼譯，《古代中國的思想世界》
　　　　　（南京：江蘇人民出版社，2003），頁 173～175。

要人與他人的意識還在，人難免就會依據種種親疏原則而區分他者，等差之
愛亦不可廢，所謂愛人之父如己之父的原則就不可能成為一種普遍性的具體
實踐，〔註183〕這就是學術與人性而論。如果再加上秦以法家為治，用法為教，
不重用儒墨等原因，因此就有學者據此推定墨家至秦代則亡，孫詒讓〈墨子
傳略〉說：〔註184〕

　　　　墨氏之學亡於秦季，故墨子遺事，在西漢時已莫得其詳。

此說其實未必可從，因為我們在秦至漢初仍可見到許多儒墨並稱的言論，例
如司馬遷說公孫弘生逢其時，正是「上（芝慶按：指武帝）方鄉文學，招俊
乂，以廣儒墨」。〔註185〕除此之外，在陸賈《新語》、賈誼《新書》，乃至於《淮
南子》裡皆可見儒墨並舉的言論，因此說墨學至秦則亡，此則不然。我們將
史料列舉如下，《新語》：〔註186〕

　　　　故仁者在位而仁人來，義者在朝而義士至。是以墨子之門多勇士，
　　　　仲尼之門多道德，文王之朝多賢良，秦王之庭多不詳。

《新書》說陳涉：〔註187〕

　　　　才能不及中人，非有仲尼、墨翟之賢，陶朱、猗頓之富，躡足行伍
　　　　之間，而俛起阡陌之中，率疲弊之卒，將數百之眾，轉而攻秦。

《漢書》記鄒陽上書說：〔註188〕

　　　　昔魯聽季孫之說逐孔子，宋任子冉之計囚墨翟。夫以孔墨之辯，不
　　　　能自免於讒諛，而二國以危。何則？眾口鑠金，積毀銷骨也。

《淮南子》：〔註189〕

　　　　孔、墨之弟子，皆以仁義之術教導於世，然而不免於儡。身猶不能
　　　　行也，又況所教乎？是何則？其道外也。夫以末求返於本，許由不
　　　　能行也，又況齊民乎！誠達于性命之情，而仁義固附矣，趨舍何足
　　　　以滑心！

〔註183〕薛柏成，《墨家思想新探》，頁212～215。亦可參王冬珍，《墨學新探》，頁95
　　　　～103。
〔註184〕（清）孫詒讓，《墨子閒詁。墨子後語》（臺北：華正，1987），頁629。
〔註185〕（日）瀧川龜太郎，《史記會注考證》，頁1221。
〔註186〕王利器，《新語校注》（臺北：明文，1987），頁173。
〔註187〕（漢）賈誼，《新書》（北京：中華書局，2007），頁2。
〔註188〕（漢）班固撰，（唐）顏師古注，《漢書》，頁2346。
〔註189〕劉文典，《淮南鴻烈集解》，頁71、303。

> 墨翟修先聖之術，通六藝之論，口道其言，身行其志，慕義從風而
> 爲之服役者不過數十人。

《新語》是以「墨子之門」對「孔子之門」，孔墨並舉。《新書》亦是以孔墨
並稱二賢。《漢書》鄒陽則是以兩人口條才辯而言。最後《淮南子》是就學術
性格的相似性來看。以上四者多是就孔墨而論，顯然地在某些方面，至遲到
了漢武帝時期，儒墨仍然並舉。汪中〈墨子序〉說：〔註190〕

> 自墨子歿，其學離而爲三，徒屬充滿天下，呂不韋再稱「鉅子」，韓
> 非謂之「顯學」，至楚、漢之際而微。孝武之世，猶有傳者，見於司
> 馬談所述。

墨學既與儒學並立，而秦尚法家、漢初尚黃老。相較之下，儒墨當然是比較
沉寂的，因此說「至楚、漢之際而微」。但這裡難免又會有另個疑問：墨學既
然並未消亡，爲何秦漢之際皆不見有關墨者的記載？蒙文通對此問題顯然別
有一番見解，他認爲未見記載的原因不是墨學消亡，而是墨學已與儒學互相
融合。他舉出《禮記・禮運》與《孝經》多取墨學兼愛尚同尚賢等說，又引
友人伍百非《墨子大義述》以證己說：「〈禮運〉一篇，全符《墨子》之義」。
其中儒家又有取之於墨之義而又進於墨子者，墨子非禮非樂，《禮記・禮運》
亦言先王之初，茹毛飲血，尚未有禮。而此後文明漸進、文化漸高，於是禮
樂順勢而起，諸如飲食男女、死亡貧苦之事皆需以禮而行，同時禮也能充實
人的內在修養，講信脩睦、尚辭讓、去爭奪，亦需禮而教化，因此禮必實因
人情而立：「故聖王脩義之柄，禮之序，以治人情。故人情者，聖王之田
也。……。故禮也者，義之實也」。此即《禮記・禮運》能獨探禮樂之原，以
回答墨子非禮樂之難，是以儒家受墨家啓發，其義又已大出墨家，而溯其源
流，則是出於墨。蒙文通說：〔註191〕

> 自取墨以爲儒，而儒之宏卓爲不可及也。非入漢而墨翟之學失其傳，
> 殆墨學之精入於儒，而儒遂獨尊於百世也。

認爲《禮記・禮運》之義出自墨家而非儒家，並非蒙文通與伍百非創說。宋
代呂祖謙早已先言之，〈與朱元晦書〉：〔註192〕

〔註190〕王清信、葉純芳點校，《汪中集》（臺北：中研院文哲所籌備處，2000），頁
140～141。

〔註191〕蒙文通，《經學抉原》，頁163、183～188。引文見頁184。

〔註192〕黃靈庚、吳戰壘編，《呂祖謙全集》（第一冊）（杭州：浙江古籍，2008），頁
417～418。

比看胡文定《春秋傳》，多拈出《禮運》「天下爲公」意思。蠟賓之
嘆，自昔前輩共疑之，以爲非孔子語；蓋不獨親其親，子其子，而
以堯、舜、禹、湯爲小康，眞是老聃、墨翟之論。

蠟賓、小康之說，即出自《禮記・禮運》。呂祖謙讀胡安國《春秋傳》，不同
意胡安國認爲孔子作《春秋》有意拈出「天下爲公」之意，而且《禮記・禮
運》以堯、舜、禹、湯爲小康，當爲老子、墨子一派意見。對於呂祖謙之說，
蒙文通與伍百非在出於墨子這個論點上又再加以發揮。除此之外，像方授楚、
謝湘、陳啓天、張蔭麟也有類似的看法。〔註193〕以今觀之，蒙文通等人所言
也未必全是，如他引伍百非《墨子大義述》之語，證明《禮記・禮運》的選
賢與能是出自墨子尚賢之說，但根據學者的研究，尚賢實爲先秦諸子共同的
主張，非一人一派所能獨有。〔註194〕另外像是「人不獨親其親，不獨子其子」
也未必就一定是指兼愛，也有可能是指儒家「推己及人」之道，由愛己之親，
推及人親，由愛己子之，推及人子，故曰「不獨」。可是儘管如此，蒙文通等
人認爲儒家後學有取於墨學的現象，此論斷倒是頗爲合理。〔註195〕只是《禮
記・禮運》的一些觀念或同於墨學，但不能把部分當作整體，就說《禮記・
禮運》與儒家完全沒有關係。

關於墨學在後世流傳的疑問，由於本文並非專門處理這個問題，因此實
在不必另生枝節，妄加判斷。只是從以上的討論來看，不論是儒墨並稱也好、
儒吸收墨也罷，其實都指出在某種程度上儒墨的一致性與相容性，這與我們
第三章分析爲政以德式的理想類型的脈絡相當合轍。當然儒與墨的思想觀點
不會完全一樣，但正如第三章一再言及的，兩者本來就同屬相同的身體政治
論，春秋戰國之際如此，秦漢之時亦是如此，因此不論某方或沉或浮、或興
或衰，都不影響我們以「爲政以德」的角度來分析。

「文武並用，長久之術也」：陸賈與《新語》

就與本論文範圍相關的秦漢文獻而言，尚存可查的儒生著作，最具代表
性的作品當非陸賈《新語》、韓嬰《韓詩外傳》與董仲舒的《春秋繁露》莫屬。

〔註193〕王冬珍，《墨學新探》，頁 142～143。
〔註194〕黃俊傑，《春秋戰國時代尚賢政治的理論與實際》。
〔註195〕《禮記・禮運》的一些言論（如大同之說）的確與是受墨學影響，或者是說
　　　　與墨學有極類似的看法，可參薛柏成，《墨家思想新探》，頁 100～104。

我們一開始在本章談到幾個現象：一、漢初流行黃老之學的清靜無爲，展現了君佚臣勞的身體政治論。二、自《呂氏春秋》到《淮南子》，開始出現以「君佚臣勞」爲主體而融合「爲政以德」身體政治論的傾向。

順著這兩點來看，無爲而治既然是西漢前期主要思潮與主張，自然也會影響當時人物，況且「無爲」在「爲政以德」類型中也不是沒有出現過。因此漢初許多儒者也順應這種形勢來談無爲，他們的談法，一方面繼承先秦儒墨無爲之說，而且也呼應了當時的政治思潮，企圖在「爲政以德」的角度上融合「君佚臣勞」類型的無爲觀點，這在《新語》、《韓詩外傳》中幾乎隨處可見。其後董仲舒的主張更是與武帝政策相配合，儒術因武帝而顯，武帝也以儒術緣飾。更重要的是，董仲舒《春秋繁露》與《天人三策》也爲兩種身體政治論的融合綜觀作了總結。

我們還是先從《新語》談起。《漢書・藝文志》把所謂「陸賈二十三篇」列爲儒家。〔註196〕但陸賈目前現存著作爲《新語》，共十二篇，亦符合《史記》所言：「陸生乃粗述存亡之證，凡著十二篇」。〔註197〕宋人王應麟說他當時只存〈道基〉、〈雜事〉、〈輔政〉、〈無爲〉、〈資質〉、〈至德〉、〈懷慮〉七篇，嚴可均亦說此書宋時佚而復出，但出而未全，明弘治年間莆陽李廷梧得十二篇。另《羣書治要》載有八篇。其中〈辨惑〉、〈本行〉、〈明誠〉、〈思務〉四篇爲王應麟所未見。《四庫全書簡明目錄》則說：「舊本題漢陸賈撰。凡十二篇，與《漢書》本傳合，卷數亦與《隋志》合。惟〈道基〉篇末引《穀梁傳》，則非賈所及見，蓋依托也。然唐李善注《文選》所引，已即此本。其大旨主於崇王黜霸，而歸於修身用人，持論亦不悖於聖賢。」〔註198〕根據這個判斷，目前學界多將《新語》十二篇視爲二十三篇的其中一部分，因此他們自然也把《新語》同樣視爲儒學著作。〔註199〕其中關於「歸於修身用人」云云，用人屬於治國之法，但又歸諸於修身。順著這樣的看法，我們就以身體政治論的角度，回歸史料本身，看看《新語》的思想內涵到底爲何。

陸賈《新語・無爲》首先強調「無爲」的重要性：〔註200〕

〔註196〕（漢）班固撰，（唐）顏師古注，《漢書》，頁1726。
〔註197〕（日）瀧川龜太郎，《史記會注考證》，頁1104。
〔註198〕陳國慶，《漢書藝文志注釋彙編》（北京：中華書局，2006），頁109～110。
〔註199〕可見王利器《新語校注》〈前言〉，頁5。亦可參張舜徽，《廣校讎略・漢書藝文志通釋》（武漢：華中師範大學出版社，2004），頁270～271。
〔註200〕王利器，《新語校注》，頁59。

> 道莫大於無爲，行莫大於謹敬。何以言之？昔舜治天下也，彈五弦
> 之琴，歌南風之詩，寂若無治國之意，漠若無憂天下之心，然而天
> 下大治。……，故無爲者乃有爲也。

此處對於無爲的描述，「寂若無治國之意，漠若無憂天下之心，然而天下大治」
云云，與「君佚臣勞」所言處無爲之事、行不言之教的說法幾乎完全相同。〔註
201〕《新語・懷慮》亦以管仲爲例，說明他輔佐齊桓公的方式：〔註202〕

> 故管仲相桓公，詘節事君，專心一意，身無境外之交，心無歆斜之
> 慮，正其國如制天下，尊其君而屈諸侯，權行於海內，化流於諸夏，
> 失道者誅，秉義者顯，舉一事而天下從，出一政而諸侯靡。故聖人
> 執一政以繩百姓，持一檠以等萬民，所以同一治而明一統也。

對照陸賈曾對劉邦說馬上得天下可，馬上治天下則不可之類的言論。〔註203〕
顯然地，陸賈此處是以無爲來談治術，不管是無爲還是執一，陸賈都主張爲
政者施政應力求簡易、少事與不擾民。他認爲聖人治國必須尊道而無爲，執
一以御萬民，也唯有如此治國，才能安定天地之氣。況且萬物都是由氣感相
應而成，國治則萬物必將聽其而化：「聖人之理，恩及昆蟲，澤及草木，乘天
氣而生，隨寒暑而動者，莫不延頸而望治，傾耳而聽化」。〔註204〕由氣而生，
以類互感，因此君王應努力修身以治理萬民，這樣的說法這與《呂氏春秋》
等書以氣言治道的路子相當近似。再者，「以無爲者乃有爲也」，無爲而無不
爲，這明顯已非「爲政以德」之意，而是採取「君佚臣勞」類型的說法了。

那麼所謂的「有爲」、君王修身之術又是如何？

在此，《新語》就仍舊回到了「爲政以德」的立場，其中最強調的「仁義」
之說，正是陸賈的重要主張之一。首先，陸賈經歷了秦的滅亡，以秦爲鑑，
認爲治國不能完全只注重刑法：〔註205〕

> 齊桓公尚德以霸，秦二世尚刑而亡。〈道基〉
>
> 秦以刑罰爲巢，故有覆巢破卵之患。〈輔政〉

〔註201〕如《管子・心術》：「是以君子不休乎好，不迫乎惡，恬愉無爲，去智與故」。
　　　　黎翔鳳，《管子校注》，頁764。詳可參第四章。

〔註202〕王利器，《新語校注》，頁132。

〔註203〕「（陸）賈時時前說稱詩書。高帝罵之曰：『乃公居馬上得之，安事詩書！』
　　　　賈曰：『馬上得之，寧可以馬上治乎？且湯武逆取而以順守之，文武並用，長
　　　　久之術也……」（漢）班固撰，（唐）顏師古注，《漢書》，頁2113。

〔註204〕王利器，《新語校注》，頁155。

〔註205〕王利器，《新語校注》，頁29、51、62。

> 秦始皇設刑罰，爲車裂之誅，以歛姦邪，……，事逾煩天下逾亂，
> 法逾滋而天下逾熾，……。秦非不欲治也，然失之者，乃舉措太眾、
> 刑罰太極故也。〈無爲〉

國家濫法會導致國危。君主也是如此，因爲若像秦以尙刑爲治，嚴刑峻法，則法網必當深刻而繁瑣。如此一來，人主必因事煩而身勞，這樣的治國方法當然離無爲之治很遠，因此這種任法重法的「勞」則是《新語》所反對的：〔註206〕

> 夫形重者則心煩，事眾者則身勞；心煩者則刑罰縱橫而無所立，身
> 勞者則百端迴邪而無所就。是以君子之爲治也，塊然若無事，寂然
> 若無聲，官府若無吏，……，雁行相隨，不言而信，不怒而威，豈
> 待堅甲利兵、深牢刻令、朝夕切切而後行哉？〈至德〉

不同於先秦黃老道法所批判仁義無益的說法，陸賈秉持的「爲政以德」的觀點，主張道德實踐、以仁義治國。在此陸賈把「勞」的定義轉變爲刑罰過濫而事煩身勞，這仍是本諸於儒者思想。〔註207〕同時在治國原則上也以「無爲」的立場來反對過度濫刑的「勞」。換句話說，陸賈認爲人主治國必須配以仁義，再適當地運用刑罰，相輔相成，才是良策、才是無爲。〔註208〕況且仁義正是無爲的基礎之一：「危而不傾，佚而不亂者，仁義之所治也」、〔註209〕「仁者道之紀，義者聖之學。學之者明，失之者昏，背之者亡」〔註210〕。而《史記》也記載陸賈勸劉邦多讀《詩》、《書》，「行仁義，法先聖」，《新語》裡面也往往將《詩》、《書》與仁義之說並立，認爲人主唯有透過學習經典與行仁義方可治國，這些說法，毋寧都是就道德實踐來談的，陸賈並不反對這種修身的「勞」。〔註211〕

　　講仁義、讀《詩》《書》、行禮樂，這是修身基礎。有此基礎，君王才能守法度、移風易俗、君臣相得而教化萬民。這種無爲之治，仍然充滿了「爲政以德」的德化思想，這與第三章所言的無爲相當類似。況且修身才能治國，這一向是先秦諸子以來的通義，陸賈說：〔註212〕

〔註206〕王利器，《新語校注》，頁118。
〔註207〕賀凌虛，《西漢政治思想論集》，頁65。
〔註208〕李澤厚，《中國古代思想史論》，頁147。
〔註209〕王利器，《新語校注》，頁25。
〔註210〕王利器，《新語校注》，頁34。
〔註211〕王利器，《新語校注》，頁114、137。
〔註212〕王利器，《新語校注》，頁67、152。

　　夫王者之都，南面之君，乃百姓之所取法者也，舉措動作，不可以
　　失法度。……。故君子之御下也，民奢應之以儉，驕淫者統之以理；
　　未有上仁而下賊，讓行而爭路者也……，亦取之於身而已矣。〈無爲〉
　　君明於德，可以及於遠；臣篤於義，可以至於大。……。故安危之
　　要，吉凶之符，一出於身；存亡之道，成敗之事，一起於善行。
　　〈無爲〉

安危吉凶，出於己身，正如第一章緒論所言，此處的「身」不一定非指客觀
的身體不可，也可以是自我、自己、生命等義，這正是中國身體觀的獨特定
義，「身體」如此，仰賴身體而發的「修身」亦如是，而身處國家中心的君王，
爲天下百姓所風從，自然更應該要修身，故又言：「南面之君，乃百姓之所取
法則也」。

　　當然，「爲政以德」與「君佚臣勞」兩種類型的互相影響、各自取用，並
不始自《新語》，而是從《呂氏春秋》中已可見出端倪，類似的傾向在《淮南
子》也可以看得很清楚。這些言論基本上都反映了兩種理想類型彼此融會的
情況，只是《呂氏春秋》、《淮南子》著重的主體性與《新語》不同罷了。《呂
氏春秋》、《淮南子》吸取方式都是有目的地取用，因爲他們始終保持「君佚
臣勞」的本質。同樣的道理，《新語》也正是如此。《新語》講無爲，其實是
抽離了「君佚臣勞」類型所強調的諸如虛靜、形名、督責等說，主要還是以
仁義等道德實踐作爲主軸，替無爲另添色彩，這樣的做法也與先秦「爲政以
德」式類型的講法一致。只是相較之下，兩者又有所不同，基本上後者並未
一開始就把無爲視爲追求的目標，陸賈則不然，他認爲無爲事實上就是道的
展現，修身體道，無爲而無不爲更是治國的方法與目標，此說也與西漢前期
政治思潮相符合。

講無爲的儒者：韓嬰與《韓詩外傳》

　　類似的思考模式，我們在《韓詩外傳》也可以看到。韓嬰經歷文、景、
武帝三朝，《漢書・儒林傳》說他文帝時爲博士，景帝時任常山太傅，其後又
在武帝面前與董仲舒爭論。而韓嬰又曾作韓詩內外傳：〔註213〕

　　韓嬰，燕人也。孝文時爲博士，景帝時至常山太傅。嬰推詩人之意，

〔註213〕（漢）班固撰，（唐）顏師古注，《漢書》，頁 3613。

而作內外傳數萬言，其語頗與齊、魯間殊，然歸一也。……。武帝

時，嬰嘗與董仲舒論於上前，其人精悍，處事分明，仲舒不能難也。

根據《漢書·藝文志》的記載，韓嬰論《詩》的著作有《韓詩內傳》四卷，《韓詩外傳》六卷。〔註214〕但現存《韓詩外傳》卻有十卷，楊樹達即認爲現今十卷可能是合內傳四卷與外傳六卷而成。〔註215〕就詮釋學來看，此書是爲解詩而作，可是理解並非是一種穩固而不變的行爲，解經者以己意解經，更往往造成了某種「脈絡性的轉換」，〔註216〕或以意逆志，或知人論世，理解也往往因爲歷史境遇與本性才性的差異以致於有了不一樣的解釋，此時經典與解經者已經變成是一種互動的關係。韓嬰解詩亦是如此，他常常是用本身立場來解釋經句，表面上似乎是要替經句解義，但實際上卻常常透露出他自己的觀點。班固看到了這一點，所以他說三家詩「或取春秋，采雜說，咸非其本義」。〔註217〕我們倒是可以順著這樣的角度，從韓嬰的解詩來理解他的觀點。

韓嬰對於修身治國的思想，與陸賈非常類似。既是繼承「爲政以德」的說法，又反映了當時的政治思潮：無爲。兩者相合，就可以看出他們是如何以「爲政以德」的立場來吸收「君佚臣勞」。

與大多數的儒者類似，韓嬰認爲道德實踐是修身最重要的一環，他稱此爲「德充而形」，〔註218〕他引孔子語爲證，認爲口欲味、心欲佚都是人的特質，要避免這樣的情況，就必須以道德教化，讓人們調和心志，以此修身：〔註219〕

> 孔子曰：「口欲味，心欲佚，教之以仁；心欲安，身欲勞，教之以恭；
>
> 好辯論而畏懼，教之以勇；目好色，耳好聲，教之以義。」

人之所以爲人，其實在於人有道德的自覺與實踐：「夫人者，說人者也，形而爲仁義，動而爲法則」，〔註220〕因此人若欲爲仁義，最好是依禮而行，又或

〔註214〕（漢）班固撰，（唐）顏師古注，《漢書》，頁1708。

〔註215〕楊樹達，《漢書窺管》（上海：上海古籍，2006），頁207～208。

〔註216〕詩無達詁的解讀紛歧，可參王國瓔《中國文學史新講》（上冊），頁77～78。，亦可見黃俊傑，《德川日本《論語》詮釋史論》，頁41～72。胡楚生，〈「《詩》無達詁——《詩》多歧義之原因及其影響」〉，收於氏著，《經學研究續集》（臺北：學生書局，2007），頁1～22。

〔註217〕（漢）班固撰，（唐）顏師古注，《漢書》，頁1708。

〔註218〕許維遹校釋，《韓詩外傳集釋》，頁25。

〔註219〕許維遹校釋，《韓詩外傳集釋》，頁39。

〔註220〕許維遹校釋，《韓詩外傳集釋》，頁78。

是經由師友調教薰陶。〔註221〕就前者而言，禮，是治身治國之基，凡事守禮
遵禮則興，反之則亡。前朝（秦）就是一個很好的例子，秦非禮義，棄詩書，
大滅聖道：「離聖王光烈之日久遠，未嘗見仁義之道，被禮義之風，是以嚚頑
無禮，而肅敬日損，凌遲以威武相攝，妄爲侫人」，〔註222〕秦既未尊禮，因
此國家難治。反過來說，若要治理好國政，就應當以禮治國。顯然韓嬰認爲
禮是非常重要的，但韓嬰又不認爲禮是僵化死板的條文，而是因人情而制：
〔註223〕

> 在人者，莫明乎禮儀。……。禮義不加乎國家，則功名不白。故人
> 之命在天，國之命在禮。
>
> 禮者，治辯之極也，強國之本也，威行之道也，功名之統也。王公
> 由之，所以一天下也，不由之，所以隕社稷也。
>
> 故禮者，因人情爲文。

由此可見韓嬰對禮的看法與荀子非常類似。〔註224〕守禮行禮既然是君子修身
的必要條件，那麼又要如何知禮呢？答案是：學。學既有師友之間的論學、
也有透過研讀經典而學，但更多時候兩者是密切相關相關的。〔註225〕在韓嬰
的規畫之中，人透過學與禮的栽培與薰陶，就能成爲一文質彬彬的君子，君
子正身，則國家當可治理、天下可順：〔註226〕

> 禮者，則天地之體，因人情而爲之節文者也。無禮，何以正身？無
> 師，安知禮之是也。禮然而然，是情安於禮也；師云而云，是知若
> 師也。情安禮，知若師，則是君子之道。言中倫，行中理，天下順
> 矣。

知禮、行禮其實也就就牽涉到了道德實踐，言行都要符合某些標準。更進一
步來講，韓嬰也認爲修身必須要經過某種程度的磨練，玉不琢不成器，因此
修身不可以害怕物質的缺乏、也不必太擔心外在的榮辱。順這樣的角度來看，
韓嬰認爲有了這些鍛鍊，才可以培養以道爲己任而不屈不撓的君子：〔註227〕

〔註221〕許維遹校釋，《韓詩外傳集釋》，頁75。
〔註222〕許維遹校釋，《韓詩外傳集釋》，頁184。
〔註223〕許維遹校釋，《韓詩外傳集釋》，頁6、137、77。
〔註224〕徐復觀，《兩漢思想史》（卷三），頁14～16。
〔註225〕許維遹校釋，《韓詩外傳集釋》，頁226～227。
〔註226〕許維遹校釋，《韓詩外傳集釋》，頁99、178～179。
〔註227〕許維遹校釋，《韓詩外傳集釋》，頁10、340。

故阨窮而不憫，勞辱而不苟，然後能有致也。

君子溫儉以求於仁，恭讓以求於禮，得之自是，不得自是。故君子之於道也，猶農夫之耕，雖不獲年優之，無以易也。

修身才能成為君子，而君王處於政治中心，一言而為天下法，一身而為天下遵，當然就更有修身的必要。因為君王修身就等於治國，這也是先秦諸子所共同認定的預設立場，這樣的講法在《韓詩外傳》又出現了好幾次：〔註228〕

君者，民之源也。源清則流清，源濁則流濁。

愛由情出，謂之仁，節愛理宜，謂之義，致愛恭謹，謂之禮，文禮謂之容，禮容之美，自足以為治。故其言可以為民道，民從是言也；行可以為民法，民從是行也。

故君子脩身及孝，則民不倍矣。敬孝達乎下，則民知慈愛矣。好惡喻乎百姓，則下應其上，如影響矣。是則兼制天下，定海內，臣萬姓之要法也，明王聖主之所不能須臾而舍也。

（狐卷子）對曰：「君欲治，從身始……。」

其中第一句與《荀子・君道》同。〔註229〕以上引文都說明了為什麼修身可以治國的原因。以君民來看，因為民往往以君為主，待君王教化之、養育之，而且上行下效，君王可以自治，則天下百姓亦順從其治。又或是換個方向來講，君王以禮處事、臣下也以禮事上，君臣守禮，則國亦能大治：「君人者以禮分施，均徧而不偏。臣以禮事君，忠順而不解」，〔註230〕這是以君臣合作來講治國。這也透露了賢士良臣在國家機器中佔有重要地位，畢竟君王治國，除了自己必須賢明之外，同時還要依靠下屬輔佐，而韓嬰更把君王比喻為人的身體，臣下則是身體的各個器官，器官無病無痛，人才會健康：〔註231〕

夫重臣羣下者，人主之心腹支體也，心腹支體無疾，則人主無疾矣，故非有賢醫，莫能治也。

從修身到至國，因此君王治國若能為政以德，身在政先，以行道德教化。這種德治主義正是韓嬰最期盼的理想政治：〔註232〕

〔註228〕許維遹校釋，《韓詩外傳集釋》，頁167、153、179、300。
〔註229〕「君者，民之原也；原清則流清，原濁則流濁。」（唐）楊倞注，（清）王先謙集解，《荀子集解・考證》，頁213。
〔註230〕許維遹校釋，《韓詩外傳集釋》，頁140。
〔註231〕許維遹校釋，《韓詩外傳集釋》，頁92。
〔註232〕許維遹校釋，《韓詩外傳集釋》，頁283～284。

> 度地圖居以立國，崇恩溥利以懷眾，明好惡以正法度，率民力稼，
> 學校庠序以立教，事老養孤以化民，升賢賞功以勸善，懲奸絀失以
> 醜惡，講御習射以防患，禁奸止邪以除害，接賢連友以廣智，宗親
> 族附以益強。

君王不但要找尋地方來建立國家，還要分辨好壞以建立法度，又要興學立教、養老尊老，還要賞善罰惡、習武備敵，又要向師友賢人問學等等……。

　　如此種種，無一不是「爲政以德」的主張，這也說明了韓嬰的觀點確實屬於「爲政以德」式的身體政治論。可是韓嬰言政卻又常常談到無爲，無爲顯然也是他政治理想的重要成分，例如韓嬰以宓子賤與巫馬子其爲例，前者「彈鳴琴，身不下堂，而單父治」。後者「以星出，以星入，日夜不處，以身親之，而單父亦治」，韓嬰的結論是：〔註233〕

> 人謂子賤，則君子矣，佚四肢，全耳目，平心氣，而百官理，任其
> 數而已。巫馬期則不然，乎然事惟，勞力教詔，雖治，猶未至也。

同樣的故事在《韓非子》與《呂氏春秋》皆可見，但同樣的故事在不同的思想結構中，其內涵亦有異同，前引《韓詩外傳》與《荀子》類同的文字代表了「同」，此處則爲「異」，基本上《韓非子》與《呂氏春秋》用這個故事主要是說明本身主張的身體政治論：佚是勝於勞的、無爲才是治國王道，而無爲的「任其數」就是清靜因物、就是循名責實，這在第四章已有解說。但韓嬰顯然不是這樣的觀點，他與陸賈一樣，都是在德教的範圍下講無爲。這種無爲，韓嬰則稱之爲「道德之威」：〔註234〕

> 何謂道德之威？曰：「禮樂則修，分義則明；舉措則時，愛利則刑；
> 如是，則百姓貴之如帝王，親之如父母，畏之如神明；故賞不用而
> 民勸，罰不加而威行，是道德之威也。」

道德之威〔註235〕建基於禮樂分義、舉措得時，如此則賞罰不必多用而治。在此，道德之威是與無爲的關係是一體兩面、缺一不可。用更清楚的話來講，

〔註233〕許維遹校釋，《韓詩外傳集釋》，頁65～66。

〔註234〕許維遹校釋，《韓詩外傳集釋》，頁233。

〔註235〕「道德之威」出自《荀子·彊國》，原文爲：「禮樂則脩，分義則明；舉措則時，愛利則形；如是，則百姓貴之如帝，高之如天，親之如父母，畏之如神明；故賞不用而民勸，罰不加而威行，夫是道德之威也。」（唐）楊倞注，（清）王先謙集解，《荀子集解·考證》，頁270。

　　韓嬰此處雖用荀子語，但在他整體的論述之中，顯然加強了無爲的成分。

無爲,就是「任其數」,韓嬰所謂的「任其數」其實就是義簡禮易:〔註236〕

> 故聖王之教其民也,必因其情,而節之以禮,必從其欲,而制之以
> 義,義簡而備,禮易而法,去情不遠,故民之從命也速。

這是以義簡禮易的角度談無爲。同時還有另外一種角度,就是君王以同理之心施政,「以己之情量之也」:〔註237〕

> 昔者,不出戶而知天下,不窺牖而見天道者,非目能視乎千里之前,
> 非耳能聞乎千里之外,以己之情量之也。己惡飢寒焉,則知天下之
> 欲衣食也;己惡勞苦焉,則知天下之欲安佚也;己惡衰乏焉,則知
> 天下之欲富足也。知此三者,聖王之所以不降席而匡天下。

此處韓嬰以《老子》第四十七章「不出戶,知天下;不窺牖,見天道」爲引言,但《老子》的用意是指出以虛靜自然來覽照萬物,所以才能「聖人不行而知,不見而明,不爲而成」,〔註238〕韓嬰此處卻將《老子》的話作了脈絡性的轉換,不出戶而知天下的原因是因爲君王的同理心,君王體民所需、苦民所苦,以己之心度天下人之心,這與孟子的不忍仁之心相當類似,都是出之於君王的愛民護民之意,這樣的做法在韓嬰看來亦可稱之爲無爲。可是這種無爲顯然還是某種程度的有爲,有爲就是道德實踐、身在政先,就是德治主義。所以韓嬰接下來又說:「故先王之法,天子親耕,后妃親蠶,先天下憂衣與食也。」〔註239〕由此可知,韓嬰的政治理想仍是秉持「爲政以德」類型而發,只是他又用「無爲」來描述這樣的情況而已,無爲其實就是不擾民、易簡、寬政、同理心。以義簡禮易與同理心建構君王的「道德之威」,但是這又必須源於君王知禮行禮的修身實踐,這與「君佚臣勞」的無爲顯然相甚遠。

由此而觀,韓嬰與陸賈身體政治論的觀點其實一致,都是屬於「爲政以德」的理想類型。只是因爲他們身處無爲主張高漲的時代,一方面是黃老學說的推動,另一方面是政治社會的需要,於是他們也自然而然地使用了無爲的政治術語,而且有意地將無爲視爲一種追求的目標,當然他們的無爲內涵並不是以當時「君佚臣勞」式的身體政治論爲主軸,而是仍然源自於「爲政以德」的傳統理論。

〔註236〕許維遹校釋,《韓詩外傳集釋》,頁184。
〔註237〕許維遹校釋,《韓詩外傳集釋》,頁127。
〔註238〕陳鼓應,《老子今註今釋及評介》,頁223。
〔註239〕許維遹校釋,《韓詩外傳集釋》,頁128。

　　可是在這種原則下的君臣關係，卻與孔、孟較爲鬆動的君臣地位已頗爲不同，反與荀子較爲接近。從時代背景來看，是因應戰國中期以後到統一帝國成立以來，君王威權的不斷提高，所以尊君；〔註240〕從思想傳統來看，他們也秉持了有德者居之、君不德而亂民者，則可取而代之的說法。因此陸賈才說君臣之義與父子之親一樣，都是先聖觀天以定人道而設，〔註241〕再不然就是要君王注重修身、明於治國，以防邪臣的好爲詐僞，〔註242〕這都是以鞏固君臣秩序而論。當然他也指出君王若不修身，德薄則會導致亡身亡國的可能：「若湯武之君，伊呂之臣，因天時而行罰，……，討逆亂之君」，〔註243〕陸賈如此、韓嬰亦如是。徐復觀據此引申，認爲韓嬰有天下爲公的思想，他徵引《漢書》蓋寬饒之語爲證：〔註244〕

> 是時上（芝慶按：宣帝）方用刑法，信任中尚書宦官，寬饒奏封事曰：「方今聖道寖廢，儒術不行，以刑餘爲周召，以法律爲詩書。」又引《韓氏易傳》言：「五帝官天下，三王家天下，家以傳子，官以傳賢，若四時之運，功成者去，不得其人則不居其位。」

蓋寬饒用韓嬰《韓氏易傳》以言「家以傳子，官以傳賢」，徐復觀認爲這是發揮戰國末期盛行於儒家的天下爲公思想。〔註245〕這似乎可以說明韓嬰的理想中的君臣關係是鬆動的，其中傳賢云云，甚至也可能有禪讓之意。但此恐非韓嬰原意，洪邁《容齋隨筆》對這則故事另有考證：〔註246〕

> 漢蓋寬饒奏封事，引《韓氏易傳》言……。今世無韓氏易，諸家注釋漢書，皆無一語。惟《說苑。至公篇》云：「秦始皇帝既吞天下，召羣臣議：五帝禪賢，三王世繼，孰是？博士鮑令之對曰：『天下官，則選賢是也；天下家，則世繼是也。故五帝以天下爲官，三王以天下爲家。』始皇帝嘆曰：『吾德出於五帝，吾將官天下，誰可使代我後者！』……」。此說可以爲證，輒記之以補《漢》注之缺。

我們如果把文中的秦始皇換成漢代皇帝，恐怕才是韓嬰原意。因爲韓嬰論君

〔註240〕許倬雲，《求古編》，頁387～395。

〔註241〕王利器，《新語校注》，頁9。

〔註242〕王利器，《新語校注》，頁51～55。

〔註243〕王利器，《新語校注》，頁95。

〔註244〕（漢）班固撰，（唐）顏師古注，《漢書》，頁3247。

〔註245〕徐復觀，《兩漢思想史》（卷三），頁12。

〔註246〕（宋）洪邁，《容齋隨筆》（臺北：大立，1981），頁634。

臣，與漢代真正主張禪讓的眭弘、蓋寬饒與谷永等人不同。韓嬰論君臣，一方面用意是在鞏固君臣關係。其中《韓氏易傳》「若四時之運，功成者去」有《老子》「功成不居」的謙退之意，〔註247〕這與韓嬰《韓詩外傳》「四時」的觀念有關，但並非禪讓之意，而是指功成不居的無為：「若夫百王之法，若別白黑；應當世之變，若數三綱；行禮要節，若運四支；因化之功，若推四時；天下得序，群物安居，是聖人也。」〔註248〕其中「因化之功，若推四時；天下得序，群物安居」正是「若四時之運，功成者去」的另種解釋。再者，德應該與位配合，有德者居其位。反之，「不得其人則不居其位」。所以他說聖王就像天一樣，「然天勃然興雲，沛然下雨，則萬物無不興起之者」，〔註249〕因此臣民之待聖王，正如草木之待膏雨，這是就尊君而言。但是反過來看，君也應該要愛民養民，因此王者要以百姓為天，百姓安之國君安，逆之則亡，〔註250〕因此自古無不亡之國，君王的地位是可以被取代的。此說何解？君王不修德治之故也，所以韓嬰才又說：「昔者，禹以夏王，桀以夏亡；湯以殷王，紂以殷亡。故無常安之國，宜治之民，得賢則昌，不肖則亡，自古及今，未有不然者也。」〔註251〕不管是尊君還是君亡，韓嬰都沒有談及傳子或是傳賢的問題，更非禪讓之說。

因此才說是與荀子類似：君臣關係其實也可以說是經權關係。鞏固君臣地位是「常」（經），君不修德而身死國滅則是「權」。「常」才是受君王歡迎的，「權」則非，而且是不得已、是取決於君王仁暴與否，陸賈說湯武之君、伊呂之臣，因天時而行罰，韓嬰說桀以夏亡、紂以殷亡都是就此點來說的。而在景帝時更因此有一場為人熟知的辯論：〔註252〕

> 黃生曰：「湯武非受命，乃殺也。」固生（芝慶按：轅固生）曰：「不然。夫桀紂荒亂，天下之心皆歸湯武，湯武與天下之心而誅桀紂……湯武不得已而立，非受命為何？」黃生曰：「冠雖敝，必加於首；履雖新，必貫於足。何者，上下之分也。今桀紂雖失道，然君上也；湯武雖聖，臣下也。夫主有失行，臣不能正言匡過以尊天

〔註247〕「功遂身退，天之道也」。陳鼓應，《老子今註今釋及評介》，頁79。
〔註248〕許維遹校釋，《韓詩外傳集釋》，頁85～86。
〔註249〕許維遹校釋，《韓詩外傳集釋》，頁197。
〔註250〕許維遹校釋，《韓詩外傳集釋》，頁149。
〔註251〕許維遹校釋，《韓詩外傳集釋》，頁187。
〔註252〕（漢）班固撰，（唐）顏師古注，《漢書》，頁3612。

子，反因過而誅之，代立踐南面，非殺而何？」轅固生曰：「必若云，
是高帝代秦即天子之位，非邪？」於是上（景帝）曰：「食肉毋食馬
肝，未爲不知味也；言學者毋言湯武受命，不爲愚。」遂罷。

黃生與轅固生的爭論，學者一般多歸因於黃老與儒家的爭論，黃生代表黃老，
轅固生則是儒家，黃生認爲君主地位是至高無上，是不可動搖的，反映了皇
帝制度的君權至高性。〔註253〕這樣的解釋放到漢初政治思潮的脈絡確實頗爲
的當，但從另外一個角度來看，殊不知在儒家本身也面臨這種「尊君」與「革
命」、「常」與「權」的抉擇。就常理而言，帽子雖然破舊，但仍要戴在頭上，
鞋子即便是新，也必定是穿在腳下，君臣關係也是如此，應該是要以穩定爲
常。但轅固生顯然此處是就「權」來回答，桀紂虐亂，湯武不得已而立，漢
高祖之代漢，亦如是觀，這都是「不得已」的「權」。可是不管是黃老與儒也
好、常與權也罷，這個問題都是不受皇帝歡迎的，馬肝有毒，故不能食，而
湯武革命也與馬肝一樣，對於當權者是一種禁忌。

　　確定了《新語》與《韓詩外傳》都屬同種身體政治論之後，我們可以說
基本上兩者都認爲經過「勞」才能「佚」，「佚」是「勞」的結果，「勞」是「佚」
的源頭，「勞」才是重要基礎，這也是兩者都是站在道德實踐與德化的角度上
講無爲的原因。這樣的做法若與前一節合觀，會發現到這些著作其實都是在
企圖整合兩種身體政治論。《呂氏春秋》已先產現了這種傾向，《淮南子》繼
之，更打算站在「佚」的立場上合併「勞」。《新語》與《韓詩外傳》同樣也
表現出了結合的脈絡，但卻是站在「勞」的重心來講「佚」。

　　可是這樣的整合理論上看似可行，但同樣也可能引起一些質疑，前一節
引司馬談〈論六家要旨〉就是一例，他批評儒者「勞而少功」、「形大勞則敝」、
「形神騷動」就代表了這樣的訊息：所謂道德實踐的修身觀，究竟有沒有完
成的一天？若君王一昧地強調修身、道德實踐，如此一來豈不成了君勞臣佚？
這樣的做法眞的可以無爲或是君佚嗎？

　　另外，若只在外表講求仁義修身，那就不免流於虛僞與形式化，這也是
「爲政以德」式類型被批評的要點之一。汲黯也批評武帝：「陛下內多欲而外
施仁義，奈何欲效唐虞之治乎！」〔註254〕武帝以治亂之事問申公，申公對曰：

〔註253〕余英時，《歷史與思想》，頁19～20。司修武，《黃老學說與漢初政治平議》，
　　　　　頁94～98。
〔註254〕（漢）班固撰，（唐）顏師古注，《漢書》，頁2317。

「爲治者不在多言，顧力行何如耳」，〔註255〕這都指出了武帝雖推尊孔子、採行儒術，行爲政以德之治，但卻名實不符、表裡不一。

綜觀以上，這種有關「勞」、「佚」的整合與競爭幾乎遍布西漢前期的政治思潮。那麼，君主修身治國，究竟要以何者爲中心？是勞之後才佚呢？還是無爲而不爲？兩者究竟孰是孰非？在前一節提到《淮南子》等書要整合勞與佚的作法，自然也是在這樣的思想脈絡之下產生。其後武帝與董仲舒的問答，更是明白指出這種兩者的選擇性。

武帝即位之後，曾下了一份詔書，以求賢良方正直言極諫之士，之後在元光元年又詔賢良察策。在這兩次的詔問之中，最著名的回應就是董仲舒的《天人三策》。董仲舒的第一策，主要說明王道政治的可能性在於君王應致力修身、順承天意，以德爲重，然後勤政治國、上行下效以行身教。觀察董仲舒上書內容，顯然就是「爲政以德」類型的特徵。可是當時畢竟有兩種身體政治論並存，孰優孰劣，尚未易言，而且前幾位君王都是以「君佚臣勞」爲施政主軸，董仲舒的上書卻主張反其道而行，武帝對此說法不免感到訝異。武帝回答說：〔註256〕

> 蓋聞虞舜之時，游於巖郎之上，垂拱無爲，而天下太平。周文王至於日昃不暇食，而宇內亦治。夫帝王之道，豈不同條共貫與？何逸勞之殊也？

漢武帝認爲就古代的經驗來看，君王身體浸潤在國家政務之中，形成了兩種不同的政治態度，分別是：垂拱無爲（佚）／日昃不暇食（勞）。型態不同，但結果都是一致：國家可治。若與董仲舒《天人三策》的第一策合觀，會發現這段史料固然可說是對政治型態的氛圍描述，可是這種描述卻是建立在「修身／治國」之上，這正是董仲舒在要求君王修身、爲政以德的主張，董仲舒以修身治國爲論，武帝自然也就以此而問。

從前述可知，《淮南子》的政治主張是以「佚」爲主，但此處董仲舒卻明指「勞」，兩者各有主張，顯然可見。《漢書·淮南王傳》又說劉安入朝，獻其所作內篇，即今《淮南子》，而「上秘愛之」。〔註257〕根據牟鐘鑒的研究，此事在建元二年，〔註258〕董仲舒上書的時限雖未明（建元元年或元光元年，

〔註255〕（漢）班固撰，（唐）顏師古注，《漢書》，頁 3608。
〔註256〕（漢）班固撰，（唐）顏師古注，《漢書》，頁 2506。
〔註257〕（漢）班固撰，（唐）顏師古注，《漢書》，頁 2145。
〔註258〕牟鐘鑒，《呂氏春秋與淮南子思想研究》（山東：齊魯書社，1987），頁 160。

兩者仍未可判定），但在武帝繼位初期，兩種身體政治論的競爭亦由此可知（當然，就思想內涵來看，兩者雖彼此競爭，卻又互相援引，這正是思想史有趣之處），是以武帝有此勞佚之問。

當然武帝的問法並不是憑空冒出來的，正如前面幾章所分析，這是自先秦諸子以來就存在的兩種觀點。兩種觀點到了《呂氏春秋》又有整合的傾向出現，只是各自主軸又有不同，但是企圖整合勞佚又何止《呂氏春秋》、《淮南子》而已？又何止《新語》與《韓詩外傳》而已？

以此而觀，董仲舒的《春秋繁露》也是如此，因爲董仲舒的《天人三策》與《春秋繁露》回答了這個問題、也整合了這個問題。但《春秋繁露》或是《天人三策》與之前文獻最大的不同、還有其本身的歷史意義之所在，是因爲董仲舒的建議不但符合武帝之意，同時也企圖再調合兩種身體政治論。再加上建元六年竇太后崩，黃老之學在政治上退去，田蚡爲丞相，公孫弘又以白衣爲天子三公，漢武帝確定獨尊儒術、霸黜百家的基調，儒學成爲名義上的主流。雖然武帝此時仍然迷信黃老的另一個面相：鬼神物怪，但黃老在政治上的實力早已不再，〔註259〕「君佚臣勞」亦隨之褪去，於是兩種身體政治論的爭論至此告一段落，繼之而起的，是霸王道雜之的外儒內法。〔註260〕

《天人三策》與《春秋繁露》：兩種身體政治論的融合與結束

我們在前一段裡提到武帝「勞與佚」的疑惑，武帝接下來又有續語。他認爲自己繼位以來，兢兢業業，勤於治國，國家並未因此得治，不知是何緣故：〔註261〕

〔註259〕 武帝初即位，便發生竇太后事件，在竇太后的強力主導之下，罷絀田蚡、竇嬰與其推薦的趙綰、王臧。竇太后好黃老，田蚡、竇嬰卻好儒術，此不但是儒道之爭，同時也是政爭。之後竇太后死，田蚡復位，武帝頒賢良詔、幸雍祠五畤、祭天祭地、尋仙人、求長生不老，武帝對於黃老鬼神之說，深信不疑，獨尊儒術只是他統治的一種手段而已。而司馬相如早就力勸武帝封禪，他更在遺書中說封禪可以「招翠黃乘龍於沼」，翠黃，龍翼馬身，黃帝乘之而仙，因此武帝深信神仙物怪之說。而在武帝心中，封禪固然是國家大典，象徵文治武功，但真正的好處，是可以因此登仙得道，成仙而長生不老才武帝是目的，這與他深信方士、愛好神仙黃老之說，一脈相承。可參逯耀東，〈武帝封禪與《封禪書》〉，收於氏著，《抑鬱與超越：司馬遷與漢武帝的時代》，頁185～218。
〔註260〕 韓星，《儒法整合：秦漢政治文化論》（北京：中國社會科學出版社，2005），頁237～242。
〔註261〕 （漢）班固撰，（唐）顏師古注，《漢書》，頁2507。

> 烏虖！朕夙寤晨興……，今朕親耕藉田以爲農先，勸孝弟，崇有德，
> 使者冠蓋相望，問勤勞，恤孤獨，盡思極神，……。今陰陽錯繆，
> 氛氣充塞，群生寡遂，黎民未濟，廉恥貿亂，賢不肖渾殽，未得其
> 眞，……。

董仲舒《天人三策》的第二策，就是試圖要回答武帝的問題。關於勞佚，董仲舒認爲勞佚並沒有高下之分，而是時遇不同的原因。舜繼堯位，一方面因堯之業，在前人的規模上治國；一方面以禹爲相，任用賢能，因此可以垂拱無爲而天下治。周文王則不然，其時紂昏庸暴虐，百姓流散，因此文王「悼痛而欲安之，是以日昃而不暇食也」，〔註262〕舜與文王時代不同、背景也不同，自然會有不同的政治模式：〔註263〕

> 帝王之條貫同，然而勞逸異者，所遇之時異也。

董仲舒另外又指出，武帝正當漢初「清靜無爲」的黃老治術之後，積極有爲，此爲正確之理，董仲舒更稱讚武帝此舉是「堯舜之用心」。至於國家爲什麼沒有因此得治，百姓也沒有更過得更好？董仲舒表示這是因爲武帝養士求賢之道未明，其中太學則是養士求賢的關鍵：「故養士之大者，莫大虖太學；太學者，賢士之所關也，教化之本原也」。〔註264〕

　　上述所言，董仲舒認爲並非自己的妄發言論，因爲這正是孔子作《春秋》之旨。《春秋》一書更是明天人相與、通陰陽五行，是治國的大經大法：「《春秋》大一統者，天地之常經，古今之通誼也。」〔註265〕至於解讀《春秋》的關鍵，則在於董仲舒的公羊學，《史記·儒林列傳》：「唯董仲舒名爲明於春秋，其傳公羊氏也。」〔註266〕公羊學本爲解經學的一種，他們認爲整部《春秋》基本上是一部擁有龐大寓意的經典，寄託喻意，言此事而意在彼，表面是說某史事，但卻是藉由論述史實而展露微言意旨。換句話說，將《春秋》視爲一個完整的寄託系統，表面是講齊桓晉文與魯國諸公之事，其實都只是象徵而已，另有其它蘊含所在，此即孔子之微言。例如《春秋公羊傳》開頭第一句：「元年，春，王正月，元年者何？君之始年也」，徐彥的解釋是：「若《左

〔註262〕　（漢）班固撰，（唐）顏師古注，《漢書》，頁2509。
〔註263〕　（漢）班固撰，（唐）顏師古注，《漢書》，頁2509。
〔註264〕　（漢）班固撰，（唐）顏師古注，《漢書》，頁2512。
〔註265〕　（漢）班固撰，（唐）顏師古注，《漢書》，頁2523。
〔註266〕　（日）瀧川龜太郎，《史記會注考證》，頁1292。

傳》之義，不問天子諸侯，皆得稱元年。若《公羊》之義，唯天子乃得稱元
年，諸侯不得稱元年。使魯隱公，諸侯也，而得稱元年者《春秋》託王於魯，
以隱公爲受命之王，故得稱元年矣」、「不言公，言君之始年者，王者諸侯皆
稱君，所以通其義於王者，惟王者然後改元立號，《左傳》託新王受命於魯，
故因以錄即位，明王者當繼天奉元，養成萬物。」隱公爲受命之王，而明王
繼天奉元，養成萬物，故以元年稱之。〔註267〕

　　何休、徐彥是後世人，生當董仲舒之後，但以公羊學的解經的大脈絡是
不變的。董仲舒亦是依此大原則而講《春秋》，所以他解「元年，春，王正月」，
認爲元就是一，代表政治上的君王，因此他就以君王修身是治國基礎來解釋：
〔註268〕

> 臣謹案《春秋》謂一元之意，一者萬物之所從始也，元者辭之所謂
> 大也。謂一爲元者，視大始而欲正本也。《春秋》深探其本，而反自
> 貴者始。故爲人君者，正心以正朝廷，正朝廷以正百官，正百官以
> 正萬民，正萬民以正四方。

董仲舒是以孔子作《春秋》的內容來表述王者應爲之事，他循用此法解經，
實則亦是藉此說明他的政治觀點，此正爲公羊學通義。康有爲看到了這層道
理，他在《春秋董氏學》說：〔註269〕

> 「緣魯以言王義」，孔子之意，專明王者之義。不過言託於魯以立文
> 字。……。自僞《左》出，後人乃以事說經，於是周、魯、隱、桓、
> 定、哀、邾、滕皆用考據求之。癡人說夢，轉增疑惑，知有事而不
> 知有義，於是孔子之微言沒，而《春秋》不可通矣。尚賴有董子之
> 說，得已明之，……。
>
> ……《公羊》傳《春秋》託王於魯，何（芝慶按：指何休）注頻發
> 此意。人或疑之，不知董子亦大發之。

以今觀之，康有爲解析孔子微言大義的結論固然不符合史實，但他站在公
羊學的立場，辨章學術，考鏡源流，他不止看到了何休的公羊解經學，更
認爲此原則早在董仲舒時代已有闡發。因此以公羊學解《春秋》，此寓意解

〔註267〕（漢）何休解詁，（唐）徐疏，《春秋公羊注疏》，頁6。
〔註268〕（漢）班固撰，（唐）顏師古注，《漢書》，頁2503。
〔註269〕康有爲，《春秋董氏學》，收於姜義華等編，《康有爲全集》（第三冊）（上海：
　　　　古籍，1987），頁670。

經法一向爲中國學術思想史的傳統，〔註270〕只是康有爲更擴大了這樣的說法，延及於三代或是其它經書而已。〔註271〕另外要說明的是，說董仲舒與何休、乃至康有爲相同，是指他們都認爲《春秋》是一部擁有豐富寓意系統的經書，需以某些特定方法來解釋，因此在這個原則上他們都是站在公羊學的立場解經，並非指他們對於經文的解釋都是一樣的、毫無差異的。例如董仲舒言「遠外近內」就與何休的解釋不同，內外，在《公羊傳》裡本指魯國與他國之分，其後推衍至夷夏之別，諸夏爲內，夷狄爲外，〔註272〕是一種相對性的指稱。董仲舒基本上是用「緣魯以言王義」的原則，以「天子」的角度來看魯與他國、以「中國」的角度來看諸夏夷狄的內外之別，用意是要藉此說明「魯無鄙疆」，對遠夷應該要「內而不外」；〔註273〕何休則否，他以三世說直接對應內外之分：「所傳聞之世」是見治於衰亂之中，所以是對應「內其國而外諸夏」。「所聞之世」是見治升平，對應「內諸夏而外夷狄」。「所見之世」，著治大平，夷狄進至爵，所以是「天下遠近大小若一」，〔註274〕此正可見董仲舒與何休解經內容差異。除此之外，又或是公羊家雖同以「科」、「旨」解經，但董仲舒的六科十指也與何休徐彥所謂的三科九旨有異有同，不可一概而論，關於董何說法的比較，後面續會解釋，此處暫不詳說。〔註275〕對於這種現象，阮芝生曾言：「自董仲舒何休以下，皆說公羊之學，而各亦不能盡同。」〔註276〕阮芝生觀察極爲正確，董何二人雖然同樣站在公羊解經學的立場，此中內容亦有差異，不會完全相同。

　　董仲舒的解經學，在《春秋繁露》裡有更完整的說明。《春秋繁露》最早見於《隋書‧經籍志》，在此之前並無董仲舒撰《春秋繁露》的記載，故歷代不乏質疑非董氏著作的聲音，多年來經過學者考證，現在大致可以作這樣的

〔註270〕（清）皮錫瑞，〈論董子之學最醇，微言大義存於董子之書不必驚爲非常異議〉，收於氏著，《經學通論‧春秋》（北京：中華書局，2003），頁4～6。

〔註271〕汪榮祖，《康有爲》（臺北：東大，1998），頁57～58。劉芝慶，〈論康有爲與廖平二人學術思想的關係——從《廣藝舟雙楫》談起〉，《中國歷史學會第五屆研究生論文發表會》（2008），頁37～38。

〔註272〕楊濟襄，《董仲舒春秋學義法思想研究》，頁439。

〔註273〕楊濟襄，《董仲舒春秋學義法思想研究》，頁473～476。

〔註274〕（漢）何休解詁，（唐）徐疏，《春秋公羊注疏》，頁26。

〔註275〕楊濟襄，《董仲舒春秋學義法思想研究》，頁314～320。

〔註276〕阮芝生，《從公羊學論春秋的性質》，頁10。

判斷：《春秋繁露》全篇不一定就是董仲舒親自著作，但即使是由後世弟子或後人編著，仍可代表董仲舒的思想。〔註277〕

前已言之，董仲舒認為元為萬物之本，而君王是元，君王又是人間之主，也是人道的開始，因此王的一舉一動無不牽引著人間秩序──是元氣和順？或是賊氣充斥？治與亂，此皆有賴於君王：〔註278〕

> 《春秋》何貴乎元而言之？元者，始也，言本正也；道，王道也；
> 王者，人之始也。王正，則元氣和順，風雨時，景星見，黃龍下；
> 王不正，則上變天，賊氣并見。〈王道〉

因此若要國家安樂，必有賴於君王本身得正，這就是修身。修身立道，就是法天而行。董仲舒在《天人三策》與《春秋繁露》裡不斷反覆論述這樣的說法：「聖人法天而立道」、〔註279〕「道大原出於天，天不變，道亦不變」、〔註280〕「以天之端，正王之政」、〔註281〕「循天之道以養其身，謂之道也」、〔註282〕「聖人副天之所行以為政」。〔註283〕而天「分為陰陽，判為四時，列為五行」，〔註284〕因此王者應循天道，法陰陽五行。董仲舒即是以天道與人道互通

〔註277〕 最早提出質疑的是宋人程大昌，稍晚的黃震也提出類似看法，他們大多認為《通典》、《太平御覽》等書都有轉引文字，但查今本《春秋繁露》卻皆無記載，而且此書文意淺薄，不似董仲舒所為，加上有些篇幅混雜難分，因此斷定非董仲舒著作。對此疑案，近人徐復觀先生已有考證，他認為這些質疑最多只能說明此書有殘缺，但並非偽書，而且文辭並不膚淺，總之，《春秋繁露》固然可能是由後人整理而成，但仍可代表董仲舒的思想。近人戴君仁亦提出董仲舒不講五行的觀點，他認為《漢書‧董仲舒傳》只講陰陽，未言五行，將《漢書》與《春秋繁露》比照，當然應該是以《漢書》為主，徐復觀不認同這樣的觀點，他認為《天人三策》的中心內容是刑德之說，以刑德配合陰陽，這也正是《春秋繁露》的講法，因此董仲舒沒有在《天人三策》中講五行的必要，鄧紅在此基礎上繼續推衍，他認為《天人三策》確實有類似五行的說法。除此之外，日本學者如慶松光雄、田中麻紗巳、近藤則之等人也對《春秋繁露》的一些篇章（特別是有關五行的篇章）提出質疑，但這些說法已有學者駁之。可參徐復觀，《兩漢思想史》（卷二），頁192～194。鄧紅，《董仲舒思想研究》，頁192～195、264～276。
〔註278〕 （清）蘇輿，《春秋繁露義證》（北京：中華，2002），頁100～101。
〔註279〕 （漢）班固撰，（唐）顏師古注，《漢書》，頁2515。
〔註280〕 （漢）班固撰，（唐）顏師古注，《漢書》，頁2519。
〔註281〕 （清）蘇輿，《春秋繁露義證》，頁155。
〔註282〕 （清）蘇輿，《春秋繁露義證》，頁444。
〔註283〕 （清）蘇輿，《春秋繁露義證》，頁353。
〔註284〕 （清）蘇輿，《春秋繁露義證》，頁362。

而論，天與人氣物相感、同類相動，天有陰陽，人也有陰陽，兩者互爲交感聯繫。因此天地之陰氣生，人之陰氣亦生，反之亦然。〔註285〕然後陰陽又與刑德相配，陽爲德，陰爲刑，〔註286〕陽主陰副，因此是德先刑後，刑是德的輔助。〔註287〕而在四季與陰陽方面，則是春夏陽多陰少，秋冬陽少陰多，〔註288〕但這又不止天象變化而已，而是與人的情志息息相關：「喜怒之禍，哀樂之義，不獨在人，亦在於天；而春夏之陽，秋冬之陰，不獨在天，亦在於人」。〔註289〕人情與四時相應，同時四季又與五行相對，並以春主生、夏主長、季夏主養，秋主收、冬主藏的模式運行，〔註290〕木代表春，火代表夏，土代表季夏，金代表秋，水代表冬：〔註291〕

> 是故木居東方而主春氣，火居南方而主夏氣，金居西方而主秋氣，水居北方而主冬氣。〈五行之義〉

> 木者春，生之性……。火者夏，成長……。土者夏中，成熟百種……。

> 金者秋，殺氣之始也……。水者冬，藏至陰也……。〈五行順逆〉

其中五行又涵有兩種哲理，分別是五行相生與五行相勝。木生火，火生土，土生金，金生水，水生木，是爲五行相生；金勝木，木勝土，土勝水，水勝火，火勝金，是爲五行相勝。〔註292〕

除此之外，五行亦與政治社會民生人事等事物等多有配合，我們可列表如下：〔註293〕

〔註285〕「天有陰陽，人亦有陰陽，天地之陰氣起，而人之陰氣應之而起，人之陰氣起，天地之陰氣亦宜應之而起，其道一也。」（清）蘇輿，《春秋繁露義證》，頁360。

〔註286〕「天道之大者在陰陽。陽爲德，陰爲刑，刑主殺而德主生。」（漢）班固撰，（唐）顏師古注，《漢書》，頁2502。

〔註287〕勞思光，《新編中國哲學史》（二）（臺北：三民，2001），頁35。

〔註288〕（清）蘇輿，《春秋繁露義證》，頁339。

〔註289〕（清）蘇輿，《春秋繁露義證》，頁335。

〔註290〕（清）蘇輿，《春秋繁露義證》，頁315。

〔註291〕（清）蘇輿，《春秋繁露義證》，頁322、371～377。

〔註292〕鄺芷人，《陰陽五行及其體系》（臺北：文津，1998），頁46～54。

〔註293〕此處參考鄧紅列表而作些微改動。鄧紅，《董仲舒思想研究》，頁186～187。以五行與陰陽四時配合，然後擴展到天地人事，此自《呂氏春秋》以來便是如此。《呂氏春秋》又是綜攝《夏小正》、《周書‧時訓》而來，可參本章第一節。亦可見鄭毓瑜，《文本風景──自我與空間的相互定義》，頁263～272。

五行 對應事物	木	火	土	金	水
	東	南	中	西	北
	左	前	中	右	後
	春（生）	夏（長）	季夏（養）	秋（收）	冬（藏）
	喜	樂		怒	哀
	仁	智	信、忠	義	禮
	慶	賞		伐	刑
	角	徵	宮	商	羽
	酸	苦	甘	辛	鹹
	暖	溫		清	寒
	司農	司馬	司營	司徒	司寇
	農	本朝	君之官	大理	執法
	姦	讒	諛	賊	亂
	貌	言	視	聽	思
	祠	礿		嘗	蒸
	韭	麥		稷	稻
	燥濁而青	慘陽而赤	淫濁而黃	慘淡而白	清寒而黑
	少陽	太陽		少陰	太陰
	風霜	雷霆	電	雨	雪

　　從上表可知，董仲舒幾乎是把各種事物都對應到五行的系統裡，木居東，亦居左，表春生，又以司農主農事而配之；火居南，亦居前，表夏長，又以司馬之官而配……。前已言之，五行又與陰陽、四季結合，此可再舉一例：「如金木水火，各奉其所主以從陰陽，相與一力而并功。其實非獨陰陽也，然陰陽因此以起，助其所主。故少陽因木而起，助春之生也；太陽因火而起，助夏之養也；少陰因金而起，助秋之成也；太陰因水而起，助冬之藏也。」〔註294〕少陽是因木助春，太陽因火助夏……以此類推，金木水火各有其對應。其中未言土，是因為董仲舒認為是「天之潤」、「土為天之股肱」，土位中央，是五行之主：〔註295〕

〔註294〕（清）蘇輿，《春秋繁露義證》，頁334～335。
〔註295〕（清）蘇輿，《春秋繁露義證》，頁322～323。

> 土居中央，爲之天潤，土者，天之股肱也。其德茂美，不可名以一
> 時之事，故五行而四時者，土兼之也，金木水火雖各職，不因土，
> 方不立，若酸鹹辛苦之不因甘肥不能成味也。甘者，五味之本也，
> 土者，五行之主也，五行之主，土氣也……。〈五行之義〉

土「不可名以一時之事」，似乎與前述「土──季夏──主養」有矛盾，但基
本上此處董仲舒是以空間的觀念來講土，土居中央，中央又有掌四方的責任，
因此土與金木水火就成了主從關係。〔註296〕

　　縱觀以上，我們可以說董仲舒是以陰陽五行與王道政治作爲理論中心，
兩者互相影響，亦互相配合，以此完成他天人感應之說。但是上述這些說法
都是就陰陽五行的天道與人道而言，若是要進入這樣的天人系統，則有賴於
君王修身，在此修身與治國、陰陽五行是密切相關的，這也是正中國聯繫性
思維的特色。

　　董仲舒在〈爲人者天〉認爲人固然本之於天，但在天與人之間還有「性」
的存在。人的生命是天，而人的欲求卻是情，性則是人先天的本性與後天的
學習，〔註297〕「性」可以是「生之謂性」、也可以是「性者，質也」，但人性
不會全是善的，因此不能只在善中去找性的本質：〔註298〕

> 今世闇於性，言之者不同，胡不試反性之名？性之名，非生與？如
> 其生之自然之資，謂之性。性者，質也，詰性之質於善之名，能中
> 之與？既不能中矣，而尚謂之質善，何哉？性之名不得離質，離質
> 如毛，則非性已，不可不察也。〈深察名號〉

此處董仲舒用了一個比喻，他以禾苗比喻性，米比善，米出禾中，善亦是由
性出，但禾苗不等稻米，一如性不等於善。因爲性就不會只是善或惡，而是
有貪有仁、是善惡混雜的：「人之誠，有貪有仁。仁貪之氣，兩在於身」。〔註
299〕人性善惡參雜，正如君王有好惡喜怒，若是要順著善的方向走，應該要憑
藉教化、依靠理性的力量。人性如此，皇帝君王亦如是，所以人應要在內心
中禁制眾惡：〔註300〕

〔註296〕 鄧紅，《董仲舒思想研究》，頁200。李澤厚認爲土之所以佔有重要地位，可能
　　　　　與農業生產作爲生活根基有關。可參李澤厚，《中國古代思想史論》，頁169。
〔註297〕 葛兆光，《七世紀前中國的知識、思想與信仰世界》（中國思想史第一卷），頁
　　　　　376。
〔註298〕 （清）蘇輿，《春秋繁露義證》，頁291～292。
〔註299〕 （清）蘇輿，《春秋繁露義證》，頁294。
〔註300〕 （清）蘇輿，《春秋繁露義證》，頁293～296。

　　　　柜眾惡於內，弗使得發於外者，心也，故心之爲名，柜也。人之受

　　　　氣苟無惡者，心何柜哉？……。身之名取諸天，天兩，有陰陽之施，

　　　　身亦兩，有貪、仁之性；天有陰陽禁，身有情欲柜，與天道一也。

　　　〈深察名號〉

「人之受氣苟無惡者，心何柜哉」，說明了氣有善有惡。所以修身首在於修心，心有禁制（柜）眾惡的作用，同時心也是氣的主宰：「故君子道至，氣則華而上。凡氣從心，心、氣之君也，何爲而氣不隨也」，蘇輿注此句：「心動而氣隨之。」〔註301〕心能制氣，亦能制惡，心有時又稱爲意，意生神，神又生氣，而養生又重在愛氣，〔註302〕因此心可謂修身根源。但心的作用則有賴於後天的培養學習，〔註303〕這種學習教化，則是仁義禮樂之說，董仲舒認爲畢竟人不能單憑自然之性而成爲善，就好像禾不能是米，必有待雨水滋潤才能收成。人也是如此，董仲舒在《天人三策》的第三策所說：「質樸之謂性，性非教化不成；人欲之謂情，情非度制不節」，〔註304〕即是此意。人性如此，身處政治權力的君王更應該要明白這個道理，何況人又分數級，其中聖人與王者又是天地精之尤精者，因此更應該以修身爲本，作爲天人（民）之間的中介角色，〔註305〕然後上通於天，下化萬民：〔註306〕

　　　　是故王者上謹於承天意，以順命也；下務明教化民，以成性也；正

　　　　法度之宜，別上下之序，以防欲也。脩此三者，而大本舉矣。

這個道理，董仲舒在《春秋繁露》說得更明白：〔註307〕

　　　　古之造文者，三畫而連其中，謂之王。三畫者，天地與人也，而連

　　　　其中者，通其道也，取天地與人之中以爲貫而參通之，非王者孰能

　　　　當是？是故王者惟天之施，施其時而成之，法其命而循之諸人，法

　　　　其數而以起事，治其道而以出法，治其志而歸之於仁。〈王道通三〉

董仲舒探究名學、以字解釋，〈深察名號〉一開頭就說：「治天下之端，在審

〔註301〕（清）蘇輿，《春秋繁露義證》，頁448。

〔註302〕「故養生之大者，乃在愛氣。氣從神而成，神從意而出。心之所之謂意，意勞者神擾，神擾者氣少，氣少者難久矣。」（清）蘇輿，《春秋繁露義證》，頁452。

〔註303〕韋政通，《董仲舒》，頁103～104。

〔註304〕（漢）班固撰，（唐）顏師古注，《漢書》，頁2515。

〔註305〕王健文，《奉天承運——古代中國的「國家」概念及其正當性基礎》，頁49。

〔註306〕（漢）班固撰，（唐）顏師古注，《漢書》，頁2515。

〔註307〕（清）蘇輿，《春秋繁露義證》，頁328～329。

辨大；辨大之端，在深察名號」，〔註308〕深察名號，一方面是循名責實的正名，因爲事順於名，名號不正則事必反逆，其中「王」就是最重要的名號。就上引文來看，「王」，三橫而上下相連，象徵王權貫通天地人，所以君王不但是法天，還要觀地、看人，因爲君王是最有資格融合三道的人，君王可以說是整個政治秩序的重心、也是最關鍵的人物。但君王也有限制，不可以任憑己意，就像天有春秋冬夏，君王也有好惡喜怒，反之亦然：「喜怒之禍，哀樂之義，不獨在人，亦在於天；而春夏之陽，秋冬之陰，不獨在天，亦在於人。」〔註309〕在氣化感通的宇宙間，人與天地是同源同構的，人的感知即是天地的感知。〔註310〕這就造成了君王是否稱職的問題，因爲君王的好惡喜怒跟天的春秋冬夏一樣，是無法避免的、是天生如此的：「然而主之好惡喜怒，乃天之春夏秋冬也，其具暖清寒暑而以變化成功也」，〔註311〕所以重點不在於該不該有好惡喜怒，而是要怎麼運用才合理，合不合理則取決於是否順天而行。就天來講，奉養萬物則是好的出發點；就君王來說，妥善治理天下萬民，就是好的出發點。換言之，天若按照正常次序運行，以奉養萬物爲重，則春秋冬夏四時運行，於是天下萬物自然生長，君王也是如此，若君王如果不顧天下萬民安樂，而是任憑本身好惡喜怒行事，就是不義，不義則容易發生變亂：「當暑而寒，當寒而暑，必爲惡歲矣。人主當喜而怒，當怒而喜，必爲亂世矣。」反之，若君王尊道而行、修身爲正，則天運當正常運轉：「是故人主之大守，在於謹藏而禁內，使好惡喜怒必當義乃出，若暖清寒暑之意當其時乃發也」。〔註312〕

　　正如前所言，君王修身必以仁義禮樂而行，這正是繼承自先秦「爲政以德」類型的說法。其中六經爲君王應明之理，經典亦爲治國之道：「君子知在位者不能以惡服人也，是故簡六藝以贍養之。《詩》、《書》序其志，《禮》、《樂》純其美，《易》、《春秋》明其知，六學皆大，而各有所長。」〔註313〕重視學習教化、看重經典，因爲經典是治身也是治國之道。除此之外，君王亦應注重

〔註308〕（清）蘇輿，《春秋繁露義證》，頁 284。
〔註309〕（清）蘇輿，《春秋繁露義證》，頁 335。
〔註310〕鄭毓瑜，〈身體時氣感與漢魏抒情詩——漢魏文學與楚辭、月令的關係〉，《漢學研究》，22 卷 2 期，頁 28。
〔註311〕（清）蘇輿，《春秋繁露義證》，頁 330。
〔註312〕（清）蘇輿，《春秋繁露義證》，頁 333。
〔註313〕（清）蘇輿，《春秋繁露義證》，頁 35。

仁義等道德實踐，董舒仲〈仁義法〉、〈身之養重於義〉、〈必仁且智〉等篇對此皆已發之：以「仁」愛人安民，以「義」養心正己，〈仁義法〉雖試圖辨明仁義之分，認為仁之法在愛人，不在愛我，義之法在正我，不在正己。〔註314〕但其實仁義皆由個人實踐而來，有仁義之心，才有仁義之行，〔註315〕所以道德實踐正是修身的重要基礎：〔註316〕

> 何謂仁？仁者，憯怛愛人，謹翕不爭，好惡敦倫，無傷惡之心，無隱忌之志，無嫉妒之氣，無感愁之欲，無險詖之事，無辟違之行，故其心舒，其志平，其氣和，其欲節，其事易，其行道，故能平易和理而無爭也，如此者，謂之仁。〈必仁且智〉

> 義者，心之養也，利者，體之養也，體莫貴於心，故養莫重於義，義之養生人大於利。〈身之養重於義〉

「仁」不但是行為規範，是無險詖之事、無辟違之行；「義」則是「心之養」，更重於利（體之養），其源自於「心」的鍛鍊，是由內向外的自覺覺醒，然後以心攝身，故曰：「體莫貴於心」。君王也唯有以此修身，上行下效，才能產生一個等級秩序分明，不侵害、不逾越的社會，文質俱備，〔註317〕這就是董仲舒的「禮」：〔註318〕

> 禮者，繼天地、體陰陽，而慎主客、序尊卑、貴賤、大小之位，而差外內、遠近、新故之級者也……。〈奉本〉

> 夫禮，體情而防亂者也。〈天道施〉

> 志為質，物為文，文著於質，質不居文，文安施質；質文兩備，然後其禮成。〈玉杯〉

基本上上述這些說法都屬「為政以德」式的身體政治論的範疇，只是董仲舒

〔註314〕（清）蘇輿，《春秋繁露義證》，頁 250。

〔註315〕徐復觀，《兩漢思想史》（卷二），頁 228。

〔註316〕（清）蘇輿，《春秋繁露義證》，頁 258、263。

〔註317〕文質兼備而文質彬彬，如此才可謂禮，但當兩者不可兼顧時，董仲舒是主張質更甚於文的。可參黃朴民，《董仲舒與新儒學》，頁 145。另，文質彬彬固佳，但相較之下，二者若取其一，其實重質甚於文，此一向為儒墨通義，可參顏崑陽，《六朝文學觀念叢論》（臺北：正中，1993），頁 13～16。當然，主張以質救文，進而文質兼具者，並非董仲舒而已，而是漢儒明確的共同意識，可參閻步克，《士大夫政治演生史稿》（北京：北京大學出版社，1996），頁 312～316。

〔註318〕（清）蘇輿，《春秋繁露義證》，頁 275～276、469、27。

更加進陰陽五行與人道互相配合的理論，來爲傳統天道與人道的架構增添更
多血肉。

　　當然董仲舒的主張亦有其目的在焉，他認爲唯有如此做，才能改制更化，
這也是董仲舒以公羊學解釋《春秋》的重要立場之一：〔註319〕

　　　　今所謂新王必改制者，非改其道，非變其理，受命於天，易姓更王，
　　　　非繼前王而王也，若一因前制，修故業，而無有所改，是與繼前王
　　　　而王者無以別。〈楚莊王〉

　　　　有非力之所能致而自至者，西狩獲麟，受命之符是也，然後託乎春
　　　　秋正不正之間，而明改制之義……。〈符瑞〉

改制，即是更化，董仲舒認爲經過漢初因循而治的政局之後，到了武帝是該
有所變化的時候了：「爲政而不行，甚者必變而更化之，乃可理也。……；當
更化而不更化，雖有大賢不能善治也。」〔註320〕也是在這樣的原則之下，董
仲舒才會肯定武帝的「勞」是必要的手段，只是他認爲武帝的方向還不夠正
確，畢竟修身治國的方法應如董仲舒所言才是王道，而這樣的方法正是屬於
「爲政以德」式身體政治論的立場。

　　可是改制並非變道，只是時世不同，所以救世的方法也不同而已。《天人
三策》的第二策：「夏上忠，殷上敬，周上文」、「今漢繼大亂之後，若宜少損
周之文致，用夏之忠者」，〔註321〕夏尚忠，周尚文，尚忠即是以質樸無華爲重。
〔註322〕董仲舒此說即是以質救文，文不必濫，而質亦不可少，若以文意來看，
漢繼大亂以後，應少損周之文，而是以質爲主，因此忠與質涵義接近。文質
俱備基本上仍是董仲舒的理想，只是三代質文輪替，以致於偏重各有不同。
但《春秋繁露·三代改制質文》卻又說：「一商一夏，一質一文，商質者主天，
夏文者主地」，〔註323〕〈十指〉也說：「承周文而反之質」，〔註324〕則夏又主
文，如果代入第二策的說法，以夏救漢承周文之弊，若夏主文，如此則是以
文救文，則矛盾不可通。徐復觀也發現了這個問題，他認爲董仲舒自己也發
現以文質交替的說法過於機械、勉強，於是在《天人三策》的第二策將夏改

〔註319〕（清）蘇輿，《春秋繁露義證》，頁17、157。
〔註320〕（漢）班固撰，（唐）顏師古注，《漢書》，頁2505。
〔註321〕（漢）班固撰，（唐）顏師古注，《漢書》，頁2518～2519。
〔註322〕錢穆，《中國史學發微》，頁2220。
〔註323〕（清）蘇輿，《春秋繁露義證》，頁205。
〔註324〕（清）蘇輿，《春秋繁露義證》，頁146。

成尙忠，以避開文質與朝代更替對應的矛盾衝突，〔註325〕此說恐有再商榷的餘地。因爲我們無法肯定《天人三策》的第二策是否成於《春秋繁露》之後？本傳也只說他「仲舒所著，皆明經術之意，及上疏條教，凡百二十三篇。而說春秋事得失，《聞舉》、《玉杯》……，復數十篇，十餘萬言，皆傳於後世」，〔註326〕根本未言時間。況且《天人三策》的時間點也有兩種說法，《漢書‧武帝紀》載元光元年下詔賢良策問，「於是董仲舒、公孫弘等出焉」，〔註327〕是以元光元年爲《天人三策》之年，但《漢書‧董仲舒傳》卻又說：「武帝即位，舉賢良文學之士前後百數，而仲舒以賢良對策焉」，〔註328〕未言是何年所詔，而《漢書‧武帝紀》建元元年同樣亦載：「詔……諸侯相舉賢良方正直言極諫之事」，〔註329〕因此建元元年與元光元年各有詔求賢良，兩者不可混爲一談，只是不知董仲舒本傳所載「武帝即位」是指建元元年又或是元光元年？若依《漢書》紀、傳參證，則「武帝即位」只是泛指武帝登皇帝位而已，所以《漢書‧武帝紀》才記元光元年爲董仲舒上《天人三策》。但反過來看，既言即位，或是指建元元年方是，《資治通鑑》顯然認同這一點，是以將《天人三策》繫於建元元年，〔註330〕錢穆〈兩漢博士家法考〉據此考訂通鑑所言正確。但此說顯又與《漢書‧武帝紀》「於是董仲舒……出焉」不合，另外錢穆又指出建元六年高園便殿火災，董仲舒居家推說其意，卻遭主父偃上奏而下獄，錢穆認爲此事若在對策之前，則董仲舒其時名尙未顯，主父偃又何必妒之？因此建元元年才是合理的說法，可是錢穆的基本預設是董仲舒因《天人三策》而名聲大顯，〔註331〕但董仲舒在景帝時已爲博士，「學士皆師尊之」，其名聲未必不顯，主父偃之妒亦可能是指此，因此不能就此認定《天人三策》是建元元年所上。況且荀悅《後漢紀》則是同於《漢書‧武帝紀》，都記於元光元年。〔註332〕但即便以此爲準，在《春秋繁露》著作年日不明的情況下，亦無法判

〔註325〕徐復觀，《兩漢思想史》（卷二），頁215～217。

〔註326〕（漢）班固撰，（唐）顏師古注，《漢書》，頁2525～2526。

〔註327〕（漢）班固撰，（唐）顏師古注，《漢書》，頁161。

〔註328〕（漢）班固撰，（唐）顏師古注，《漢書》，頁2495。

〔註329〕（漢）班固撰，（唐）顏師古注，《漢書》，頁155～156。

〔註330〕（宋）司馬光，《資治通鑑》（臺北：宏業，1993），頁549～556。

〔註331〕錢穆，〈兩漢博士家法考〉，收於氏著，《兩漢經學今古文評議》，頁195～196。

〔註332〕（東漢）荀悅，（晉）袁宏，《兩漢紀》（上冊：漢紀）（北京：中華書局，2005），頁173。

斷兩者先後。由此而觀,所謂三代質文的問題,或許也與董仲舒論五行之土一般,都有著一些矛盾。〔註333〕

　　董仲舒認為受命改制,則以《春秋》所載最為詳細,他稱此為通三統。通三統,即是何休所謂三科九旨中的一科三旨,據徐彥的疏解,三科九旨有兩種說法:〔註334〕

　　　　問曰:「《春秋說》云:『《春秋》設三科九旨』,其義如何?」

　　　　答曰:「何氏之意,以為三科九旨正是一物,若總言之,謂之三科,
　　　　　　　科者,段也;若析而言之,謂之九旨,旨,意也。言三個科
　　　　　　　段之內,有此九種之意」。

依徐彥的解釋,何休所謂的三科、九旨,兩者是一致的。接下來徐彥又引何休《文諡例》解釋三科九旨的內涵:「新周故宋,以《春秋》當新王」為一科三旨;「所見異辭,所聞異辭,所傳聞異辭」;此為二科六旨,「內其國而外諸夏,內諸夏而外夷狄」是三科九旨。〔註335〕

　　但何休同時又引宋氏說,提出三科九旨的另外一種解釋:〔註336〕

　　　　三科者,一曰張三世,二曰存三統,三曰異外內,是三科也。九旨
　　　　者,一曰時,二曰月,三月日,四曰王,五曰天王,六曰天子,七
　　　　曰譏,八曰貶,九曰絕。

就兩種解釋來看,何休與宋氏三科九旨的說法並不相同,其中「新周故宋,以《春秋》當新王」、「所見異辭,所聞異辭,所傳聞異辭」、「內其國而外諸夏,內諸夏而外夷狄」或可分別對應「存三統」、「張三世」、「異外內」。〔註337〕但基本上何休是將三科九旨視為一物,故曰:「何氏之意,以為三科九旨正是一物」,宋氏卻是各有所論,並不等同看待。至於時代更早於兩人的董仲舒,則並未使用「三科九旨」的說法,他解釋莊公二十七「杞柏來朝」:〔註338〕

〔註333〕　李妍承,《董仲舒春秋學研究》,頁 178。但李妍承並未考證《天人三策》的
　　　　　　時間問題,他只是就《春秋繁露》的本身內容指出董仲舒的矛盾,並未就徐
　　　　　　復觀說法作分析。
〔註334〕　(漢)何休解詁,(唐)徐疏,《春秋公羊注疏》,頁5。
〔註335〕　(漢)何休解詁,(唐)徐疏,《春秋公羊注疏》,頁5。
〔註336〕　(漢)何休解詁,(唐)徐疏,《春秋公羊注疏》,頁5。
〔註337〕　楊濟襄,《董仲舒春秋學義法思想研究》,頁 319。
〔註338〕　(清)蘇輿,《春秋繁露義證》,頁 197~200。

> 杞何以稱伯？《春秋》上絀夏，下存周，以《春秋》當新王。春秋
> 當新王者奈何？曰：王者之法必正號，絀王謂之帝，封其後以小國，
> 使奉祀之……故同時稱帝者五，稱王者三，所以昭五端，通三統
> 也。……《春秋》新王之事，變周之制，當正黑統，而殷周爲王者
> 之後，絀夏，改號禹謂之帝，錄其後以小國，故曰：絀夏、存周、
> 以《春秋》當新王。不以杞侯，弗同王者之後也。〈三代改制質文〉

董仲舒此處以「絀夏、存周，以《春秋》當新王」爲說。由上述可知，何休、
徐彥說法則與董仲舒類同，何休稱爲一科三旨。絀夏，何休解莊公二十七年
「杞柏來朝」亦言：「杞，夏後，不稱公者，《春秋》黜杞，新周而故宋，以
《春秋》當新王。黜而不稱侯者，方以貶杞伯爲黜」〔註339〕，僖公二十三年
冬十一月：「杞子卒。」何休的解釋是「始見稱伯，卒獨稱子者，微弱，爲徐、
莒所脅，不能死位。《春秋》伯、子、男一也，辭無所貶。貶稱子者，《春秋》
黜杞不明，故以其一等貶之，明本非伯，乃公也。」〔註340〕徐、莒威脅杞一
事，可見《公羊傳》僖公十四年春。何休此處是說《春秋》伯、子、男是同
一的，所以稱伯未能爲尊，稱子亦未能爲貶，而杞國國君本來是公，但《春
秋》黜杞，理當降稱侯，但杞滅而又不能死位，所以又再降一等，於是貶爲
子，而前所言「杞伯來朝」，稱杞君爲伯，則是追貶的緣故。董仲舒又說：「故
春秋應天作新王之事，時正黑統，王魯，尚黑，絀夏、親周、故宋」〔註341〕，
親周與新周都是同義。〔註342〕而《春秋》黜杞，是爲了新周而故宋，因爲孔
子既以《春秋》當新王，則前兩代殷、周當退居爲前王。殷舊有，所以是「故
宋」；周新有，故曰「新周」，〔註343〕而杞是夏之後，但被絀，此即董仲舒「王
魯」（以春秋當新王）之意，也就是何休所謂「新周、故宋、王魯」，有時又
稱爲「新周、故宋、以春秋當新王」的一科三旨。〔註344〕

　　但是三科九旨畢竟是後世公羊家言。在董仲舒的理論中，他是以六科十
指來解經的：〔註345〕

〔註339〕（漢）何休解詁，（唐）徐疏，《春秋公羊注疏》，頁 177。
〔註340〕（漢）何休解詁，（唐）徐疏，《春秋公羊注疏》，頁 247。
〔註341〕（清）蘇輿，《春秋繁露義證》，頁 187～189。
〔註342〕林義正，《春秋公羊傳倫理思維與特質》，頁 195。
〔註343〕錢穆，《兩漢經學今古文評議》，頁 271～272。
〔註344〕龔鵬程，〈儒家的聖典詮釋學〉，收於氏著，《儒學反思錄》（臺北：學生書局，
　　　　2001），頁 115。
〔註345〕（清）蘇輿，《春秋繁露義證》，頁 143。

> 《春秋》，大義之所本耶！六者之科，六者之恉〔註346〕之謂也，然
> 後援天端，布流物，而貫通其理，則事變散其辭矣。故志得失之所
> 從生，而後差貴賤之所始矣。論罪源深淺定法誅，然後絕屬之分別
> 矣。立義定尊卑之序，而後君臣之職明矣。載天下之賢方，表謙義
> 之所在，則見復正焉耳。幽隱不相踰，而近之則密矣，而後萬變之
> 應無窮者，故可施其用於人，而不悖其倫矣。〈正貫〉

鍾肇鵬釋六旨（六科）即六種種類，分別是：天端、流物、得失、法誅、尊
卑、謙義，其分法頗有可議。若以得失爲一類，那貴賤是否可爲一類？謙義
可爲一類，幽隱又爲何不能成一類？而「援天端，布流物，而貫通其理」明
指《春秋》義法，故董仲舒又曰「則事變散其辭矣」，但鍾肇鵬卻分爲天端、
流物兩類，不知何所據？細讀此段文字，可知董仲舒之意，六旨（六科）並
非要把《春秋》大義分爲六類，而是指出《春秋》義法的彰顯目的與效用，〔註
347〕所以才就得失貴賤、法誅罪源深淺，又或是君臣尊卑之道而論，用意在於
說明「幽隱不相踰，而近之則密矣，而後萬變之應無窮者，故可施其用於人，
而不悖其倫矣」的《春秋》改制說。

　　對董仲舒而言，「六科」是針對目的與作用而論，「十指」則就是指原則
與種類：〔註348〕

> 《春秋》二百四十二年之文，天下之大，事變之博，無不有也。雖
> 然，大略之要，有十指。十指者，事之所繫也，王化之所由得流也。
> 舉事變，見有重焉，一指也；見事變之所至者，一指也；因其所以
> 至者而治之，一指也；強幹弱枝，大本小末，一指也；別嫌疑，異
> 同類，一指也；論賢才之義，別所長之能，一指也；親近來遠，同
> 民所欲，一指也；承周文而反之質，一指也；木生火，火爲夏，天
> 之端，一指也；切刺譏之所罰，考變異之所加，天之端，一指也。
> 〈十指〉

董仲舒認爲《春秋》二百四十二年所涉之事極爲廣博，但大致有十點要義，
此即「十指」。董仲舒以十指對《春秋》義法發凡起例，而《春秋》又隱涵

〔註346〕鍾肇鵬校「恉」爲「指」。鍾肇鵬，《春秋繁露校釋》（校補本）（石家莊：河
　　　　北人民出版社，2005），頁305。
〔註347〕楊濟襄，《董仲舒春秋學義法思想研究》，頁314。
〔註348〕（清）蘇輿，《春秋繁露義證》，頁144～145。

王者改制之說，因此十指不但是事之所繫、屬辭比事，同時也是王化所流，所以十指除了是解《春秋》的方法，更重要的是要以此明《春秋》大義。董仲舒接下來又以十指的效用來講：「舉事變，見有重焉，則百姓安矣；見事變之所至者，則得失審矣；因其所以至而治之，則事之本正矣；強幹弱枝，大本小末，則君臣之分明矣；別嫌疑，異同類，則是非著矣；論賢才之義，別所長之能，則百官序矣；承周文而反之質，則化所務立矣；親近來遠，同民所欲，則仁恩達矣；木生火，火爲夏，則陰陽四時之理相受而次矣；切刺譏之所罰，考變異之所加，則天所欲爲行矣。」〔註349〕安百姓、審得失、序百官、論賢才、達仁恩⋯⋯等等，則都是就王道政治、治國教化而發。

對於王者改制，董仲舒又言：〔註350〕

> 王者受命而王，制此月以應變，故作科以奉天地，故謂之王正月也。
> 王者改制作科奈何？曰：當十二色，歷各法而正色，逆數三而復，
> 絀三之前，曰五帝，帝迭首一色，順數五而相復，禮樂各以其法象
> 其宜，順數四而相復，咸作國號，遷宮邑，易官名，制禮作樂。

〈三代改制質文〉

王者既受命而王，則應改制作科（制作條規），所以要改正朔、易服色、制禮作樂。首先要在十二種顏色當選取一種作爲正色，然後以黑統、白統、赤統根據寅、丑、子的逆序循環搭配，黑統以建寅月爲正月（一月），其中輿服昏冠刑樂都有相應的制度：「斗建寅，天統氣始通化物，物見萌達，其色黑，故朝正服黑，首服藻黑，正路輿質黑，馬黑，大節綬幀尙黑，旗黑，大寶玉黑，郊牲黑，犧牲角卵，冠于阼，昏禮逆于庭，喪禮殯於東階之上，祭牲黑牡，薦尙肝，樂器黑質，法不刑有懷任新產⋯⋯」，〔註351〕「斗」即是北斗星，北斗七星第五至第七顆爲斗柄，四季月分即是根據斗柄所指的位置來畫分。〔註352〕黑統尙黑，因此朝見服、帽子、路輿、符節、印授、旗子、樂器等等，都是以黑色爲主；白統則以建丑月爲正月（十二月），亦有相應制度：「其色白，故朝正服白，首服藻白，正路輿質白，馬白，大節綬幀尙白，旗白，大寶玉

〔註349〕　（清）蘇輿，《春秋繁露義證》，頁145～147。
〔註350〕　（清）蘇輿，《春秋繁露義證》，頁185～186。
〔註351〕　（清）蘇輿，《春秋繁露義證》，頁191～192。
〔註352〕　鐘肇鵬，《春秋繁露校釋》（校補本），頁435。

白,郊牲白,犧牲角繭,冠于堂,昏禮逆于堂,喪事殯于楹柱之間,祭牲白牡,薦尚肺,樂器白質,法不刑有身懷任……」;〔註353〕赤統則是以建子月(十一月)爲正月,「其色赤,故朝正服赤,首服藻赤,正路輿質赤,馬赤,大節綏幘尚赤,旗赤,大寶玉赤,郊牲騂,犧牲角栗,冠于房,昏禮逆于戶,喪禮殯于西階之上,祭牲騂牡,薦尚心,樂器赤質,法不刑有身,重懷藏以養微,是月不殺,聽朔廢刑發德……。」〔註354〕

董仲舒曾言:「天不變,道亦不變」,可是改制算不算是變道呢?「故王者有改制之名,無變道之實」,〔註355〕就董仲舒看來,改制更化並非變道而行、更非改變天命。相反地,這正是一種「無爲」,所以他引孔子的話:「無爲而治者,其舜虖!」以證明所謂的「無爲」,就是「改正朔,易服色,以順天命而已;其餘盡循堯道,何更爲哉!」〔註356〕明白了這點,才能瞭解《春秋繁露》屢言無爲的脈絡。

基本上《春秋繁露》言無爲之道,有兩層意思,其一則如上言,是將改制與無爲並談,這在〈楚莊王〉、〈三代改制質文〉皆可得見。另一種則是建立在「君佚臣勞」的君臣關係,所謂的無爲,就是君法天,臣法地,君無爲而臣有爲:〔註357〕

> 故爲人主者,以無爲爲道,以不私爲寶,立無爲之位,……,故莫見其爲之,而功成矣,此人主所以法天之行也。爲人臣者,法地之道,暴其形,出其情,以示人,……,爲人臣常竭情悉力,而見其短長,使主上得而器使之,而猶地之竭竟其情也,故其形宜可得而財也。〈離合根〉

> 爲人君者,居無爲之位,行不言之教,……。故爲君,虛心靜處,聰聽其響,明視其影,以行賞罰之象,……,暄名考質,以參其實,賞不空施,罰不虛出,是以群臣分職而治,各敬而事,爭進其功,顯廣其名,而人君得載其中,此自然致力之術也,聖人由之,故功出於臣,名歸於君也。〈保位權〉

〔註353〕 (清)蘇輿,《春秋繁露義證》,頁 193~194。
〔註354〕 (清)蘇輿,《春秋繁露義證》,頁 194~195。
〔註355〕 (漢)班固撰,(唐)顏師古注,《漢書》,頁 2518。
〔註356〕 (漢)班固撰,(唐)顏師古注,《漢書》,頁 2518。
〔註357〕 (清)蘇輿,《春秋繁露義證》,頁 165~166、175~176。

「暗名考質，以參其實」則是循名責實之說。君無爲臣有爲、循名責實〔註358〕都是「君佚臣勞」的身體政治論的重要主張，在此董仲舒採用了「虛心靜處」之類的治國之術，用意是爲了提高君權，以落實「君尊臣卑」的政治地位。君者高高在上，臣下則需竭情盡力，此之謂君佚臣勞。〔註359〕如果再加上前面提到的「爲政以德」式的身體政治論，兩種身體政治論的融合運用，這種思想上的混合以形成一套新的政治理論，正是漢初以來的趨勢。董仲舒抓住了這種脈絡，又加以發揮，除了前面提到的觀點之外，董仲舒對於君權的鞏固也是他的關鍵主張之一，董仲舒也以身體比喻君臣關係，君就像是心，至尊至貴，四輔百官就像是肝肺脾腎形體孔竅，君制臣，就好像心制身一般理所當然。又或者是以君比天，臣比地，臣事君，一如地事天：〔註360〕

> 一國之君，其猶一體之心也。……。內有四輔，若心之有肝肺脾腎也；外有百官，若心之有形體孔竅也……。君明，臣蒙其功，若心之神，體得以全；臣賢，君蒙其恩，若形體之靜，而心得以安……。是故君臣之禮，若心之與體：心不可以不堅，君不可以不賢；體不可以不順，臣不可以不忠；心所以全者，體之力也；君所以安者，臣之功也。〈天意之行〉

> 是故春秋君不名惡，臣不名善，善皆歸於君，惡皆歸於臣。臣之義比於地，故爲人臣者，視地之事天也。〈陽尊陰卑〉

董仲舒這些言論所反映的「君權優先性」，〔註361〕刻意維護君權尊嚴，事實上已與先秦「爲政以德」式的君臣關係相差頗大，這也是董仲舒再度援用「君佚臣勞」類型的地方，這與韓嬰在「爲政以德」的範圍下講無爲完全不同。當然此處董仲舒也必須面臨一個爭議已久問題，如果說君臣關係必須是既定而牢固的，君尊臣卑才是正理，那麼湯武革命究竟該如何安置？在此必須回到前述《韓詩外傳》以來常見的「常」與「權」之爭，在董仲舒的思想中，經與常才是主導、才是常理，權與變固然不可廢棄，但必須在某個限定的程度之內，〈玉英〉：「器從名、地從主人之謂制，權之端焉，不可不察也。夫權雖反經，亦必在可

〔註358〕「爲政以德」類型的身體政治論，如孔子亦有「正名」之說，都未如像「君佚臣勞」類型般發展出君對臣的控制、無爲與有爲般的名實治術。關於循名責實與君佚臣勞的關係，可參論文第四章。

〔註359〕韋政通，《董仲舒》，頁169。

〔註360〕（清）蘇輿，《春秋繁露義證》，頁460～461、325～326。

〔註361〕黃俊傑，《東亞儒學史的新視野》，頁373。

以然之域,不在可以然之域,故雖死亡,終弗爲也。」﹝註362﹞君臣關係也是經權的一種,前述所言的君尊臣卑、君佚臣勞顯然是佔有主導性的「常」,堯禪位、湯武放伐則是「權」的代表。但也是因爲天的旨意,天將天下託於堯舜,堯舜受命於天而王天下,湯武伐桀紂也是因爲「其德足以安樂民」,而桀紂「令天下而不行,禁天下而不止」,故天受命湯武,湯武上承天意以代桀紂。按照這個邏輯來推測,夏無道而殷伐之,殷無道而周伐之,周無道而秦伐之,秦無道而漢伐之,這都是以無道伐有道,是天理,是理所當然,不可謂臣弒君、以下犯上,因此董仲舒才有〈堯舜不擅移湯武不專殺〉之作。

縱觀以上,董仲舒基本上仍是依循漢初兩種身體政治論的融合趨勢,只是他是站在「爲政以德」類型的基礎上吸收「君佚臣勞」,並轉化成君尊臣卑的政治體系。﹝註363﹞對於兩種身體政治論爭訟已久的勞佚之爭,董仲舒基本上也作了處理,首先,他認爲勞佚並無高下之分,而是時代背景不同而產生的政治型態。再者,勞與佚也不是不可能在同時代出現,畢竟在董仲舒規畫的政治理念中,勞作修身之本,這是可以確定的,但修身與治國又是一個連續性的關係,其中改制更化亦屬治道之內,殊不知這也正是無爲而治的一種展現,這就有助於解決董仲舒對於勞佚先後的解釋。除此之外尚有另外一層意涵,那就是君佚臣勞的君臣關係,君子法天修身,講求仁義等道德實踐,然後選賢任能,也唯有藉由這樣的修身才能虛心靜處,明賞罰之本,如此自然能因勞而得佚,而任能用賢則是以君主之尊而制臣,臣對君盡心盡力,以本身之勞換取君主的佚,君王以佚而待臣勞。換句話說,勞與佚在董仲舒的觀念中並未佔有絕對性,而是階段性的不同,絕對的勞與絕對的佚顯然不是董仲舒的理想政治,所以他在〈循天之道〉才說:「勞佚居其中,……,此中和常在乎其身,謂之得天地泰。」﹝註364﹞循天之道,以養其身,然後以中和修身治國,即可體道,而勞佚適宜正是中和的一種。

﹝註362﹞(清)蘇輿,《春秋繁露義證》,頁78～79。關於董仲舒的經權關係,可參黃朴民,《董仲舒與新儒學》,頁119～125。

﹝註363﹞以君臣的角度來看,閻鴻中的研究也指出,董仲舒用陰陽理論來解釋君臣父子夫婦之義,包涵了兩種面相,一是陰陽相輔相成之意,即意謂君臣間必須互相合作;另一則是君作爲表率與領導臣下則統屬於其者,不能自作主張,此爲君(陽)尊臣(陰)卑之意。閻鴻中,〈唐代以前「三綱」意義的演變───以君臣關係爲主的考察〉,《錢穆先生紀念館館刊》第7期(臺北:臺北市立圖書館,1999),頁63～64。

﹝註364﹞(清)蘇輿,《春秋繁露義證》,頁456。

　　如上所言，董仲舒融合兩種身體政治論的理論，以「為政以德」類型為本，充分吸納「君佚臣勞」類型，更在「君佚臣勞」式的無為之外，又添進了受命改制、通三統的說法，替無為之說豐富了內涵，這些理論也正展現他的《春秋繁露》與《天人三策》裡。

　　可是董仲舒學養重在《春秋》，但他也重視其它經書。正如前所言，六藝既是治國之本、又是王道之基，因此他主張以孔子六藝為師，不在其道者皆棄而不用：〔註365〕

> 今師異道，人異論，百家殊方，指意不同，是以上亡以持一統；法
> 制數變，下不知所守。臣愚以為諸不在六藝之科孔子之術者，皆絕
> 其道，勿使並進。

「六藝」即是六經，董仲舒的目的是尊崇儒家六經。〔註366〕至於《孟子》、《荀子》等諸子，亦同在罷絀之列，況且董仲舒此言是針對太學制度而發，並不是禁止社會流傳百家之言，錢穆對此言之甚明：〔註367〕

> 「五經」與「儒家」亦有辨，故文帝時有孟子博士，至武帝時亦罷。
> 《漢書・藝文志》儒家在「諸子」，與「六藝」有別。

余英時則更一進步地說：〔註368〕

> 這是專指太學立「博士」講座，專門傳授「六經」，其他諸子百家則
> 不得進入太學的講授系統，與「六經」享受同等的待遇。我們必須
> 牢記這裏講的是太學制度，並不致誤會董仲舒主張以政府的力量來
> 禁止「百家」在社會上流通了。

武帝之前不止立《孟子》為博士學官而已，諸子百家亦所在多有，《史記・文帝紀載》魯人公孫臣以言五德終始而徵為博士，〔註369〕賈誼頗通諸子百家之書，文帝亦召以為博士，〔註370〕趙岐《孟子題辭》：「孝文欲廣游學之路，《論語》、《孝經》、《孟子》、《爾雅》皆置博士。」〔註371〕劉歆〈移書太常博士〉也有類似說法：「至孝文皇帝……，天下眾書往往頗出，皆諸子傳說，猶廣立

〔註365〕（漢）班固撰，（唐）顏師古注，《漢書》，頁 2523。

〔註366〕余英時，《知識人與中國文化的價值》，頁 247。

〔註367〕錢穆，《國史大綱》（上冊）（臺北：臺灣商務，1995），頁 145。

〔註368〕余英時，《知識人與中國文化的價值》，頁 246～250。引文見頁 247。亦可參
　　　　許道勛、徐洪興，《中國經學史》，頁 54。

〔註369〕（日）瀧川龜太郎，《史記會注考證》，頁 1287。

〔註370〕（日）瀧川龜太郎，《史記會注考證》，頁 1014。

〔註371〕黃俊傑，《孟學思想史論》（卷二），頁 489。

於學官，爲置博士。」〔註372〕到了武帝建元五年置五經博士（戰國時原有六經，漢時《樂經》原始文本已佚，故稱五經），六年竇太后崩，更廢除諸子百家博士，這些即可能是行董仲舒之策，又或是董仲舒是爲西漢政府政策背書。所以《漢書·董仲舒傳》才說「及仲舒對策，推明孔氏，抑黜百家，立學校之官……，皆自仲舒發之」，一般標點本多斷句多爲「推明孔氏，抑黜百家。立學校之官」，〔註373〕但罷黜百家與立學校之官基本上是同件事，因此標點應是逗號而非表示文意已完足的句號。可是這裡又必須稍加說明，如前所言，《天人三策》有兩個不同的時間點，若依《漢書·武帝紀》所言，《天人三策》是元光元年所上，則事當武帝建元五年置五經博士之後，因此董仲舒只是順因此一政策而發，是爲西漢政府政策背書而作的合理化說明，不可謂置五經博士是受董仲舒影響。但若依《資治通鑑》的建元元年之說，則事當置五經博士之前，則董仲舒的上書就有可能是政策的推手之一。

　　不過不管如何，罷絀百家之說，並非董仲舒《天人三策》一出，則情勢立變。基本上這是漢武帝即位以來逐漸推行的政策：〔註374〕

　　　　建元元年，冬十月。……丞相綰（芝慶按：指衛綰）奏：「所舉賢
　　　　良，或治申、商、韓非、蘇秦、張儀之言，亂國政，請皆罷。」奏
　　　　可。

以此觀之，若《天人三策》是建元元年所上，則武帝並未立即採用董仲舒之說，是以當年十月衛綰又再度申言當罷申韓等諸家；若是元光元年所上，則衛綰之奏當爲前事。而武帝之好儒術，復古更化，更非始自董仲舒，只是董仲舒所對與朝廷旨意符合而已。〔註375〕

　　《史記·儒林傳》亦言：〔註376〕

　　　　及竇太后崩，武安侯田蚡爲丞相，絀黃老、刑名百家之言，延文學
　　　　儒者數百人，……。

董仲舒獨尊儒術的建議，即是在此情勢而發言，並且脫穎而出。因此儘管只是針對學官而行的政策，但藉由這樣制度化的「廣屬學官之路」，西漢政府以「學」爲「官」，將「學」與「仕」重新結合。相較於秦始皇的「以吏爲師」，

〔註372〕（漢）班固撰，（唐）顏師古注，《漢書》，頁1969。
〔註373〕（漢）班固撰，（唐）顏師古注，《漢書》，頁2525。
〔註374〕（漢）班固撰，（唐）顏師古注，《漢書》，頁156。
〔註375〕錢穆，《兩漢經學今古文評議》，頁196～197。
〔註376〕（日）瀧川龜太郎，《史記會注考證》，頁1287。

漢武帝此舉可謂「以師爲吏」，可是形式的不同不代表內涵就一定有絕大的差異，兩者基本上仍是大同小異，都是企圖將文化秩序收歸於政治秩序之下。〔註377〕就士人的立場看來，這是知識與權力的矛盾，也是學術與政治的衝突；但就君王政治的角度來看，卻又是統一的——將學術收歸於政治之下。於是就在衝突與統一之間、在政治理想與現實政治之中，充滿了歷史的弔詭。〔註378〕

　　另一方面，董仲舒的理論對後世影響甚大，雖然他本人的政治事業並不成功，但他終究確定了漢代儒學轉變的思路，甚至奠定了此後國家意識形態的基礎，這當然是一個漫長而緩慢的過程，但董仲舒的觀點與思考模式正是一個重要的出發點，逐漸而深刻地顯現在漢代政治與日後的學術思想史裡。〔註379〕就政治思想史的視野來看，董仲舒也試圖把兩種身體政治論作了結合，這樣的結合在表面上是成功的，他回答了武帝關於勞佚的疑惑、還有改革更化的立場，日後武帝的許多的政策也都源自於他的建議、或與其說暗合，例如前面所說的五經博士、學官制度，又或是察舉制度等等，〔註380〕這在董仲舒的政治體系中都是治國的重要基礎。

　　確實，表面上來看漢武帝是尊儒的，但漢武帝終究沒有完全採用他的理論精義，對於漢武帝而言，儒術只是他「緣飾」的工具之一，余英時以儒學法家化的角度切入，指出漢代不過是以儒術緣飾文法吏事。〔註381〕傅樂成則從另外的角度分析，他由漢初黃老之治談到法家的再興，最後得出儒學的嬗變、法家的儒化，認爲漢武帝其實親任法家，尊儒只是他的爲了沖淡尚法的實際行爲，這方面也造成了東漢以後的法家儒學化。〔註382〕可是，不管是儒學法家化也好、法家儒學化也罷，隨著竇太后死去，武帝親政，儒學在政治的名義上漸漸得勢，成爲主流，又或明或暗地與法家結合。而儒法在某種程

〔註377〕就政府立場來看，學術過於分歧，失去考課的統一標準，亦不利其統治。可參葉國良，《經學側論》，頁229～230。

〔註378〕王健文，〈學術與政治之間：試論秦皇漢武思想政策的歷史意義〉，收於王健文編，《政治與權力》，頁150～154。

〔註379〕葛兆光，《七世紀前中國的知識、思想與信仰世界》（中國思想史第一卷），頁371、385～386。金春峰，《漢代思想史》（增補第三版），頁177～179。

〔註380〕錢穆，《國史大綱》（上冊），頁145～145。賀凌虛，《西漢政治思想論集》，頁229～240。

〔註381〕余英時，《歷史與思想》，頁31～46。

〔註382〕傅樂成，《漢唐史論集》，頁44～48、60。

度上的合流，〔註 383〕也宣告了黃老在政治上消退，〔註 384〕漢初清靜無為的時代已去而不返，連帶地也把藉由漢初黃老所體現「君佚臣勞」式的身體政治同時帶進歷史，於是從先秦諸子時期便形成了兩種身體政治論，再到秦漢時期，其間兩方引起的爭論也到此告一段落，繼之而起的，是霸王道雜之的外儒內法。

第三節　小結

　　本章主要是論述兩種身體政治論在秦漢時期的發展。就身體政治論本身來看，其上承先秦諸子傳統，又因時代趨勢而續有發展、發生改變。在「君佚臣勞」方面，戰國末期成書的《呂氏春秋》與《韓非子》分別代表了兩種走向。先以後者來說，韓非重名刑法、講法術勢的學說使得「君佚臣勞」的身體政治論產生變化，過度強調君權，而且韓非每以權術詮解「無為」，已與《老子》之意不同。秦朝君王雖不完全繼承這種身體觀，但秦以法為治，畢竟還是採用了法家多數的主張，特別是秦二世胡亥，又把韓非的身體政治論更推衍至極端，完全不顧韓非節儉、戒奢的主張。但秦朝的統一卻維持不久，就如流星般一閃即逝，其後群雄爭戰，劉邦脫穎而出，漢立代秦，鑑於秦亡的種種弊端，思以改正，這也使得「君佚臣勞」的身體政治論轉化為另外一種形式。這種整合的形式則是以《呂氏春秋》為發端，在漢初則蔚為風朝，表現在漢初黃老的政治思潮與人物的言論行為之中、之後更在《淮南子》裡作了充份顯現。

　　這種整合傾向是企圖以「君佚臣勞」為主體，然後融納「為政以德」的身體政治論，吸收對方的許多觀點納為己用。在政治上則表現為漢初黃老之治，既是清靜無為，又是刑名責實；既是君佚臣勞，亦顧及道德教化，然後以佚待勞、無為而無不為，這是秦漢時期「君佚臣勞」身體政治論類型的最大特色，也表現了秦漢時期兩種身體政治論既彼此影響，又互為援用的脈絡發展。

　　而在另一方面。《新語》、《韓詩外傳》、《春秋繁露》也同樣繼承先秦諸子「為政以德」身體政治論以來的路數，講修身、說仁義、論德治，看重道德

〔註 383〕陳麗桂，《秦漢時期的黃老思想》，頁 183。
〔註 384〕丁原明，《黃老學論綱》，頁 302～307。

修身、強調以德治國，「爲政以德」始終是其政治主體，但在此同時，同樣也吸收了許多「君佚臣勞」類型的內涵，引爲己說，因此既講道德實踐，又說政治教化，既講仁義安民，亦顧及無爲而治，有勞才有佚。漢武帝親政以後的緣飾儒術，即大量參考了此種身體政治論的性質特色。

可是隨著漢武帝獨尊儒術，政治與學術的互相影響，在某種程度裡也將先秦儒學轉化爲一種帝王之術。在帝國的統治上、在專制的皇權中，「儒學」分化成了「儒術」，儒家與權勢的結合，漢武帝看似「獨尊」儒術，事實上卻也是「緣飾」儒術，這就不可避免地會喪失了先秦儒學的一些真實精神，如鬆動的君臣關係、道德政治的理想性等等，儒化的現實與儒家的理想畢竟仍有著不可化約的差距。〔註385〕而在此同時，漢初黃老無爲的政治方針也隨著武帝的立國政策也成明日黃花，終於歸去。黃老在政治上的勢力既然不再，那麼以黃老思潮爲體現的「君佚臣勞」身體政治論也隨之而逝。〔註386〕兩種身體政治論從先秦諸子以來的的融合與競爭，從秦以法爲治，再到漢初的黃老治國，最後隨著黃老與儒家思潮的落幕與變化，至此也告一段落。

〔註385〕 劉述先，《理想與現實的糾結》，頁113。韓星，《儒法整合：秦漢政治文化論》，頁215～229。

〔註386〕 當然這不是指「身國共治」的說法至此而滅，事實上在日後諸如黃老、道教的相關文獻中，亦皆可見，只是已不同於秦漢時期兩種「身國共治」（身體政治論）模式的形成與開展。可參詹石窗，《道教文化十五講》（北京：北京大學出版社，2003），頁216～219。龔鵬程，〈受天神書以興太平——太平經釋義〉，收於氏著，《道教新論》（臺北：學生書局，1991），頁82～89。（韓）金晟煥，《黃老道探源》（北京：中國社會科學出版社，2008），頁102～112。李剛，〈身體政治，道教詮釋《道德經》的主線之一——以杜光庭《道德眞經廣聖義》、陳景元《老子注》爲例〉，收於劉笑敢等主編，《中國哲學與文化》（第五輯）（2009年6月）。

第六章　結　論

　　中國思想史裡有許多種思維，其思維對象與方式，或事或物、或比或興，各有異同。同者，是各種思維方式運用的普遍性，異者，即是指某種思維方式的獨特意涵。就前者來說，也因為有其普遍性、並廣被各家運用，思維方法才有了深入研究的基礎，但就後者而言，同是思維方式，或以飲饌為例，又或是以水為喻，但不代表兩者要解釋的哲理與效果都是一樣的。更進一步來講，在思維與思維方式的哲理建構之中，某種寓意的事物往往也已內化論述本身的重要成分，不是單純的類比或是比喻而已。這種本是以象寓物的哲理，往往也能反過來，以意索象，經由思想對於事物的不斷探索，兩者互補，相激相發，更加深了思想與思維方式的結合。

　　其中身體作為一種思維方式，在中國思想史裡廣被使用，這就使得身體思維具有普遍性。而在普遍性之外，身體思維又有其獨特的文化脈絡與義蘊，不與其它思維方式類同，中國身體思維的特殊性便在於：身體觀不止是談論客觀存在的軀體而已，也是一個與自我與生命互為詮解的概念，不止如此，身體觀更是與心、氣、天道等概念息息相關的觀念叢，身體觀其實就是在講修身（或是修己），而身體政治論正是其突出而顯著的內涵之一。

　　「身體政治論」便是指修身與治國的密切相關：身國同體、身國共治。兩者之先後，則先取於修身。修身作為一種工夫歷程，牽涉到了「由內而外覺醒」的可能，內是指個人精神心靈等內在境界，外是指身體舉止容貌眼神等外在，內在可以影響外在，外在也可以表現內在。可是這種可能又不止是個人修養的意義而已，更可以牽涉到社會政治等環境，孔子說的「修己以安人」、「修己以安百姓」，從修己到安人、安百姓便是此意。此時，所謂的內外

之分，又有了不同的相對性：個人的修身是內，而國家民生社會政治等又是外在，內外的涵義又擴大了。從前一層個人的內心與外在，到後一層的個人與社會、個人與政治……等等，這些都說明了修身不止是個人修身而已，更可以因為修身者位置的不同、影響力的差異，而有了修身以外的效果——修身可以治國的關係於焉建立。

修身與治國的連續性關係，一向是中國傳統的政治立場。而在這樣的關係中，身體則是其中關鍵。一方面，身體是修身的必要基礎，不管是德充於身、又或是忘身貴身，心、氣、形都構成修身的重要概念；另外一方面，也因為身體作為一種政治場域，身修則國治，而在這種層次裡，以心喻君，又或是以股肱、耳目手足為臣，於是君臣關係又往往以身體作比喻，因此君王不但要以身作則、以上化下，君王的身體同時也成了國家的象徵，隱喻整個國家機器，身體與政體、君國同體，再到身國共治，建構了身體政治論的骨架。

但是就在這樣的思考模式中，先秦諸子中卻產生了不同的說法，對於修身原則的看法不同，也影響了治國方式，況且「修身——治國」的內涵也非鐵板一塊，而是有其發展與變化，其後也在秦漢政治思想造成了影響，本文即是以為切入點，探討先秦諸子到西漢前期身體政治論的嬗變。

第二章說明的是作為「具體性」與「聯繫性」的身體，如何在修身與治國間建構其關係，而國君既然以國為體，則身體與政體自然也就是構成「身國共治」的條件。

至於周代漸興起的人文意義，在天命觀與威儀觀中也作了充份的顯現，天命有得者居之，有威而可畏則是威，有儀而可象則是儀，天命或是威儀，此皆有賴人對於本身行為的自覺。但是，威儀觀雖然也可以在君子的個體表現出來，但其特色終究只是就社會性的倫理規範而言，對於修身的心性價值與意義，或也語焉未詳、未曾深入，始終著墨甚少、也無法作為主體性來發揮，而以天命作為修身的工夫歷程，更並未在此時得到突顯。兩者的繼續開拓，對於修身內涵更進一步的深化、強化，得有待孔子。

第三章討論了其中一種身體政治論：修身磨練、道德實踐、身在政先，然後勤政愛民，本文將其概稱是「為政以德」，出自《論語‧為政》。先秦儒墨兩家的政治理論便是秉持此說，儒墨兩家固然有許多觀點相左之處，但就修身治國（身體政治論）的角度來說，他們其實是一致的、是同多於異的，

當時如道家的莊子、法家的韓非，乃至於其後的《呂氏春秋》、《淮南子》等等，都是就此原則而將其並論。此種身體政治論的特徵，即是認爲「勞」就是道德的實踐、是不可避免的磨練，所以「勞」是修身的一個必要條件，擴而充之，然後修齊治平，以道德治天下。

第四章則是分析了另外一種類型。這種理路講清靜無爲、因循自然，其後更發展了形名、任勢、君無爲臣有爲等說，這就是「君佚臣勞」的身體政治論。其中老子、莊子講體道無爲，後人順著這個講法，又加進了形名法術，改造了無爲之說，於是從無爲到無不爲，君是無爲，臣卻必須有爲，「君佚臣勞」終於在黃老學說、莊子後學與法家韓非等學說裡產生，風生水起，成爲亦足以與「爲政以德」抗衡的政治理論。「佚」可以說是他們理論的總歸納，當然「佚」不是什麼事都不做，而是掌握幾個關鍵原則，以身化國，然後伸展到整個政治。更有甚者，就以「君佚臣勞」的角度來說，「爲政以德」並不是眞正的治國大法，因爲無爲才是關鍵，也唯有虛靜無爲才能修身治國。至於「爲政以德」的做法，就他們看來則是脫離了治國大道，未免勞而無功。

相較於「君佚臣勞」的無爲，「爲政以德」也講無爲。但是儒墨所謂的無爲，其實是在德治的脈絡底下，而德治的第一要務仍然是道德實踐。所以君王仍要勤於修身，勤政愛民，同時也須得賢士輔佐，群下賢臣就等於身體器官一樣，應各盡其職，如此整個身體（國家）就能運轉得當，身國同體，君王方可無爲而治。基本上這種無爲是有順序的，並非初始就把無爲而治放在首位，這就與「君佚臣勞」的無爲相較甚遠，此種無爲亦非其所能認同。因此我們可以這麼說：不同的「無爲」，其實也正說明了兩種身體政治論的相異之處。也因爲彼此相異，所以「君佚臣勞」對於「爲政以德」的許多批評才有著落。

第五章則是以史實與思潮交會的方式，就事言理、以理即事，從理事合一的角度來看兩種身體政治論的持續發展，並指出其在政治思想的意義。秦王朝任用法家，以「法治」爲立國基礎，強調文吏政治，[註1]秦始皇緊緊握住權勢，掌控了整個帝國的運作，其後病逝沙丘。二世胡亥繼位，對於韓非主張的「君佚臣勞」又作了極端的推衍，就胡亥看來，身爲君主而「勞」是不對的，「佚」才是合理的，而佚則有賴於臣下的奉法循理、維繫帝國統治。因此君主肆意極欲是天經地義，而臣子則應盡心盡忠、爲君王盡力辦事。顯

〔註1〕閻步克，《士大夫演生史稿》，頁224～255。

然地,這已非當初韓非本義。「君佚臣勞」的身體政治論,在二世手上作了一次身死國滅的示範,李斯死前批評二世,說二世是「不道之君」,就代表了這種批判。

時移世易,曾經君臨天下、不可一世的秦帝國滅亡了,群雄逐鹿、楚漢相爭之後,劉邦建立西漢政權。鑑於秦政擾民與戰亂初平,漢初強調與民休息、注重恢復。當時許多王公大臣也都篤行黃老學說,王鳴盛就說:「漢初黃老之學極盛,君如文、景,宮闈如竇太后……,皆宗之」,皆以黃老無為為治,他們一方面批判秦任法而亡、過度役使民力,因此要反其道而行。另一方面也繼續強調黃老以來的「君佚臣勞」,上無為而下有為。在政治結構上,這是一個層層分序,是無為與有為、是「位愈尊而身愈佚,身愈大而事愈少」與「奉法循理之吏,不伐功矜能」的相互辯證,因應不同的職位而又有不同的上下階級,因此是愈上者愈無為,愈下者愈有為;而在政策上,卻也是刑德並立,是清靜無為與刑名法治共行的情況,在第四章中,對於「君佚臣勞」身體政治論刑德兼行的特色早有分析,西漢繼承了這種做法,清靜無為其實是與刑名法治共倚互立、相輔相成,此亦為以黃老為代表的「君佚臣勞」類型在西漢前期政治上展現之證。

除此之外,從戰國末期開始成書的《呂氏春秋》,也同樣主張「君佚臣勞」的身體政治論。可是《呂氏春秋》不同於《韓非子》的過度提高君權,《呂氏春秋》則展現了一種融合的傾向:以「君佚臣勞」為中心,然後吸收「為政以德」。當然,無為仍然是治國主軸,君佚臣勞也同樣是修身治國的政治理想,但仁義、道德亦不容忽視,為政以德亦不全然為非,頗有可取。這種傾向持續至西漢前期,也表現在當時人物的言論行為之中,其後在《淮南子》裡有更為詳盡的發揮與詮解,可是在《淮南子》的理論架構中,兩種身體政治論的結合卻也出現矛盾:在理論上,「勞」與「佚」究竟該如何作一個最適當的結合?《淮南子》試圖以符合自然的「有為」,證明這就是「無為」,所以有為的「勞」,其實也可以成為無為的「佚」,但第五章的分析卻證明了這種勞佚、無為有為的混合,其實有著某種程度上的矛盾。

至於「為政以德」類型,由於儒墨二家在秦代隱而不彰,到了西漢以後,儒家學說則逐漸進入政治中心。在西漢前期,由於黃老才是政治主流,無為亦是當時的重要思潮,因此漢初的陸賈、韓嬰也都講無為,但他們所謂的無為卻非「君佚臣勞」式的無為。而是同樣顯現了與《呂氏春秋》以來的類似

　　傾向，只是他們是反過來，是以「爲政以德」爲中心，然後吸收「君佚臣勞」。他們抽離了許多「君佚臣勞」的無爲內涵，卻加進了更多「爲政以德」的觀點，既講道德實踐、又說德治爲重。從這點來看，「爲政以德」與「君佚臣勞」兩種身體政治論在西漢前期既各有發展、卻又彼此交會，彼此穿插，互補長短，各自以自己爲中心，然後融合對方，既展露了時代特色、亦對本身的政治傳統有所承續。

　　其後，董仲舒《天人三策》與《春秋繁露》更把這種融合趨勢展露無遺，並且以更精緻、更符合時代需求的方式建構其政治理論，這是董仲舒的政治智慧與時代機遇使然。就武帝來講，竇太后逝世，他大展身手的時代終於到來，黃老也因此退出了西漢的政治舞臺，重儒術、講仁義而好文學、更化漢法，乃至於開疆拓土等等，都成了武帝極待實現的目標或是政治性格。而更化、改制、無爲在董仲舒手上聯爲一體，既是尊君臣卑亦能爲政以德，既講道德實踐又是無爲而治；

　　經術、官學、政治，也成爲武帝「以學爲官」的政策，既是「廣屬學官之路」，又是「與一代政治相表裏」。〔註2〕就此觀之，董仲舒確實抓住了當時的時代風向，也嗅出了政治的脈動；就董仲舒自己來講，他以「爲政以德」出發，企圖得君行道，既回答了武帝關於「勞」、「佚」的問題，也企圖解決兩種身體政治論的扞格，替當時的政治情勢提供自認最好的出路。只是他最後終究未登高位、武帝也沒有完全採行他的學說，而是以「緣飾」、「外仁義」的方式包裝了自己的政治手段，可是失之東隅，收之桑榆，雖然在政治事業上並不成功，但是董仲舒的理論卻對後世政治影響極爲深遠。

〔註2〕　（清）張廷玉等撰，《明史》（北京：中華書局，2003），頁7221。

參考書目

原始文獻與譯註（按作者或注釋者時代排列，近代以後則以筆畫）

1. （漢）毛公傳、鄭玄箋，（唐）孔穎達正義，《毛詩正義》。臺北：藝文印書館，1997 年。

2. （漢）孔安國傳，（唐）孔穎達等正義，《尚書正義》。臺北：藝文印書館，1997 年。

3. （漢）司馬遷著，（日）瀧川龜太郎注，《史記會注考證》。臺北：萬卷樓，1993 年。

4. （漢）班固撰，（唐）顏師古注，《漢書》。臺北：宏業，1996 年。

5. （漢）許慎著，（清）段玉裁注，《說文解字注》，收於《漢小學四種》。成都：巴蜀書社，2001 年。

6. （漢）何休解詁，（唐）徐疏，《春秋公羊注疏》。北京：北大出版社，1999 年。

7. （漢）荀悅，（晉）袁宏，《兩漢紀》。北京：中華書局，2005 年。

8. （南朝梁）劉勰，《文心雕龍》，臺北：金楓，1986 年。

9. （唐）楊倞注，（清）王先謙集解，《荀子集解。考證》。台北：世界書局，2000 年。

10. （唐）李鼎祚，《周易集解》，北京：九州出版社，2006 年。

11. （宋）司馬光，《資治通鑑》。臺北：宏業，1993 年。

12. （宋）洪邁，《容齋隨筆》。臺北：大立，1981 年。

13. （宋）朱熹，《周易本義》。臺北：大安，1999 年。

14. （宋）朱熹，《四書章句集注》。北京：中華書局，2003 年。

15. （宋）袁文、（宋）葉大慶，《甕牖閒評。考古質疑》。北京：中華書局，2007 年。

16. （明）焦竑，《焦氏筆乘》。北京：中華書局，2008 年。

17. （清）顧炎武，黃汝成集釋，《日知錄集釋》。上海：上海古籍出版社，2006 年。

18. （清）王夫之，《讀四書大全說》。臺北：河洛圖書，1974 年。

19. （清）張志聰集注，《黃帝內經集注》。杭州：浙江古籍出版社，2002 年。

20. （清）紀昀總纂，《四庫全書總目提要》。石家庄：河北人民出版社，2000 年。

21. （清）沈德潛，《說詩晬語》，收於丁福保編，《清詩話》。臺北：明倫出版社，1971 年。

22. （清）方東樹，《昭昧詹言》。北京：人民文學出版社，2006 年。

23. （清）王壽昌，《小清華園詩談》，收於郭紹虞編，富壽蓀校點，《清詩話續編》（下）。上海：上海古籍，1983 年。

24. （清）王鳴盛，《十七史商榷》。南京：鳳凰出版社，2008 年。

25. （清）嚴可均輯，《全上古三代文》。北京：商務，1999 年。

26. （清）王先慎，《韓非子集解》。北京：中華書局，2006 年。

27. （清）孫希旦，《禮記集解》。臺北：文史哲，1990 年。

28. （清）郭慶藩，《莊子集釋》。北京：中華書局，2004 年。

29. （清）皮錫瑞，《經學通論》。北京：中華書局，2003 年。

30. （清）孫詒讓，《墨子閒詁》。臺北：華正，1987 年。

31. （清）劉寶楠，《論語正義》。臺北：中華書局，2007 年。

32. （清）蘇輿，《春秋繁露義證》。北京：中華，2002 年。

33. （清）王先謙，《莊子集解》。臺北：東大，2004 年。

34. 丁原植，《郭店竹簡老子釋析研究》。臺北：萬卷樓，1999 年。

35. 丁原植主編，楊朝明等著，《新出簡帛文獻注釋論說》。臺北：臺灣書房，2008 年。

36. 王利器，《呂氏春秋注疏》。成都：巴蜀書社，2002 年。

37. 王利器，《新語校注》。臺北：明文，1987 年。

38. 王清信、葉純芳點校，《汪中集》。臺北：中研院文哲所籌備處，2000 年。

39. 李孝定，《甲骨文集釋》。臺北：中央研究院歷史語言研究所，1991 年。

40. 朱紅林，《張家山漢簡《二年律令》集釋》。北京：社會科學文獻出版社，2005 年。

41. 朱謙之，《老子校釋》。臺北：漢京文化，1985 年。

42. 季旭昇主編，《上海博物館藏戰國楚竹書（二）讀本》。臺北：萬卷樓，2003 年。

43. 季旭昇主編，《上海博物館藏戰國楚竹書（三）讀本》。臺北：萬卷樓，2005 年。

44. 屈萬里，《尚書集釋》。臺北：聯經，1983 年。

45. 屈萬里，《詩經詮釋》。臺北：聯經，1983 年。

46. 金開誠等校注，《屈原集校注》。北京：中華書局，1999 年。

47. 柯慶明，《中國文學的美感》。臺北：麥田，2006 年。

48. 姜義華等編，《康有為全集》（第三冊）。上海：古籍，1987 年。

49. 高明，《帛書老子校注》。北京：中華書局，1996 年。

50. 徐元誥撰，《國語集解》。北京：中華書局，2006 年。

51. 徐復觀，《公孫龍子講疏》。臺北：學生，1966 年。

52. 荊門市博物館編，《郭店楚墓竹簡》.北京，文物出版社，1998 年。

53. 馬其昶校注，馬茂元整理，《韓昌黎文集校注》。上海：上海古籍出版社，1987 年。

54. 馬承源主編，《上海博物館藏戰國楚竹書（二）》。上海：上海古籍出版社，2002 年。

55. 章瑛校注，《文史通義校注》。北京：中華書局，2004 年。

56. 許維遹校釋，《韓詩外傳集釋》。北京：中華書局，2005 年。

57. 康有為著，朱維錚、廖梅校，《新學偽經考》。香港：三聯書店，1998 年。

58. 陳奇猷，《韓非子新校注》。上海：上海古籍出版社，2000 年。

59. 陳國慶，《漢書藝文志注釋彙編》。北京：中華書局，2006 年。

60. 陳鼓應，《老子今註今釋及評介》。臺北：臺灣商務，2000 年。

61. 陳鼓應，《黃帝四經今註今譯》。臺北：臺灣商務，1995 年。

62. 陳鼓應，《管子四篇詮釋——稷下道家代表作》。臺北：三民，2007 年。

63. 黃靈庚、吳戰壘編，《呂祖謙全集》（第一冊）。杭州：浙江古籍，2008 年。

64. 楊伯峻，《春秋左傳注》。北京：中華書局，2000 年。

65. 楊伯峻，《孟子譯注》。北京：中華書局，2008 年。

66. 劉文典，《莊子補正》。合肥：安徽大學出版社，1999 年。

67. 劉文典，《淮南鴻烈集解》。北京：中華書局，1997 年。

68. 蔣禮鴻，《商君書錐指》。北京：中華書局，2006 年。

69. 黎翔鳳，《管子校注》。臺北：中華書局，2006 年。

70. 錢基博，《名家五種校讀記》。臺北：廣文書局，1970 年。

71. 魏啓鵬，《馬王堆漢墓帛書《黃帝書》箋證》。北京：中華書局，2004 年。

72. 龐樸，《竹帛《五行》篇校注及研究》。臺北：萬卷樓，2000 年。

73. 鐘肇鵬，《春秋繁露校釋》（校補本）。石家莊：河北人民出版社，2005年。

研究論著

1. （美）顧史考（Scott Cook），《郭店楚簡先秦儒書宏微觀》。臺北：學生書局，2006 年。

2. （韓）金晟煥，《黃老道探源》。北京：中國社會科學出版社，2008 年。

3. 丁四新，《郭店楚墓竹簡思想研究》。北京：東方出版社，2000 年。

4. 丁原明，《黃老學論綱》。濟南：山東大學，1997 年。

5. 上海大學古代文明研究中心、清華大學思想文化研究所編，《上博館藏戰國楚竹書研究續編》。上海：上海書店，2004 年。

6. 王汎森，《中國近代思想與學術的系譜》。臺北：聯經，2005 年。

7. 方東美著，馮滬祥譯，《中國人的人生觀》。臺北：幼獅文化，1982 年。

8. 王冬珍，《墨學新探》。臺北：世界書局，1989 年。

9. 王邦雄，《韓非子的哲學》。臺北：東大，1993 年。

10. 王叔岷，《草廬雜稿》。臺北：大安，2001 年。

11. 王范之，《呂氏春秋研究》。內蒙古大學出版社，1993 年。

12. 王健文，《奉天承運——古代中國的「國家」概念及其正當性基礎》。臺北：東大，1995 年。

13. 王國維，《觀堂集林（外兩種）》。石家庄：河北教育出版社，2001 年。

14. 王國瓔，《中國文學史新講》（上冊）。臺北：聯經，2006 年。

15. 王博，《簡帛思想文獻論集》。臺北：臺灣古籍，2001 年。

16. 王曉波，《哲學與思想》。臺北：東大，1988 年。

17. 王曉波，《道與法：法家思想和黃老哲學解析》。臺北：國立臺灣大學出版中心，2007 年。

18. 王曉波、張純，《韓非思想的歷史研究》。臺北：聯經，1983 年。

19. 方蓮華，《李商隱「不圓滿」詩境探微》。臺北：文津，2006 年。

20. 司修武，《黃老學說與漢初政治平議》。臺北：學生，1992 年。

21. 白奚，《稷下學研究——中國古代的思想自由與百家爭鳴》。北京：三聯，1998 年。

22. 甘懷眞，《皇權、禮儀與經典詮釋：中國古代政治史研究》。臺北：國立臺灣大學出版中心，2008 年。

23. 邢義田，《秦漢史論稿》。臺北：東大，1987 年。

24. 朱心怡，《天之道與之人道：郭店楚簡儒道思想研究》。臺北：文津，2004年。

25. 牟宗三，《中國哲學的特質》。臺北：學生書局，1965年。

26. 牟宗三，《名家與荀子》。臺北：學生書局，1979年。

27. 牟宗三，《政道與治道》。臺北：學生書局，1991年。

28. 牟鐘鑒，《呂氏春秋與淮南子思想研究》。山東：齊魯書社，1987年。

29. 宗白華，《美學的散步 I》。臺北：洪範，1981年。

30. 余英時，《人文與理性的中國》。上海：上海古籍出版社，2007年。

31. 余英時，《中國思想傳統的現代詮釋》。臺北：聯經，1987年。

32. 余英時，《中國知識階層史論》（古代篇）。臺北：聯經，1980年。

33. 余英時，《史學與傳統》。臺北：聯經，1988年。

34. 余英時，《東漢生死觀》。上海：上海古籍出版社，2005年。

35. 余英時，《知識人與中國文化價值》。臺北：時報文化，2007年。

36. 余英時，《現代儒學的回顧與展望》。北京：三聯，2004年。

37. 余英時，《歷史與思想》。臺北：聯經，1976年。

38. 汪榮祖，《康有為》。臺北：東大，1998年。

39. 何澤恆，《先秦儒道舊義新知錄》。臺北：大安，2004年。

40. 吳光，《儒道論述》。臺北：東大，1994年。

41. 吳展良，《中國現代學人的學術性格與思維方式論集》。臺北：五南，2000年。

42. 吳展良編，《東亞近世世界觀的形成》。臺北：臺灣大學出版中心，2007年。

43. 杜正勝，《周代城邦》。臺北：聯經，2003年。

44. 杜正勝，《從眉壽到長生——醫療文化與中國古代生命觀》。臺北：三民，2005年。

45. 杜正勝，《編戶齊民——傳統政治社會結構之形成》。臺北：聯經，1990年。

46. 杜維明著，錢文忠、盛勤譯，《道、學、政：論儒家知識分子》。上海：上海人民出版社，2000年。

47. 李天虹，《郭店竹書《性自命出》研究》。武漢：湖北教育，2002年。

48. 李明輝，《孟子重探》。臺北：聯經，2001年。

49. 李長之，《司馬遷之人格與風格》。臺北：里仁，1997年。

50. 李建民，《生命史學：從醫療看中國歷史》。臺北：三民，2005年。

51. 李建民，《發現古脈——中國古典醫學與數術身體觀》。北京：社會科學文獻出版社，2007。

52. 李甦平，《韓非》。臺北：東大，1998 年。

53. 李樂毅，《漢字演變五百例》(修訂版)。北京：北京語言大學出版社，2005年。

54. 李學勤，《簡帛古書與學術源流》。北京：新華書店，2004 年。

55. 李學勤、林慶彰等，《新出土文獻與先秦思想重構》。臺北：臺北書房，2007 年。

56. 李澤厚，《中國古代思想史論》。臺北：三民，2000 年。

57. 阮芝生，《從公羊學論春秋的性質》。臺北：國立台灣大學文學院，1969年。

58. 周富美，《墨子、韓非子論集》。臺北：國家，2008 年。

59. 周與沉，《身體：思想與修行》。北京：中華社會科學出版社，2005 年。

60. 周慶華，《中國符號學》。臺北：楊智文化，2000 年。

61. 林志宏，《民國乃敵國也：政治文化轉型下的清遺民》。臺北：聯經，2009年。

62. 林素玫，《禮記人文美學探究》。臺北：文津，2001 年。

63. 林啟屏，《從古典到正典：中國古代儒學意識之形成》。臺北：國立臺灣大學出版中心，2007 年。

64. 林啟屏，《儒家思想中的具體性思維》。臺北：學生，2004 年。

65. 林義正，《春秋公羊傳倫理思維與特質》。臺北：國立臺灣大學出版中心，2003 年。

66. 林劍鳴，《秦史》。臺北：五南，1992 年。

67. 林劍鳴，《秦漢史》。上海：上海人民出版社，2003 年。

68. 林緯毅，《法儒兼容：韓非子的歷史考察》。臺北：文津，2004 年。

69. 林聰舜，《西漢前期思想與法家的關係》。臺北：大安，1991 年。

70. 金春峰，《兩漢思想史》(增補第三版)。北京：中國社會科學出版社，2006年。

71. 屈萬里，《讀易三種》。臺北：聯經，1983 年。

72. 胡家聰，《稷下爭鳴與黃老新學》。北京：社會科學文獻出版社，1998 年。

73. 胡家聰，《管子新探》。北京：中國社會科學出版社，1995 年。

74. 胡楚生，《老莊研究》。臺北：學生，1992 年。

75. 胡楚生，《經學研究續集》。臺北：學生書局，2007 年。

76. 胡適，《中國中古思想史長編》(下)。臺北：遠流，1994 年。

77. 胡適,《中國古代哲學史》。臺北：遠流，1994 年。

78. 胡適,《說儒》。臺北：遠流，1994 年。

79. 韋政通,《中國思想史》（上冊）。臺北：水牛，2001 年。

80. 韋政通,《荀子與古代哲學》。臺北：臺灣商務，1992 年。

81. 韋政通,《傳統的更新》。臺北：水牛，1989 年。

82. 韋政通,《董仲舒》。臺北：東大，1996 年。

83. 唐君毅,《中國哲學原論：原道篇》（卷二）。香港：新亞研究所，1976 年。

84. 孫廣德,《中國政治思想專題研究集》。臺北：桂冠，1990 年。

85. 徐復觀,《中國人性論史》（先秦篇）。上海：上海三聯，2001 年。

86. 徐復觀,《中國思想史論集》。臺北：學生，1959 年。

87. 徐復觀,《中國經學史的基礎》。臺北：學生，2004 年。

88. 徐復觀,《兩漢思想史》（卷一）。臺北：學生，1999 年。

89. 徐復觀,《兩漢思想史》（卷二）。上海：華東師範大學，2001 年。

90. 徐復觀,《兩漢思想史》（卷三）。上海：華東師範大學出版社，2001 年。

91. 袁行霈,《中國文學史》（上冊）。臺北：五南，2003 年。

92. 袁保新,《老子哲學之詮釋與重建》。臺北：文津，1997 年。

93. 袁保新,《孟子三辨之學的歷史省察與現代詮釋》。台北：文津，1992 年。

94. 馬一浮,《復性書院講錄》。南京：江蘇教育出版社，2005 年。

95. 張再林,《作為身體哲學的中國古代哲學》。北京：中國社會科學出版社，2008 年。

96. 張固也,《管子研究》。濟南：齊魯書社，2006 年。

97. 張舜徽,《周秦道論發微》。臺北：木鐸，1983 年。

98. 張舜徽,《廣校讎略。漢書藝文志通釋》。武漢：華中師範大學出版社，2004 年。

99. 張增田,《黃老治道及其實踐》。廣州：中山大學出版社，2005 年。

100. 張廣達,《史家、史學與現代學術》。桂林：廣西師範大學出版社，2008 年。

101. 張灝,《時代的探索》。臺北：中央研究院／聯經，2004 年。

102. 張灝,《幽暗意識與民主傳統》。北京：新星出版社，2006 年。

103. 梁啟超,《先秦政治思想史》。臺北：東大，1993 年。

104. 許倬雲,《求古編》。臺北：聯經，2003 年。

105. 許進雄,《中國古代社會：文字與人類學的透視》。臺北：臺灣商務，1995 年。

106. 許進雄，《簡明中國文字學》。臺北：學海，2002 年。

107. 許道勳、徐洪興，《中國經學史》。上海：上海人民出版社，2006 年。

108. 陳奇猷，《晚翠園論學雜著》。上海：上海古籍出版社，2008 年。

109. 陳來，《古代宗教與倫理：儒家思想的根源》。臺北：允晨文化，2005 年。

110. 陳來，《古代思想文化的世界：春秋時代的宗教、倫理與社會思想》。臺北：允晨文化，2006 年。

111. 陳昭瑛，《儒家美學與經典詮釋》。臺北：台灣大學出版中心，2005 年。

112. 陳弱水，《公共意識與中國文化》。北京：新星出版社，2006 年。

113. 陳逢源，《朱熹與四書章句集注》。臺北：里仁，2006 年。

114. 陳啟雲，《中國古代思想文化的歷史論析》。北京：北京大學出版社，2001 年。

115. 陳麗桂，《秦漢時期的黃老思想》。臺北：文津，1997 年。

116. 陳麗桂，《戰國時期的黃老思想》。臺北：聯經，1991 年。

117. 郭沫若，《十批判書》。臺北：古楓出版社，1986 年。

118. 郭沫若，《青銅時代》。北京：中國人民大學出版社，2005 年。

119. 郭梨華，《出土文獻與先秦儒道哲學》。臺北：萬卷樓，2008 年。

120. 喬健，《中國古代思想研究》。北京：民族出版社，2008 年。

121. 童書業，《春秋左傳研究》。北京：中華書局，2006 年。

122. 傅佩榮，《儒道天論發微》。台北：學生書局，1985 年。

123. 傅樂成，《漢唐史論集》。臺北：聯經，1977 年。

124. 勞思光，《新編中國哲學史》（一）。臺北：三民，2001 年。

125. 勞思光，《新編中國哲學史》（二）。臺北：三民，2001 年。

126. 曾加，《張家山漢簡法律思想研究》。北京：商務，2008 年。

127. 曾守正，《權力、知識與批評史圖像──《四庫全書總目》「詩文評類」的文學思想》。臺北：學生書局，2008 年。

128. 賀凌虛，《西漢政治思想論集》。臺北：五南，1988 年。

129. 賀凌虛，《呂氏春秋的政治理論》。臺北：商務，1970 年。

130. 逯耀東，《抑鬱與超越：司馬遷與漢武帝的時代》。臺北，東大，2007 年。

131. 馮友蘭，《中國哲學史》（上冊）。臺北：商務，1993 年。

132. 馮友蘭，《中國哲學史新編》（第二冊）。北京：人民出版社，1984 年。

133. 黃朴民，《董仲舒與新儒學》。臺北：文津，1992 年。

134. 黃俊傑，《孟學思想史論》（卷一）。臺北：東大，1991 年。

135. 黃俊傑，《孟學思想史論》（卷二）。臺北：中研院文哲所，2006 年。

136. 黃俊傑，《東亞儒學：經典與詮釋的辯證》。臺北：臺灣大學出版中心，2007 年。

137. 黃俊傑，《東亞儒學史的新視野》。臺北：臺灣大學出版中心，2006 年。

138. 黃俊傑，《春秋戰國時代尚賢政治的理論與實際》。臺北：問學出版社，1977 年。

139. 黃俊傑，《德川日本《論語》詮釋史論》。臺北：國立臺灣大學出版中心，2007 年。

140. 黃俊傑，《儒學傳統與文化創新》。臺北：東大，1986 年。

141. 黃俊傑，《儒學與現代臺灣》。北京：中國社會科學出版社，2001 年。

142. 黃漢光，《黃老之學析論》。臺北：鵝湖，2000 年。

143. 董金裕，《朱熹學術考論》。臺北：里仁，2008 年。

144. 楊大春，《梅洛龐蒂》。臺北：生智，2003 年。

145. 楊大春，《語言・身體・他者——當代法國哲學的三大主題》。北京：北京三聯，2007 年。

146. 楊儒賓，《儒家身體觀》。臺北：中研院文哲所，1996 年。

147. 楊儒賓、祝平次編，《天體、身體與國體：迴向世界的漢學》。臺北：國立臺灣大學出版中心，2004 年。

148. 楊儒賓、何乏筆編，《身體與社會》。臺北：唐山，2004 年。

149. 楊儒賓、黃俊傑編，《中國古代思維方式探索》。臺北：正中，1996 年。

150. 楊樹達，《漢書窺管》。上海：上海古籍，2006 年。

151. 葛兆光，《七世紀前中國的知識、思想與信仰世界》（中國思想史第一卷）。上海：復旦大學出版社，1998 年。

152. 葛兆光，《中國經典十種》。北京：中華書局，2008 年。

153. 葛兆光，《思想史的寫法——中國思想史導論》。上海：復旦大學出版社，2004 年。

154. 葛兆光，《古代中國文化講義》。臺北：三民，2005 年。

155. 葛兆光，《古代中國的歷史、思想與宗教》。北京：北京師範大學，2006 年。

156. 葛兆光，《道教與中國文化》。臺北：東華，1989 年。

157. 葛紅兵、宋耕，《身體政治》。上海：上海三聯書店，2005 年。

158. 詹石窗，《道教文化十五講》。北京：北京大學出版社，2003 年。

159. 葉國良，《經學側論》。新竹：清大出版社，2005 年。

160. 葉舒憲，《詩可以興——神話思維與詩國文化》。武漢：湖北人民出版社，1994 年。

161. 裘錫圭,《中國出土文獻十講》。上海:復旦大學出版社,2004 年。

162. 裘錫圭,《文史叢稿──上古思想、民俗與古文字學史》。上海:遠東,1996 年。

163. 蒙文通,《經學抉原》。上海:上海人民出版社,2006 年。

164. 蒲慕州,《追尋一己之福》。臺北:麥田,2004 年。

165. 劉文星,《君人南面之術:先秦至西漢中葉黃老思潮影響下的修身思想與治國學說》。臺北:文化大學華岡出版部,2006 年。

166. 劉述先,《理想與現實的糾結》。臺北:學生,1993 年。

167. 劉笑敢,《老子》(修訂二版)。臺北:東大,2007 年。

168. 劉笑敢,《莊子哲學及其演變》。北京:中國社會科學出版社,1988 年。

169. 歐陽禎人,《郭店儒簡論略》。臺北:臺灣古籍,2003 年。

170. 蔣義斌,《宋儒與佛教》。臺北:東大,1997 年。

171. 鄭志明,《道教生死學》。臺北:文津,2006 年。

172. 鄭良樹,《韓非之著述及其思想》。臺北:學生,1993 年。

173. 鄭金川,《梅洛──龐蒂的美學》。臺北:遠流,1993 年。

174. 鄭毓瑜,《文本風景──自我與空間的相互定義》。臺北:麥田,2005 年。

175. 鄧紅,《董仲舒思想研究》。臺北:文津,2008 年。

176. 鄧啟耀,《中國神話的思維結構》。重慶:重慶出版社,2004 年。

177. 蕭公權,《中國政治思想史》(上冊)。臺北:聯經,1982 年。

178. 蕭登福,《先秦兩漢冥界及神仙思想探原》。臺北:文津,2001 年。

179. 閻步克,《士大夫政治演生史稿》。北京:北京大學出版社,1996 年。

180. 閻步克,《樂師與史官》。北京:三聯書店,2001 年。

181. 錢穆,《中國思想史》。臺北:蘭臺,2001 年。

182. 錢穆,《中國學術思想史論叢》(卷一)。合肥:安徽教育出版社,2004 年。

183. 錢穆,《中國學術思想史論叢》(卷二)。合肥:安徽教育出版社,2004 年。

184. 錢穆,《中國學術思想史論叢》(卷三)。合肥:安徽教育出版社,2004 年。

185. 錢穆,《先秦諸子繫年:外一種》。石家庄:河北教育出版社,2002 年。

186. 錢穆,《莊老通辨》。臺北:三民書局,1973 年。

187. 錢穆,《兩漢經學今古文評議》。北京:商務,2001 年。

188. 錢穆,《秦漢史》。臺北:東大,2006 年。

189. 錢穆，《國史大綱》（上冊）。臺北：臺灣商務，1995 年。

190. 錢穆，《晚學盲言》（下）。臺北：東大，1996 年。

191. 錢鍾書，《管錐編》（第一冊）。北京：中華書局，1999 年。

192. 蔡璧名，《身體與自然——以《黃帝內經素問》爲中心論古代思想傳統中的身體觀》。臺北：臺大文學院，1997 年。

193. 戴君仁，《梅園論學集》。臺灣：開明書店，1970 年。

194. 薛柏成，《墨家思想新探》。哈爾濱：黑龍江出版社，2006 年。

195. 謝君直，《郭店楚簡儒家哲學研究》。臺北：萬卷樓，2008 年。

196. 韓星，《儒法整合：秦漢政治文化論》。北京：中國社會科學出版社，2005 年。

197. 薩孟武，《中國政治思想史》。臺北：三民，2007 年。

198. 鄺芷人，《陰陽五行及其體系》。臺北：文津，1998 年。

199. 顏崑陽，《六朝文學觀念叢論》。臺北：正中，1993 年。

200. 顏崑陽，《莊子的寓言世界》。臺北：漢藝色研，2005 年。

201. 瞿同祖，《中國法律與中國社會》。北京：中華書局，2003 年。

202. 鍾宗憲，《先秦兩漢文化的側面研究》。臺北：知書房，2005 年。

203. 龔卓軍，《身體部署——梅洛龐蒂與現象學之後》。臺北：心靈工坊，2006 年。

204. 龔鵬程，《中國傳統文化十五講》。北京：北京大學出版社，2006 年。

205. 龔鵬程，《文化符號學》。臺北：學生書局，2001 年。

206. 龔鵬程，《江西詩社宗派研究》。臺北：文史哲，1983 年。

207. 龔鵬程，《飲食男女生活美學》。臺北：立緒，1998 年。

208. 龔鵬程，《道教新論》。臺北：學生書局，1991 年。

209. 龔鵬程，《儒學反思錄》。臺北：學生書局，2001 年。

210. 龔鵬程，《龔鵬程 1998 年度學思報告》。嘉義：南華管理學院，1999 年。

期刊、碩博士論文

1. 丁亮，〈《老子》文本中的身體觀〉，《思與言》44：1（2006 年 3 月）。

2. 王健文，〈學術與政治之間：試論秦皇漢武思想政策的歷史意義〉，收於王健文編，《政治與權力》。北京：中國大百科全書出版社，2005 年。

3. 牟鐘鑒，〈《淮南子》對《呂氏春秋》的繼承和發揮〉，收入陳鼓應編，《道家文化研究》（第十四輯）。北京：三聯書店，1998 年。

4. 余明光，〈《論六家要旨》所述「道論」源於「黃學」——讀漢墓帛書《黃帝四經》〉，《湘潭大學學報》（社會科學版），第一期（1987 年）。

5. 吳展良,〈朱子世界觀體系的基本特質〉,《臺大文史哲學報》第 68 期(2008 年 5 月)。

6. 李力,〈關於《二年律令》題名之再研究〉,收於卜憲群、楊振紅編,《簡帛研究二〇〇四》。桂林:廣西師範大學出版社,2006 年。

7. 杜正勝,〈從眉壽到長生——中國古代生命觀的轉變〉,《中央研究院歷史語言研究所集刊》66:2(1995 年)。

8. 李妍承,《董仲舒春秋學研究》。臺北:國立臺灣大學哲學研究所博士論文,1998 年。

9. 李長遠,《北宋理學「性與天道」思想的淵源初探》。臺北:國立臺灣大學歷史學研究所碩士論文,2005 年。

10. 李剛,〈身體政治,道教詮釋《道德經》的主線之一——以杜光庭《道德真經廣聖義》、陳景元《老子注》爲例〉,收於劉笑敢等主編,《中國哲學與文化》(第五輯)(2009 年 6 月)。

11. 李訓詳,〈戰國時代「壹」的觀念〉,《新史學》第四卷第三期(1993 年 9 月)。

12. 李零,〈說黃老〉,收入陳鼓應編,《道家文化研究》(第五輯)(上海:上海文化,2001 年)。

13. 周鳳五,〈郭店楚簡《忠信之道》考釋〉,《中國文字》,新 24 卷(1998 年 12 月)。

14. 林素英,〈從施政策略論〈緇衣〉對孔子理想君道思想之繼承——兼論簡本與今本〈緇衣〉差異現象之意義〉,《哲學與文化》第 394 期(2007 年 3 月)。

15. 林啓屏,〈出土文獻與中國思想研究的相關課題〉,《哲學與文化》第 394 期(2007 年 3 月)。

16. 林啓屏,《先秦儒法思想中的血緣問題與國家》。臺北:國立臺灣大學中文研究所博士論文,1995 年。

17. 金仕起,《論病以及國:周秦漢方技與國政關係的一個分析》。臺北:國立臺灣大學歷史學研究所博士論文,2003 年。

18. 吳悅禎,《先秦兩漢孔子形象演變之研究》。臺北:輔仁大學中國文學研究所博士論文,2005 年。

19. 南玉泉,〈張家山漢簡《二年律令》所見刑罰原則〉,收於中國社會科學院簡帛研究中心編,《張家山漢簡《二年律令》研究文集》。廣西:廣西師範大學出版社,2004 年。

20. 馬耘,〈稷下道家各派的交流與昇華——《管子》〈內業〉等四篇學術內涵淺議〉,《哲學與文化》廿六卷第五期(1999 年 5 月)。

21. 孫廣德，〈先秦儒道法三家的無爲而治思想〉，收於東海大學文學院編，《第一屆中國思想史研討會論文集——先秦儒法道思想之交融及其影響》。

22. 高柏園，〈就無爲而治，論儒道法三家治道之異同〉，收於東海大學文學院編，《第一屆中國思想史研討會論文集——先秦儒法道思想之交融及其影響》。

23. 張有智、李亞峰，〈論法文化在先秦時期的孕育〉，收於柳立言編，《中國史新論：法律史分冊》。臺北：中央研究院／聯經出版社共同出版，2008年。

24. 胡治洪，〈從修身成德到國家事功——論大學之道〉，《「東亞儒學中的身體論述」研討會》（臺大人文社會高等研究院、「東亞經典與文化」研究計畫主辦）。

25. 郭齊勇，〈郭店楚簡《五行》的心術觀〉，收於龐樸等著，《古墓新知》。臺北：臺灣古籍，2002年。

26. 陳佩君，《先秦道家的心術與主術——以《老子》、《莊子》、《管子》四篇爲核心》。國立臺灣大學哲學研究所博士論文，2005年。

27. 陳鼓應，〈從《呂氏春秋》到《淮南子》論道家在秦漢哲學史上的地位〉，《臺大文史哲學報》第五十二期，頁 5～91。

28. 陳麗桂，〈郭店儒簡的外王思想〉，《台大文史哲學報》第 55 期（2001 年 11 月）。

29. 彭國翔，〈作爲身心修煉的禮儀實踐——以《論語。鄉黨》篇爲例的考察〉，《「東亞儒學中的身體論述」研討會》。

30. 曾春海，〈《管子》四篇與《韓非子》的道法論及對比研究〉，《輔仁學誌。人文藝術之部》第 31 期（2004 年 7 月）。

31. 黃俊傑，〈先秦儒家身體觀中的兩個功能性概念〉，《「東亞儒學中的身體論述」研討會》。

32. 楊儒賓，〈黃帝與堯舜——先秦思想的兩種天子觀〉，《臺灣東亞文明研究學刊》第四期（2005 年 12 月）。

33. 楊濟襄，《董仲舒春秋學義法思想研究》。臺北：國立台灣師範大學國文研究所博士論文，2001 年。

34. 熊鐵基，《《呂氏春秋》的中心思想〉，收入陳鼓應編，《道家文化研究》（第十四輯）。北京：三聯書店，1998 年。

35. 劉文清，〈墨家思想之嬗變——從『兼』字涵義談起〉，《「墨學現代化」國際學術研討會》（東吳大學哲學系、雲林科技大學人文科學學辦主辦）。

36. 劉芝慶，〈論康有爲與廖平二人學術思想的關係——從《廣藝舟雙楫》談起〉，《中國歷史學會第五屆研究生論文發表會》（2008 年）。

37. 劉笑敢，〈莊子後學中的黃老派〉，《哲學研究》（1985 年第 6 期）。

38. 蔣義斌,〈六藝身體思維的意旨〉,《宗教哲學》第廿九期（2004 年 9 月）。

39. 蔣義斌,〈《孔子閒居》「三無」與身體的特色〉,《「體知與儒學」研討會》（臺大人文社會高等研究院、「東亞經典與文化」研究計畫主辦）。

40. 諸葛俊元,〈談《郭店楚簡。性自命出》中「心」與「性」〉,《鵝湖》310 期（2001 年 4 月）。

41. 鄭鈞瑋,《莊子生死觀研究》。國立臺灣大學哲學研究所碩士論文,2005。

42. 鄭毓瑜,〈身體表演與魏晉人倫品鑑——一個自我體現的角度〉,《漢學研究》,24 卷 2 期（2006 年 12 月）。

43. 閻鴻中,〈唐代以前「三綱」意義的演變——以君臣關係為主的考察〉,《錢穆先生紀念館館刊》第 7 期（1999 年）。

44. 閻鴻中,〈試論《黃老帛書》的理論體系〉,《臺灣大學歷史學報》第 15 期（1990 年年）。

45. 羅志仲,《《文選》詩收錄尺度探微》。臺北：國立清華大學中國文學研究所博士論文,2008 年。

外文著作（包括翻譯）

1. Chun-Chieh Huang,"The Defining Character of Chinese Historical Thinking" History and Theory, Vol. 46, No. 2（May 2007）.

2. Kuang-ming Wu, "On Chinese Body Thinking: A Cultural Hermeneutics", Leiden: E. J. Brill, 1997.

3. Mark Edward Lewis, "Writing and Authority in Early China". New York: State University of New York Press, 1999.

4. （日）中村元著,徐復觀譯,《中國人之思維方法》。臺北：學生,1991 年。

5.（日）加納喜光,〈醫書に見える氣論——中國傳統醫學における病氣觀〉,收入小野澤精一等著,《氣の思想——中國における自然觀と人間觀の展開》。東京：東京大學出版會,1978 年。

6. （日）池田知久著,曹峰譯,《池田知久簡帛研究論集》。北京：中華書局 2006 年。

7. （日）池田知久著,黃華珍譯,《《莊子》——「道」的思想及其演變》。臺北：國立編譯館,2001 年。

8. （日）竹内康浩,〈齒公盨の資料的問題について〉,《史學雜誌》115 編 1 號（2006 年 4 月）。

9. （日）金谷治,〈漢初道家的派別〉,收於劉俊文主編,《日本學者研究中國史論著選譯》（第七卷）。北京：中華書局,1993 年。

10. （日）高田眞治，〈道德的天命思想に就いて〉，《支那學研究》第 4 編（1935 年 2 月）。

11. （日）湯淺泰雄著，馬超等編譯，《靈肉探微——東方身心觀》。北京：友誼出版社，1990 年。

12. （法）馬爾賽（Gabriel Marcel），陸達誠譯，《是與有》。臺北：臺灣商務，1983 年。

13. （美）史華慈（Benjamin L.Schwartz）著，程鋼譯，《古代中國的思想世界》。南京：江蘇人民出版社，2003 年。

14. （美）米德著（G.H. Mead）著，趙月瑟譯，《心靈、自我與社會》。上海：上海譯文出版社，2005 年。

15. （美）安樂哲（Roger T. Ames）、（美）江文思（James Behuniak Jr.）編，梁溪譯，《孟子心性之學》。北京：社會科學文獻出版社，2005 年。

16. （英）透納（Bryan S. Turner）著，馬海良、趙國新譯，《身體與社會》。瀋陽：春風文藝出版社，2000 年。

17. （英）葛瑞漢（Angus Charles Graham）著，張海晏譯，《論道者》。北京：中國社會科學出版社，2003 年。

18. （英）詹姆斯·施密特（James Schmidt）著，尚建新、杜麗燕譯，《梅洛龐蒂——現象學與結構主義之間》。臺北：桂冠，1992 年。

19. （美）雷可夫（George Lakoff）、（美）詹生（Mark Johnson）著，周世箴譯，《我們賴以生存的譬喻》。臺北：聯經，2006 年。

20. （希臘）亞里斯多德著，姚一葦譯，《詩學箋註》。臺北：國立編譯館，1978 年。